김수인 기철학박사의
태극숨명상
1

마인드필드

김수인 기철학박사의 **태극숨명상 1**

1판 1쇄 발행 2019년 10월 28일

■ 지은이 | 김수인 펴낸이 | 김수인
■ 펴낸곳 | 마인드필드 등록 | 제340-2016-000003호(2016. 6. 24)
■ 주소 | 부산광역시 기장군 정관읍 구연방곡로 10 (우편번호 46023)
　 전화 | 062-400-1300 이메일 | tbmk3811@google.com
　 홈페이지 | balancemeditation.kr
■ ⓒ 김수인, 2019, printed in Korea
■ 이 책의 저작권은 지은이와 도서출판 마인드필드에 있으며, 양측의 서면 동의 없는
　 무단 전재 및 복제를 금합니다.
■ 잘못 만들어진 책은 바꾸어 드립니다.
■ 책값은 뒤표지에 있습니다.

ISBN 979-11-967983-2-1 14180
　　　979-11-967983-1-4 (세트)

이 도서의 국립중앙도서관 출판예정도서목록(CIP)은 서지정보유통지원시스템 홈페이지
(http://seoji.nl.go.kr)와 국가자료종합목록 구축시스템(http://kolis-net.nl.go.kr)에서 이용하실 수 있습니다.
(CIP제어번호 : CIP2019037565)

김수인 기철학박사의
태극숨명상
1

● 저자는 태어나면서 죽을 고비를 넘겼고 이후에도 여러 차례 죽을 고비를 넘기며 살다 보니 죽음 이후의 삶이 두려워지고 궁금해졌다. 또한 풀리지 않는 여러 의문들을 풀기 위해 어린 시절부터 동양철학에 관심을 두었고, 여러 수행단체를 돌아다니면서 다양한 수행법을 단련하였으며, 심지어 심리학의 세계까지 파고들었다. 이러한 오랜 노력 끝에 결국 깨달음을 얻어 삶과 죽음의 근원적인 문제를 해결하고 풀리지 않던 의문들의 답을 얻게 되었다.

하지만 아직도 나와 마찬가지로 많은 의문을 품고 마음공부와 더불어 도를 깨닫기 위한 수행의 길을 가지만 제대로 된 길을 찾지 못하고 헤매는 분들을 위하여 새로운 패러다임의 수행법을 제시하고자 이 글을 쓴다.

저자는 궁극의 우주 차원에 도달하여 깨달음을 얻은 이후 어떻게 하면 많은 수행자들이 그 궁극의 차원에 빠르고 쉽게 도달할 수 있을지 방법을 모색하였다. 그리하여 30여 년의 수행 경험을 통해 얻은 각 수행단체의 명상법 데이터를 분석, 연구하여 단점은 보완하고 장점은 취하여 개발한 새로운 명상법이 바로 태극숨명상太極呼吸瞑想, TBM: Taeguek Breathing Meditation이다.

태극숨명상은 우주의 에너지를 강력하게 모을 수 있는 새로운 삼태극단전三太極丹田의 개발로 원기元氣라는 새로운 차원의 기운을 만들고 모을 수 있게 되었다. 이 자체만으로도 수련의 획기적인 진전이 이루어졌으나 저자는 더 나아가 열세 개 단전인 십삼단전과 십삼주천, 오중맥대주천과 외오단전, 천지인오행단 성단, 육장육부 및 십일뇌 성단, 비경십일맥 등의 명상방법을 개발하였다. 그리하여 누구나 이 명상법을 통해 빠르고 쉽게 근원적인 깨달음의 경지에 이를 수 있도록 하였다.

태극숨명상은 기운을 중심으로 한 선도의 내단 수행인 단전호흡 수행과 마음챙김을 중심으로 한 불교의 관법, 마음집중을 중심으로 한 선 수행, 그리고 여러 명상 수행, 요가 수행 등 각 수행법의 장점을 융합하고 단점을 보완한 새로운 패러다임의 수행법이다. 태극숨명상은 종교도 아니요, 단지 수많은 명상과 수행법 가운데의 하나일 뿐이다. 도를 닦고 수행을 통해서 자신의 본래 빛과 우주의 궁극에 도달하고자 하는 분들에게 저자의 수행 가이드북을 통해 빠르고 정확한 길을 제시한 것이다. 기존의 다양한 종교수행과 명상, 요가 등으로 한계를 느낀 분들에게 새로운 길잡이가 되었으면 하는 마음이다.

앞서 출판한 『지구별에서 우주까지 마음여행』이 저자의 수행체험기라면 이 책에서는 저자의 마음여행을 통해 정립한 태극숨명상의 개념과 명상법을 마음명상, 기운명상, 몸명상으로 나누어 자세히 설명하여 우주의 근원에 이르는 방법을 제시하였다. 특히 제시하는 명상법에 대해서는 관련된 다른 자료와 문헌을 통해 보편성을 추구하고 그 기본원리를 자세히 밝히고자 노력하였다.

이제 인류는 바야흐로 물고기자리에서 물병자리의 시대에 들어서서 자신의 본래 마음인 본성本性을 찾아가는 마음여행과 명상의 시대로 접어들었다. 이제 우리는 자신의 본래 모습과 빛을 찾기 위하여 명상에 집중하여 참다운 자신을 찾아야 한다. 태극숨명상은 내면을 향해 나아가는 마음여행의 실제적인 이정표와 안내자가 될 것이다. 이 명상법에 따라 나아간다면 누구나 궁극의 깨달음에 도달할 수 있음을 저자는 믿어 의심치 않는다. 저자가 30여 년간 힘들게 걸어온 수행의 길을 여러분은 짧은 시간에 갈 수 있을 것이다. 이것이 저자가 바라는 바이다.

독자들께서 태극숨명상을 통해 마음을 맑게 하고 기운을 밝게 하며 몸이 건강해져 삶이 행복해지기를 바란다. 우리는 궁극에 이르면 모두가 신이 되고 부처가 되며 절대사랑과 무한긍정을 품은 본성의 빛으로 채워진다. 부디 그 빛으로 이 세상을 다시 밝게 채워 모든 인류가 행복해지기를 바라는 염원을 담아 이 글을 쓴다.

수행은 메커니즘의 연속이다. 그 구조를 파악하고 분석하여 데이터를 만든 후, 그 데이터를 수많은 수행자의 경험을 통해 수정하고 보완하여야 한다. 그렇게 얻은 결과를 새로운 구조의 기반 아래 디지털화하여 새로운 명상법을 제시한다면 전 세계 사람들이 쉽고 빠르게 실행할 수 있게 될 것이다.

참선, 단전주선, 염불, 젠, 위파사나, 요가, 무예 등 동양의 수행방법들이 서구사회에 퍼져나가지 못하는 것은 관념적이고 추상적이며 권위적일 뿐 아니라, 이론과 과학적 근거와 합리성, 보편성이 부족하기 때문이다. 적어도 10가지 이상의 수행법을 연구하고 경험하여 그 장점만 취한다면 수행의 길은 훨씬 빠를 것이다.

어느 수행법이 좋고 나쁘다는 기준은 없다. 그 시대 그 당시에는 최고의 수행법이었을지라도, 시간의 흐름과 인지의 발달에 따른 보완이 필요한 것이다. 그 수행법에서 부족한 구조와 방법을 다른 수행법에서 배워서 채우면 된다. 필요한 것만 보완하여 새롭게 개선하고 창조한다면 크게 변화하고 발전할 것이다. 강을 건너기 위해서는 뗏목이 필요하지만, 강을 건넌 후에는 뗏목을 버려야 한다.

우리가 바라는 수행이 진정한 마음의 해탈과 자유인지, 아니면 소속된 조직과 단체에서 주는 명예와 안정인지 생각해보아야 한다. 인간의 삶은 순식간에 지나가는 고속철과 같다. 한계가 있는 육신의 삶을 벗어나 영원한 삶을 위해 법신, 즉 양신陽神을 이루어야 할 것이다. 그리고 양신을 통해 우주로 나아가 마지막 우주계인 근원무극계根源無極界에 도달하여 자신의 본래 빛을 찾아 완전한 깨달음과 자아완성을 이루어야 한다.

2019년 가을

달음산 자락에서 김수인

CONTENTS

서문   5

제1장 새로운 패러다임과 태극숨명상   15

I. 태극숨명상 개념   21
   1. 기   21
   2. 태극   25
   3. 단전   26
   4. 삼태극하단전   32
   5. 십삼단전   41
   6. 숨(호흡)   53
   7. 명상   61

II. 태극숨명상의 효과   64
   1. 정신건강 증진   64
   2. 면역력 향상   65
   3. 부교감신경 강화를 통한 자율신경 조절   67
   4. 내·외적 인지력과 통찰력 향상   71

III. 태극숨명상의 3가지 공부법과 지도의 필요성   73
   1. 마음 바라보기(마음명상)   74
   2. 기운 모으고 돌리기(기운명상)   87
   3. 몸 움직이기(몸명상)   94
   4. 체계적인 수련법 및 수련지도의 필요성   96

IV. 한국 선도 내단 수행의 흐름과 태극숨명상   102

CONTENTS

제2장 태극숨명상 5단계   115

Ⅰ. 밸런스 명상 단계   119
1. 삼태극하단전의 형성   121
2. 삼단전 축기   123
3. 기경삼맥주천 운기   125
4. 오단전 축기와 오주천 운기   132
5. 비경십일맥주천 운기   135
6. 칠단전 축기와 칠주천 운기   155
7. 목욕명상   158

Ⅱ. 열기명상 단계   171
1. 구단전 축기와 구주천 운기   172
2. 오중맥대주천 운기와 외오단전 형성   175
3. 기치유의 원리와 방법   191
4. 십일단전 축기와 십일주천 운기   195
5. 해·달·별 명상   198
6. 십삼단전 축기와 십삼주천 운기   204
7. 우주합일 명상   208
8. 전신경맥주천 운기   211
9. 천지인오행단 성단과 주천 운기   272

290 **Ⅲ. 바라보기 명상 단계**
291 1. 원기화신 명상
294 2. 여의주 명상
302 3. 양신 명상

333 **Ⅳ. 확장 명상 단계**
333 1. 다차원 우주계 탄생과 구조
347 2. 우주계 다차원(2차원~12차원) 입문과 명상
356 3. 큰나 합일과 우주계 명상

359 **Ⅴ. 조화 명상 단계**
359 1. 13차원 조화현실계 입문과 명상
361 2. 조화 명상

366 ■ 표·그림 차례

CONTENTS

〈제2권 주요 차례〉

제3장 삼태극단공과 삼태극무(몸명상)

Ⅰ. 삼태극단공의 이해와 몸명상

Ⅱ. 삼태극무의 이해와 몸명상

제4장 맺음말

■ 태극숨명상 수련 5단계표

제5장 참고 이론

Ⅰ. 양신 관련 이론

Ⅱ. 동서양의 명상·심리 관련 이론

■ 참고문헌
■ 표·그림 차례

제 1 장

새로운 패러다임과
태극숨명상

● 　　　　　　　　　역사적으로 살펴보면 인간 존재와 마음에 관한 연구는 동서양을 막론하고 여러 학문과 종교의 영역에서 시행되어왔다. 서양에서는 철학과 정신분석학, 심리학 등은 물론이고 물리학과 뇌 과학 분야에서까지 마음에 관한 연구가 진행되고 있다. 그동안 마음수행과 과학, 물리학은 서로 다른 영역으로 인식되어왔다.

　하지만 이제 마음의 세계가 양자물리학, 다중우주론, 홀로그램이론, 중력파이론 등을 통해 밝혀지는 날도 머지않았다. 이는 마음 자체가 우주와 연결되어 있기 때문이다. 동양에서는 불교사상과 도교사상, 또는 한국 신종교 등에서도 다양한 연구와 수행방법을 통하여 마음과 우주의 깊은 영역에 도달하고자 한다.

　이렇듯 마음에 관한 연구가 다양해져 있음은 마음이 형상화되어 있지 않으면서 인간의 몸과 연결되어 있고, 인간 개개인의 삶과 사회집

단에 큰 영향을 주기 때문이다. 더 나아가 마음의 변화는 질병이나 전쟁 등 사회적, 환경적, 집단적 병리 현상과도 밀접한 연관이 있다.

지난 세기 동서양에서는 철학과 사상, 종교가 많은 발전을 이루었지만 인간 마음의 병리적 현상은 갈수록 심각해지고 있다. 우울증과 과잉행동장애ADHD, 자살, 이기주의, 정신분열증인 조현병, 반사회적 인격장애인 사이코패스Psychopath(선천적 병)와 소시오패스 Sociopath(후천적 병) 등의 점진적인 확산은 이제 더이상 놀랄 만한 질병이나 현상이 아니다.

이러한 마음의 병을 치료하고 삶의 질을 향상시키고자 현재 미국 사회에서는 인도의 요가와 불교의 여러 종파인 선禪, 젠Zen, 위파사나 Vipasana 등의 다양한 명상수행법이 지속적으로 확산되고 있다.

그 흐름을 살펴보면 먼저 인도의 명상가이자 철학자인 크리슈나무르티Krishnamurti(1895~1986)와 라즈니쉬Rajneesh(1931~1990)는 서구사회에 신비주의 명상을 알리는 데에 크게 기여하였고, 그 후 일본 불교의 스즈키 다이세쓰Suzuki Daisetz(1870~1966)와 스즈키 순류Suzuki Shunryu(1904~1971), 그리고 티베트 불교의 달라이라마 Dalai-Lama(1935~), 쵸감 투른파Chogyam Trungpa(1940~1987), 베트남 불교의 틱낫한Thich Nhat hanh(1926~), 미얀마 불교의 고엔카Goenka(1924~), 한국불교의 숭산崇山(1927~2004) 등이 불교의 선사상과 수행법을 미국 사회에 전달하고 발전시키는 데 크게 기여하였다.

그동안 미국 사회에서 초기 불교의 경향은 형이상학적이고 궁극적인 '대승관법大乘觀法' 수행 중심인 선불교나 젠 수행의 중심에서 점차 불교사상과 심리치료를 결부시킨 불교심리학이나 자신의 몸과 마음을 바라보는 '소승관법小乘觀法'인 위파사나 수행으로 관심이 이동되고 있다. 이는 서구인들이 어렵고 종교적 색채가 강한 참선 수행보다는 현실적이고 실용적인 수행에 더 큰 매력을 느낀다는 사실을 단편적으로 보여준다.

최근에는 미국 내에서 자생적으로 발전한 불교 명상수행이 인기를 얻어가기 시작했는데, 위파사나 수행에 뿌리를 둔, 잭 콘필드Jack Kornfield와 조셉 골드스타인Joseph Goldstein의 '통찰 명상Insight Meditation'이나 스트레스 감소 프로그램인 존 카밧진Jon Kabat-Zin의 마음챙김 명상인 'MBSR:Mindfulness Based Stress Reduction' 등이 그 한 예이다.

이러한 프로그램이 확산되는 이유는 현대인들이 어려운 종교적인 수행이나 규율과 틀을 벗어나 자유로운 가운데 구체적이고 현실적이며 몸과 마음을 하나의 유기체적 입장에서 바라보고 느끼게 해줄 수 있는 수행방법을 필요로 하기 때문이다. 하지만 저자의 경험으로는 앞서 소개된 이러한 수행들을 해보아도 여전히 '마음이 무엇인지', '완전한 깨달음에 이르는 길은 무엇인지', 또한 '죽음 이후의 삶은 어떠한지', '왜 태어났는지?' 등에 관한 명확한 답을 얻기에는 부족했다.

저자는 그동안 삶과 죽음에 관한, 풀리지 않은 의문에 대한 답을 찾기 위해 어린 시절부터 여러 종교와 단체를 돌아다니면서 다양한 수행방법을 경험하였고 심리학의 세계까지 파고들었다. 이러한 노력 끝에 나름대로 새로운 명상법을 개발하게 되었고, 이를 통해 궁극적으로 삶과 죽음의 문제를 해결하고 풀리지 않은 의문들에 대한 답을 찾았다.

답은 간단했다. 모든 인간은 본래 최초의 우주 탄생부터 신이자 부처로 탄생되었고 하나같이 존귀하며 누구보다 높지도 낮지도 않은 절대적 존재임을 깨닫게 되었다.

각 시대를 살다 간 많은 성현과 성자가 인간이 본래 근본 빛의 자리로 돌아가는 길인 수행법과 종교 교리를 밝혀왔고 영성이 뛰어난 분들은 일찍 그 자리에 도달하였다.

이제 현 시대는 지구를 벗어나 우주시대로 접어들어, 우주탐사와 아울러 인류가 살아갈 수 있는 또 다른 행성 건설에 박차를 가하고 있다. 그러므로 명상과 수련문화의 컨텐츠도 이에 발맞추어 새롭게 변모하고, 자신의 깨달음을 넘어서 우주의 영역을 개발하고 알아가는 방향으로 가야 할 것이다.

저자가 그동안 수많은 스승들의 수행법을 배우고 익히며 새로 개발한 태극숨명상이 모든 수행자들을 궁극적 깨달음의 세계에 이를 수 있도록 안내할 것이다.

I. 태극숨명상 개념

1. 기

　"기氣란 무엇입니까?"라는 말을 들으면 대부분 사람들은 답을 하기 어려워한다. 공기나 전기와 같이 눈에 보이지 않기 때문이다. 그리고 기운氣運, 단전호흡丹田呼吸, 도道라는 말을 들으면 영적인 신비한 힘과 능력을 갖춘 도사道士, 기인奇人 등을 떠올리게 된다. 이러한 신비로운 추측과 환상은 기의 세계를 현실 삶과 동떨어진 차원으로 만들어 놓는다. 심지어 기수련 단체를 사이비종교나 신비주의 단체로 치부해 버리기도 한다.

　우리가 흔히 아는 '기'와 '기운'의 의미는 '호흡을 하는 숨'과 '공기의 흐름에 따라 움직이는 바람'을 뜻하는 작은 의미로부터 '모이고 흩어지는 데 따라 모든 생명이 생겨나고 없어지는 생명의 근원'으로 보는 노자老子와 장자莊子의 사상까지 포함하는 넓은 의미까지 다양하다.

　주변을 둘러보자. 일상생활 속에서 우리는 기와 기운에 관한 말을 자주 듣는다.

"오늘 저 사람은 참 기분氣分이 좋아 보여."
"나는 오늘 기운氣運이 없다."
"나참 기氣가 막혀서!"
"기氣 좀 펴고 살아라."
"저 사람은 기氣가 너무 센 것 같아!"

'기분'의 한자를 풀이하면 기가 잘 나누어진다는 말이다. 기운이 잘 도니 신나고 즐거운 것이다. '기가 막힌다'는 것은 기운이 돌지 않고 막혀서 몸과 마음이 불편하고 답답함을 말하는 것이다. '기를 편다'는 것은 약한 기운을 더욱 강하게 해서 소통시킨다는 뜻이다. '기가 세다'는 것은 기운을 조절하지 못해서 너무 강하게 분출되는 것이다.

우리는 기운이라는 말 이외에 사주팔자四柱八字나 운명運命도 자주 거론한다.

"나는 운이 없는 것 같아!"
"나는 사주팔자가 안 좋아!"
"난 힘들게 살 운명인가 봐!"

사주팔자는 사람이 태어난 해와 달, 날짜, 시간, 즉 연주, 월주, 일주, 시주, 4가지 중심에서 풀어낸 음양오행陰陽五行 여덟 글자(팔자)의 구성을 말한다. 즉, 목기木氣·화기火氣·토기土氣·금기金氣·수기水氣의 5 가지 기운과 각 기운의 음과 양의 배합이다. 원래 음양오행의 조합은 전부 10개이나 인간은 선천적으로 8개밖에 타고나지 못하는데, 이것을 팔자라고 한다. 즉, 인간은 누구나 2개의 음양오행이 부족하다. 게다가 타고난 8개의 음양오행 또한 그 조화를 이루지 못하고 1~2가지 오행으로 채워지거나 음 또는 양, 한쪽 극단으로 치우칠 수 있다. 이러한 8가지 선천적 기운에 의해 정해진 인생의 흐름, 타고난 기운을 운명이라고 한다.

하지만 기운은 고정되어 있지 않고 항상 변화한다. 그래서 사주에서도 10년 주기로 순환하는 대운大運이 있어 그것에 따라 부족한 음양오행이 채워지기도 하고 안 좋은 기운이 더 발현되기도 한다. 음양오행의 기운을 조절하는 것은 사람의 마음이다. 마음은 음양오행의 기운이 나온 근본 자리이고, 본성과 연결되어 있기 때문이다. 어떻게 마음공부를 하는가에 따라서 운명은 변할 수 있다. 즉, 마음과 기운을 조절하는 제대로 된 수행을 한다면 후천적 기운에 의해 운명이 변하게 된다. 이것이 인간의 위대한 점이다.

사람에 따라 특정한 기운이 많거나 적으며, 심지어는 특정한 오행의 기운이 아예 없는 경우도 존재하니 그것을 파악하고 보완하여 자신의 인생을 개척하고 변화시키려는 노력이 필요하다. 마음을 컴퓨터나 스마트폰의 기본 운영체계(윈도우 등)라고 한다면, 기운은 소프트웨어나 애플리케이션이라고 할 수 있다.

어떤 운영체계를 깔고 어떤 응용소프트웨어를 프로그래밍하고 설치하여 사용하느냐에 따라서 컴퓨터나 스마트폰의 사용범주와 기능이 결정되듯이 인간의 마음과 기운도 이와 같다. 삶에는 여러 변수가 있으니 기운을 잘 키우고 다루면 내 삶을 다시 프로그래밍할 수 있다.

저자가 생각하는 기운에는 3가지가 있다. 일반적으로 육체가 살아가는 데 필요한 에너지인 **생기**生氣와, 정신이 유지되는 데 필요한 **진기**眞氣, 우주의 근본 에너지인 **원기**元氣가 바로 그것이다. 생기는 음식물 섭취로 생성되는 에너지로 혈관을 통해 우리의 몸에 활력과 영양을 공급한다. 진기는 정신 집중과 호흡을 통해 이루어지며 우리의 정신활동을 강화한다. 원기는 진기보다 더 강한 정신 집중과 호흡을 통해 깊은 무의식 상태에 이르게 되면 얻게 되는 우주의 에너지로 이 원기를 통해 다차원의 우주계와 만나게 된다.

그러므로 깨달음에 이르기 위해서는 생기, 진기, 원기 3가지 기운을 함께 갖추어야 하며, 이 3가지 기운을 다 얻기 위해서는 **삼태극단전**이 필요하다. 삼태극단전에 대해서는 제2장 '태극숨명상 5단계'에서 자세히 다루기로 하겠다.

2. 태극

태극은 동양철학의 핵심 사상으로 우주의 음과 양의 두 기운을 상징한다. 그리고 선도사상에서는 우주의 창조과정을 설명할 때 가장 근원적 세계인 무극無極에서 태극太極이 나타났고, 이 태극에서 모든 만물이 나타나는 것으로 본다. 우주의 가장 근원인 무극은 우리가 수행을 통하여 돌아가야 하는 궁극적 세계이고, 그 돌아가는 과정에 있어 필요한 것은 바로 음양 2가지 기운의 조화이다. 이 음양 기운의 조화를 만들기 위해서 태극숨명상의 과정이 필요하다.

즉, 선도수행에 있어 태극인 음양은 《주역》에서는 감리坎離, 즉 수화水火(물과 불)를 의미한다. 선도수행에서는 근본인 무극으로 돌아가는 수행 방법으로 수화의 2가지 기운인 음기와 양기가 서로 오르고 내리면서 정신을 각성시키는 방법인 감리교구坎離交媾(물기운의 감괘와 불기운의 이괘가 서로 교류하는 상태)를 제시한다. 음양은 몸에서는 심장과 신장, 하늘에 있어 해와 달에 해당한다. 이런 음양 기운의 조화가 이루어지면 몸은 건강해지고, 마음은 무극의 세계로 나가게 되는 것이다.

이러한 음기와 양기인 음양 기운의 조화가 극에 이르게 되면, 무극으로 인도하는 매개체인 양신이 탄생한다. 양신을 선도 사상에서는 다른 말로 본래일령本來一靈(본래 하나의 신령스러운 존재) 혹은 황금빛이 나는 구슬인 금단金丹(여의주)으로 표현한다. 그리고 불교사상에서는 진여眞如(참되고 여여한 진리의 본체를 설명하는 말), 불성佛性(부처의 성품), 불자佛子(부처의 종자), 여래장如來藏(부처의 태)이라고 한다.

이러한 정신과 육신의 최고 결정체인 양신을 통해 다차원 우주계를 거쳐서 근원적인 무극으로 다시 돌아가는데, 이를 도통, 완전한 깨달음, 자아 완성이라고 한다.

3. 단전

1) 단전의 개념

단전丹田은 기운을 받아들이고 내보내는 아주 중요한 장소이다. 한자 그대로의 뜻을 보면 붉을 단丹, 밭 전田이다. '붉다'는 것은 뜨거운 에너지, 밝은 빛을 말하기에 '단'이란 응축된 밝고 강한 에너지를 상징한다. 밭은 모이는 장소, 터전, 솥, 그릇으로도 해석된다. 그러므로 단전은 '밝고 따뜻한 기운을 모으고 생산해 내는 장소'라는 말이다.

인도 요가 사상에서는 생명력이 가득한 기운을 프라나Prana라고 표현하며, 이 프라나가 모이는 장소를 차크라Chakra라고 부른다. 즉, 차크라는 단전과 같은 의미이며, 여러 개가 존재하는데, 7개의 차크라가 중요시된다.

기운은 너무 적고 약하면 흐름이 소통되지 않고 막혀서 좋지 않으며, 너무 강하고 과하면 넘쳐서 통제가 잘 안 된다. 그래서 이 보이지 않는 기운을 저수지처럼 모아놓고 필요할 때 가져다 쓰고 남으면 모아놓는 장소가 필요한데, 그 장소가 바로 단전이다. 태극숨명상에서는 우주에 가득 찬 원기를 삼태극하단전에 집중하여 기운을 모으고 운기를 해나간다.

  우주의 구성은 크게 공간과 시간으로 나누어볼 수 있다. 고정된 정靜과 움직이는 동動, 또는 음과 양이라고 할 수 있다. 또한 양자물리학에서는 입자와 파동, 원자와 전자로 구분 짓기도 한다. 모든 존재는 고정된 형태인 입자와 그 활동인 파동으로 구분할 수 있다. 입자는 파동을 통해 변화되고 이동하는데, 이때 에너지나 기운이 발생하다. 일종의 에네르기파(에너지의 파동)이다. 파동으로 이동 후 입자 형태로 에너지가 고착된다.

  이런 수많은 반복이 우주와 현상 물질계에서 이루어진다. 인간의 몸도 마찬가지이다. 입자에 해당하는 부분은 경혈經穴이고, 파동에 해당하는 입자와 입자가 연결되어 흐르는 통로가 경락經絡이라고 할 수 있다. 단전은 경혈의 차원을 벗어나 좀 더 견고하고 강한 에너지를 띠는 입자 형태이다. 그렇기에 에너지나 기운을 모을 수 있다. 컴퓨터의 하드 드라이브와 같은 저장장소에 비유할 수 있겠다. 하드 드라이브가 그 용량에 따라서 다양한 프로그램과 애플리케이션을 운영할 수 있듯이, 우리도 몸의 기운 저장소인 단전을 개발하고 기운의 저장 용량을 확장하여 잠재된 인간 내면의 프로그램을 가동해야 할 것이다.

2) 단전의 유래

단전이라는 용어의 유래는 중국 선도 문헌과 의학서적에서 찾아볼 수 있다. 먼저 도사 갈현葛玄(164~244)은 그의 저서 『노자절해老子節解』에서 노자 『도덕경道德經』 7장에 나오는 한시인 '하늘과 땅은 영원하다,'[1]의 의미에 대하여 다음과 같이 해석하였다.

> " '천장'이란 머리에 있는 상단전上丹田 백회를 의미하며 '지구' 란 아랫배에 있는 하단전을 의미한다." [2]

그의 손자인 도사 갈홍葛洪(283~363)은 그의 저서 『포박자抱朴子』에서 3가지 단전인 삼단전의 위치에 대하여 아래와 같이 밝히고 있다.

> "배꼽 아래 두 치 네 푼에 있는 것은 하단전이고 심장 아래 강 궁絳宮과 금궐金闕에 있는 것은 중단전中丹田이며 사람의 두 눈썹 사이의 한 치가 명당明堂, 두 치가 통방洞房, 세 치가 상 단전이다." [3]

이외에도 단전에 관한 기록은 후한 시대 변소邊韶가 저술한 『노자명老子銘』에서는,

> "단전을 바라본다." [4]

라고 하였고, 후한 말기 학자 채옹蔡邕이 저술한 『왕자교비王子喬碑』에
는,

"단전을 통하여 생각을 고요하게 한다." 5)

라는 구절이 있으며, 청나라 학자 양구자梁丘子가 저술한 『황정내경옥
경주黃庭內景玉經註』에는,

"세 가지 단전의 가운데 정과 기와 미묘함이 있으니 사람에게
있는 세 가지 보물인 삼단전이다." 6)

라고 쓰여 있다. 중국의 오래된 의학서적인 『황제내경黃帝內經』, 7) 「소
문, 잡편」에서는 상단전에 대하여 밝히기를,

---

1) "천장지구天長地久"(출처 : 노자, 『도덕경』 7장)
2) "천장자天長者, 위니환야謂泥丸也, 지구자地久者 위단전야謂丹田也."(갈현, 『노자절해老子節解』)
3) "혹재제하이촌사분或在臍下二寸四分 하단전야下丹田也, 혹재심하강궁금궐或在心下絳宮金闕 중단전야中丹田也,
혹재인양미간각행일촌위명당或在人兩眉間却行一寸爲明堂 이촌위통방二寸爲洞房 삼촌위상단전야三寸爲上丹田
也."(갈홍, 『포박자抱朴子』「지진편地眞篇」, 『정통도장正統道藏』, 제47책 참조)
4) "존상단전存想丹田"(출처 : 갈현, 『노자절해』)
5) "담사이역단전覃思以歷丹田"(출처 : 채옹, 『왕자교비王子喬碑』)
6) "삼전지중정기미三田之中精氣微 인유삼보人有三寶 삼단전三丹田"(출처 : 양구자梁丘子, 『황정내경옥경주黃庭內
景玉經註』)
7) 내경內經이라고도 하며, 의학오경醫學五經의 하나이다. 중국 신화의 인물인 황제黃帝와 그의 신하이며 천하의 명
의인 기백岐伯과의 의술에 관한 토론을 기록한 것이라 하나 사실은 진한秦漢시대에 황제의 이름을 붙여 저작한 것
으로 추정된다. 이 책은 원래 18권으로 전반 9권은 '소문素問', 후반 9권은 '영추靈樞'로 구분된다. 소문은 하늘과 인
간이 하나라는 천인합일설天人合一說, 음양오행설陰陽五行說 등 자연학에 입각한 병리학설을 주로 하고 실제 치료
에 대한 기록은 적다. 영추는 침과 뜸, 기공 등 물리요법을 상술하고 있으며, 약물요법에 대하여는 별로 언급이 없다.

"심장이 임금과 같이 중요한 위치를 차지하고 심장에서 신명이 나타나며 신이 그 기능을 잃어버리면 제일 높은 태일제군太一帝君 상제가 있는 백회 아래인 상단전에 머물게 된다." [8]

라고 하였다. 그리고 동한 시대 의학자 장중경張仲景은 그의 저서 『금궤요략金匱要略』에서,

"단전에서 열이 발생한다." [9]

라고 주장하여 단전이 의학에서 중요한 위치를 차지함을 주장하였다. 당대 의학자 양현조楊玄操는 『난경難經』 「팔난, 육십육난」에서 단전에 대하여 아래와 같이 말하고 있다.

"배꼽 아래 콩팥인 신장 사이에서 움직이는 기氣는 바로 단전이다. 그리고 단전은 사람의 근본이다. 정신이 저장된 곳이며 오기五氣(목기·화기·토기·금수·수기)의 근원이고 자식을 잉태하는 집이다. 남자는 정精을 갈무리하는 곳이고 여자는 월수月水를 주로 하여 자식을 낳아 기르는 곳이다. 단전은 음양이 합하고 조화하는 문이다. 그러므로 단전이란 성명(性命 : 마음과 몸)의 근본이다." [10]

이는 단전이 가지는 의학적이며 정신적인 효능을 강하게 주장한 것으로 이러한 문헌들을 살펴볼 때, 오랜 옛날부터 도인과 의학자들은 단전을 수행적 분야에서나 혹은 의학적 분야에서 중요시했음을 알 수 있다. 그리고 선도의 내단 수행에 있어 단전의 개념은 아랫배에 기운을 모으는 하단전下丹田의 개념이 먼저 사용되었고, 시간이 지남에 따라 더 세분되어, 중단전中丹田, 상단전上丹田까지 포함한 3가지 단전인 삼단전三丹田의 개념이 사용되기 시작하였음을 알 수 있다.

3) 단전의 종류

선도수행의 오랜 흐름을 통해 단전은 하단전, 중단전, 상단전으로 세분화되었으며, 이 삼단전은 선도 내단 수행에서 중요하게 여기는 곳이다. 하단전은 배꼽 아래 아랫배에 있으며 인간의 육체적 에너지인 정精이 모이는 곳이고, 중단전은 가슴 사이에 있으며 감정적 에너지인 기氣가 모이는 곳이며, 상단전은 양 눈썹 사이에 있으며 정신적 에너지인 신神이 모이는 곳이다.

이러한 정·기·신 에너지를 오랫동안 모아서 응축하면 그 결정체로 황

---

8) "심위군주지관心爲君主之官, 신명출언神明出焉, 신실수위神失守位, 즉신유상단전卽神遊上丹田, 재제태일제군니 환궁하재帝太一帝君泥丸宮下…"(출처 : 황제, 『황제내경黃帝內經』, 「소문素問」, '유편본명론(遺篇本病論)')
9) "이단전유열以丹田有熱"(출처 : 장중경, 『금궤요략金匱要略』)
10) "제하신간동기자臍下腎間動氣者 단전야丹田也, 단전자丹田者 인지근본야人之根本也, 정신지소장精神之所藏 오기지근원五氣之根原 태자지부야太子之府也 남자이장정男子以藏精 여자주월수女子主月水 이생양자식以生養子息, 합화음양지문호야合和陰陽之門戶也…, 고지단전자故知丹田者 성명지본야제性命之本也."(출처 : 양현조, 『난경難經』)

금빛이 나는 구슬인 '금단'이 형성된다. 금단이 이루어지면 육체적으로는 건강하게 오래 살게 되고, 정신적으로는 금단 속에 있는 자신의 밝은 빛의 존재인 양신을 찾게 된다. 이 양신을 출신하여 세상에 나오게 되면 황금신선(금선金仙), 황금부처(금불金佛)를 이루게 된다. 이 금선을 통해 우주의 근원에 이르게 되니 이를 일러 깨달음, 자아완성自我完成, 성불成佛, 도통道通, 원신합일原神合一, 원시반본原始反本이라고 부른다.

저자는 깊은 연구를 통하여 기존 선도수행의 삼단전 외에도 우리 몸에 10개의 단전이 더 있음을 발견하여 총 13개의 단전, 즉 십삼단전十三丹田을 개발하여 수련에 응용하였다. 이 십삼단전에 마음을 집중하여 기운을 모으고 음양의 기운을 조화시키면 쉽고 빠르게 양신의 경지에 이를 수 있다. 이에 대해서는 뒷장에서 자세히 설명하겠다.

4. 삼태극하단전

1) 삼태극하단전의 개념과 형성

저자는 그동안 여러 단체 수련과 선도 서적 연구를 병행하면서 중국 선도 내단사상에 나타난 수행방법과 단전에 관한 이론, 그리고 현재 국내 단전호흡 및 선도단체의 수행방법과 단전의 위치에 관한 이론을 연구해왔다. 선도수행에서 가장 중요한 위치를 차지하는 것은 '하단전'

이다.

하단전은 모든 수행의 기초가 되고, 그 위치에 따라 수행의 결과도 달라지기 때문에 중요하다. 그러므로 각 단체의 하단전 위치와 구성을 분석하면서 태극숨명상에서 주장하는 하단전 구성은 어떤 것인지 밝히고자 한다.

국내 선도단체 가운데 D선원은 초창기에 기해혈을 하단전 중심혈로 삼았다. 반면 K선도는 관원혈을 하단전 중심혈로 잡았다. 그 뒤 나타난 S호흡은 석문혈이 진정한 하단전 중심혈이라고 주장하였다. 저자는 이러한 수련들을 모두 경험하였고 그 결과 한 가지 단전혈 수련에는 여러 가지 부작용이 나타남을 확인할 수 있었다.

상기 증상과 정신적 문제가 생기기도 하고, 육체적 건강이나 기공 위주로만 전개하다보니 마음공부를 도외시하기도 하며, 오로지 천계, 선계, 도계에 대한 집착으로 현실과 동떨어진 삶을 추구하게 되기도 하였다.

진정한 수행이란 기운과 마음과 삶이 잘 조화를 이루어야 한다. 즉, 기운을 통해 정신과 육신이 조화를 이루고, 의식과 무의식이 조화를 이루고, 정신적 세계와 현실 세계가 조화를 이루어야 한다. 그리하여 정신적 가치가 현실의 삶 속에서 구현되어야 한다. 이를 위해선 정확하고 효과적인 단전혈의 위치 선정과 체계적이고 구조적인 마음공부, 체득 가능한 단계별 수련체계, 깨달음을 삶에서 실천하는 수련단계 설정과 구조가 필요하다.

태극숨명상은 몸 공부를 바탕으로 기운 공부와 마음공부를 함께 닦아 나아가며 의식의 차원을 넘어서 깊은 무의식의 세계인 정신적 세계, 우주적 세계, 생사 해탈의 세계를 지향한다. 기운 가운데 밀도가 가장 높은 원기를 중심으로 한 삼태극단전 호흡수련을 통하여 나의 본래 순수한 빛의 결정체인 양신의 발견과 합일, 출신 등 새로운 영적 차원의 공부가 더욱 빠르고 확실하게 이루어진다.

우리는 영적인 성장과 발전을 위해 지구에서 태어났다. 하지만 지구에서의 삶이란 그리 길지 않다. 짧은 삶 속에서 수련을 통해 진정한 깨달음을 얻고 몸과 마음, 삶과 죽음의 문제에서 벗어나기 위해서는 정확하고 확실한 수련구조와 밀도 높은 기운이 필요하다. 따라서 수련의 가장 기초가 되는 하단전의 형성은 너무나도 중요하다.

기존의 한 가지 단전의 구조만으로는 음기나 양기, 태극 기운 한 가지 기운만 담을 수 있었다. 그래서 수련이 한쪽으로 치우치거나 그 수련을 이끌어가는 힘이 너무 약해 오랜 시간이 걸리게 된다. 음기·양기·태극기의 조화, 생기·진기·원기의 조화, 몸·마음·정신의 조화, 의식·전의식·무의식의 조화만이 인간의 잠재력을 끌어내고 본래 자신의 빛을 찾아가는 가장 확실하고 빠른 열쇠이다. 그러므로 저자는 새로운 차원의 하단전으로 삼태극하단전을 제시한다.

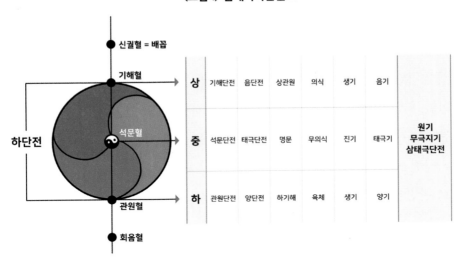

<그림 1> 삼태극하단전도

	상	기해단전	음단전	상관원	의식	생기	음기	원기 무극지기 삼태극단전
	중	석문단전	태극단전	명문	무의식	진기	태극기	
	하	관원단전	양단전	하기해	육체	생기	양기	

<그림 1>은 가장 효과적인 단전혈의 위치를 나타낸 것이다. 기해혈, 석문혈, 관원혈은 한의학상 기경팔맥에 속하는 임맥 선상에 있으며, 배꼽(신궐혈神闕穴)과 회음혈 사이에 위치한다. 이 세 개의 혈은 각기 다른 특성을 보인다.

기해혈은 '기의 바다'라고 했듯이 음의 기운인 정신적 에너지가 뭉치는 곳이다. 또한 임맥의 여섯 번째 혈로 정신적 에너지인 신기神氣를 바로 내려받는 통로가 된다.

관원혈은 양의 혈로 육체적 에너지가 뭉치는 곳이다. 소장小腸의 모혈慕穴[11]로 보기도 하는데, 소장은 수태양경手太陽經에 속하며 군화君火에 해당하고 뜨거운 불을 상징하므로 몸의 에너지를 따뜻하게 한다.

---

11) 가슴과 배의 혈 가운데서 오장육부의 기가 모여드는 혈. 12개 장부에 각각 1개씩 모두 12개가 있다. (출처 : 표준국어대사전)

석문혈은 정신과 육신의 에너지가 음양으로 만나는 태극혈太極穴이다. 또한 삼초三焦의 모혈로서 수소양경手少陽經이다. 이는 상화相火에 해당하며 밝은 빛을 상징한다. 삼초는 횡격막과 배꼽을 기준으로 상초·중초·하초로 구분할 수 있다. 상초는 횡격막 이상(심장, 폐, 심포, 인후, 두부), 중초는 횡격막에서 배꼽까지(비장, 위장, 간, 담), 하초는 배꼽 이하(신장, 대소장, 방광)를 말하며 내장을 포괄한다. 상단전·중단전·하단전 또한 실체가 없고 기운이 응집되는 곳으로 삼초와 삼단전은 서로 관련이 있음을 유추할 수 있다.

기운은 밀도에 따라 생기, 진기, 원기로 분류할 수 있다.

생기는 가장 밀도가 낮은 기운으로 생명력이 존재하는 식물과 동물에 존재하고, 음식과 호흡을 통해 습득할 수 있으며, 의식으로 통제할 수 있다.

진기는 생기보다 밀도가 높은 기운으로 음식과 호흡을 통해 습득된 생기가 인간의 정신과 조화가 될 때 형성되며, 인간의 전의식으로 통제할 수 있다. 전의식과 무의식은 둘 다 무의식적인 것으로 간주되지만 전의식의 내용은 쉽게 의식에 접근할 수 있고, 단지 일시적으로만 무의식이다.

원기는 가장 밀도가 높은 기운이며 우주의 근원적 에너지로 의식, 전의식을 넘어 깊은 무의식의 상태로 들어갔을 때 얻을 수 있다.

태극숨명상에서는 기해·석문·관원의 3가지 단전혈을 함께 묶어서 하단전으로 삼는다. 즉, 삼태극하단전은 음단전陰丹田인 기해단전氣海

丹田, 태극단전太極丹田인 석문단전石門丹田, 양단전陽丹田인 관원단전關元丹田이 함께 모여서 이루어진 하단전이다. 몸의 에너지인 양기를 주관하는 관원혈과 정신의 에너지인 음기를 주관하는 기해혈과 음기와 양기의 조화로운 기운인 태극 기운을 주관하는 석문혈의 3가지 기운이 조화를 이루어 삼태극 형상처럼 하나로 모여 형성될 때 원기가 발생하는데, 원기는 생기, 진기의 차원을 벗어나 밀도가 높은 무극의 기운이다.

삼태극하단전 원기수련의 장점은 첫째, 원기를 모아 기존의 하단전에 비해 더욱 강한 단전을 만들 수 있으며, 둘째, 수련 시 무의식으로의 진입이 빨라 여의주와 양신 단계에 이르는 시간과 노력이 단축되며, 셋째, 수련의 질에서도 깊은 삼매에 들게 하여 양신 수련이 빠르고 강하게 진행되므로 수련의 완성도 또한 높아진다는 점이다.

태극숨명상은 기적인 차원을 넘어서 정신적 세계를 지향한다. 정신적 세계, 우주적 세계, 생사 해탈의 세계를 경험하기 위해서는 원기수련을 통해 양신을 이루어 새로운 본질의 우주계로 나아가고 깨달음을 통해 영적 완성이 이루어져야 한다. 그래야 몸과 마음, 삶과 죽음의 문제에서 벗어날 수 있다.

따라서 가장 기초 수련인 하단전의 형성은 너무나도 중요하며, 기존의 한 가지 구조만으로는 부족하다. 생기·진기·원기의 조화, 몸과 마음의 조화, 의식·전의식·무의식의 조화만이 인간의 잠재력을 끌어내 본래 자신의 빛을 찾게 해준다. 이는 새로운 차원의 하단전인 삼태극하단전을 통해 가능하다.

2) 삼태극하단전의 위치

하단전의 위치와 구조는 예로부터 많은 논란이 있었다. 단순히 배꼽 아래, 아랫배, 복부, 또는 특정 경혈 등으로 생각해왔으나, 저자는 그동안의 연구를 통해 그 위치와 구조를 정확히 파악하였고, 그 내용을 여기서 밝히고자 한다.

문헌을 토대로 본다면, 기해단전(음단전)인 기해혈은 배꼽에서 아래로 1촌5푼一寸五分 떨어진 위치이고, 석문단전(태극단전)인 석문혈은 2촌二寸 거리에 있다. 관원단전(양단전)인 관원혈은 배꼽에서 아래로 3촌三寸 떨어져 있다. 물론 정확한 위치는 사람마다 조금씩 차이가 난다.

경혈의 위치를 찾는 전통적인 방법에는 골도분촌법(骨度分寸法, proportional methods : B-cun)과 동신촌법同身寸法 내지 지촌법指寸法(directional method : F-cun)이 있다. 골도분촌법은 기준이 되는 두 지점의 위치를 정한 후, 이를 가상의 선으로 연결하고 정해진 촌수에 따라 일정비율로 나누어 경혈의 위치를 나타낸다. 동신촌법은 측정 대상자의 손가락 길이를 이용해 경혈의 위치를 정하는 방법이다.(〈그림 2〉 참조) 이외에도 최근에는 탄력자법(고무줄을 이용하여 균등하게 분할하는 방법)이나 수치 계산법(정해진 두 점의 거리를 계산하여 분할하는 방법)을 이용하기도 한다.

이 책에서는 동신촌법을 기준으로 하단전에 해당하는 경혈 위치를 설명하고자 한다. 경혈의 위치를 나타낼 때 사용하는 '촌寸'은 일반적인 척관법(고대 중국에서 시작되어 동아시아 지역에서 널리 사용된 도량형 단위계)에서 사용하는 '촌(1촌=대략 3.03cm의 길이를 나타냄)'과는 다른 개념이다. 특히 동신촌법은 측정 대상이 되는 사람의 손가락을 기준으로 개개인의 체격에 맞게 그 길이가 정해진다.

그 구체적인 측정기준[12]은 아래와 같다.

〈표 1〉 동신촌법 측정기준 및 하단전 경혈 위치

길이(측정기준)	구분	경혈 위치(배꼽의 중심에서 아래로)	
▶ 엄지손가락 첫째 마디의 폭 ▶ 가운데 손가락 두 번째 마디의 두 가로금 사이[13]	1촌	음교혈	
▶ 2횡지(집게손가락과 가운뎃손가락)를 모은 너비	1.5촌	기해혈(기해단전)	
▶ 3횡지(집게손가락과 가운뎃손가락, 약손가락)를 모은 너비 ▶ 집게손가락의 중절골과 말절골 사이의 길이	2촌	석문혈(석문단전)	삼태극단전
▶ 4횡지(집게손가락과 가운뎃손가락, 약손가락, 새끼손가락)를 모은 너비	3촌	관원혈(관원단전)	

---

12) 이병국, 경혈도(상권), 도서출판 현대침구원, 2010 참조
13) 『동의보감』에서는 환자가 남자면 왼손, 여자면 오른손을 기준으로 일촌(한치)을 측정한다(取病人男左女右中指第二節內度兩橫紋相去爲一寸應取穴及作炷分寸拄依此法).

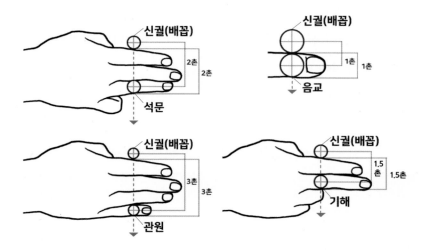

삼태극하단전은 양쪽 신장 사이에 위치하고, 신장의 기능과 기운을 건강하게 유지하며, 심장의 기능과 기운을 잘 조절한다. 뜨겁고 탁한 기운은 내리게 하고, 차고 맑은 기운은 오르게 하여 몸의 혈액순환을 원활하게 하고 마음의 고요함을 유지한다. 더 나아가 정신의 깊은 영역인 무의식을 정화하여 인간 내면의 심리적 트라우마를 극복하고 마음의 장애를 치유하며, 강한 정신력과 자신감을 느끼게 한다. 〈그림 3〉은 각 단전의 위치를 알기 쉽게 나타내었다.

---

14) 정통침뜸교육원 교재위원회, 경락경혈학, 정통침뜸연구소, 2002

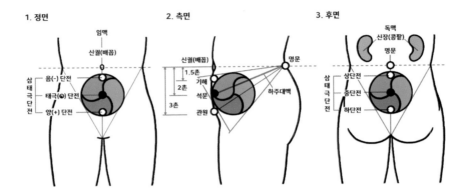

〈그림 3〉 삼태극하단전 작도법

5. 십삼단전

1) 기본 삼단전의 원리와 구조

태극숨명상의 바탕에는 선도 내단 수행의 단전이 자리잡고 있다. 단전은 기운을 받아들여 모아두는 장소로 태극숨명상에서 아주 중요한 위치를 차지한다. 이 단전은 우주의 3수三數 원리에 따라 상단전·중단전·하단전의 삼단전으로 구성된다. 이러한 삼단전의 형성원리는 동양적 우주론에 기초하는데, 동양사상에서는 인간을 작은 우주라고 보고, 소우주인 인간 속에 우주와 같은 구조가 있다고 생각한다.

내단사상 속에도 나타나는 이 3수의 원리는 동양사상에서 아주 중요한 위치를 차지하며 그만큼 의미도 크다. 한국의 고대 사상에서는 우주를 천天(하늘)·지地(땅)·인人(사람) 3재三才로 나누고, 무극無極·태극太極·인극人極의 삼태극三太極으로 분류하기도 하였으며, 우주에 있는 해와 달과 별의 3성三星을 신앙의 대상으로 삼기도 했다.

이러한 우주의 3의 원리를 인간에게 적용하여 인간을 영靈·혼魂·백魄의 3수로 나누기도 하고 한의학에서는 인간을 상초上焦·중초中焦·하초下焦로 구분 짓기도 한다. 3이라는 숫자에 안정감과 완성의 의미가 있다고 보는 것이다.

종교의 예를 들어보면, 도교에서는 하늘을 옥청玉淸·상청上淸·태청太淸의 3청三淸으로 구분하고, 불교에서는 부처를 법신불法身佛·보신불報身佛·화신불化身佛의 3신불三身佛로 구분한다. 기독교에서는 성부聖父·성자聖子·성령聖靈의 3위일체三位一體 사상을 밝히고 있다. 또한 인도 힌두교에서도 창조의 신, 파괴의 신, 유지의 신을 의미하는 브라흐만Brahman·쉬바Shiva·비슈누Vishnu를 삼주신으로 삼는다.

한국 신종교인 원불교에서는 우주의 진리를 공空·원圓·정正으로, 우주 만물의 구성요소를 영靈·기氣·질質로, 우주를 존재론적 현상을 나타낸 진공眞空·묘유妙有·조화造化의 3분법적 관점으로 제시한다. 또한 수행법을 정신수양精神修養·사리연구事理硏究·작업취사作業取捨의 3학三學으로 나눈다.

선도의 내단 수행에서도 인간을 정精·기氣·신神의 합으로 보고, 이 정·기·신을 단련하기 위하여 몸을 상단전·중단전·하단전이라는 구조로 나눈다.

〈그림 4〉 우주 3수 원리와 삼단전도

상단전	영	신	영	상초
중단전	기	기	혼	중초
하단전	질	정	백	하초

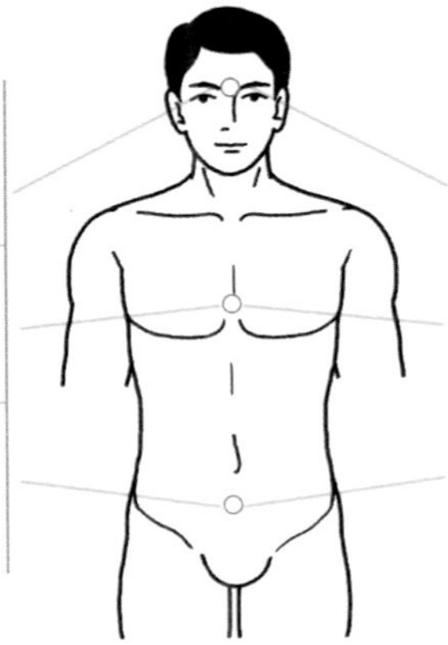

천	일	옥청	무극	법신불	성부	브라흐만	진공
지	월	상청	태극	보신불	성자	쉬바	묘유
인	성	태청	인극	화신불	성령	비슈누	조화

하단전은 우리 몸의 장부와 연결되어 있는데 하초인 배꼽 아래, 혹은 양쪽 신장 사이에 위치하고 수기水氣를 다스려 정精을 생성하는 역할을 한다. 하단전의 혈 자리는 여러 가지 명칭이 있으나 기해·석문·관원의 3가지 단전혈이 주로 거론된다. 선도의 책 중 기해를 상관원上關元, 관원을 하기해下氣海, 석문을 명문命門이라고 밝힌다. 태극숨명상에서는 앞에서 살펴본 바와 같이 기해혈, 석문혈, 관원혈의 3가지 혈을 합하여 삼태극단전이라 하고 하단전으로 사용한다.

중단전은 중초인 심장에서 가까운 가슴 가운데에 위치하며 화기火氣를 다스려 기氣를 운행하는 역할을 한다. 감정의 에너지가 모이는 곳으로 기쁨, 성냄, 슬픔, 즐거움의 감정을 다스린다. 혈 자리는 옥당玉堂이다.

상단전은 상초인 뇌에서 가까운 양미간 사이에 자리 잡아 신神의 밝음을 조절하는 역할을 한다. 정신적 에너지를 모으며, 집중력과 통찰력, 직관력을 다스린다. 그리고 정신적 스트레스를 다스리고 이성적 분별과 판단에 영향을 준다. 혈 자리는 인당印堂이다. 오래된 선도 내단서에서는 상단전의 명칭을 니환궁泥丸宮, 남창상궁南昌上宮이라 부르기도 했다. 또한 상단전의 위치도 인당과 백회가 서로 수직으로 교차하여 만나는 지점으로 나타내기도 하였는데 그곳은 양미간과 후뇌 사이로 뇌하수체의 윗부분인 송과체松果體(솔방울샘)에 해당한다.

한당 선생은 그의 저서 『천서天書』에서 상·중·하 삼단전 속에 세 개의 여의주如意珠인 구슬이 존재한다고 주장하였는데, 하단전에 있는 여의주를 정주精珠, 중단전에 있는 여의주를 기주氣珠, 상단전에 있는 여의주를 신주神珠라 하여, 이 3개의 여의주가 정·기·신을 밝히는 내단 수련에 큰 역할을 하고 있다고 하였다.

즉, 하단전 정주精珠가 열리고 나면 자연 중단전 기주氣珠가 열리고, 중단전 기주가 열리고 나면 자연 상단전 신주神珠가 열려 내단 수행의 궁극의 경지인 양신을 이루고, 신선이 되며 도를 깨닫게 된다고 보았다.

2) 십삼단전의 원리와 구조

일반적으로 선도수행에서 단전은 하단전·중단전·상단전의 삼단전이 존재하는 것으로 알려져 왔다. 하지만 저자는 그간의 수행 경험과 우주의 원리에 기초해 추가로 10개의 단전을 더 개발하여 총 십삼단전을 정하였다. 따라서 수련시 기존의 다른 수행보다 훨씬 강하고 빠른 진전을 보이는 것이 특징이다.

십삼단전에는 임맥에 해당하는 6가지 단전인 육단전과 독맥에 해당하는 7가지 단전인 칠단전이 있다. 임맥 상의 육단전은 남쪽 하늘 궁수자리에 속하는 국자 모양의 6개 별자리인 '남두육성南斗六星'과 연관된다. 남두육성은 1. 천부성天府星, 2. 천량성天梁星, 3. 천기성天機星, 4. 천동성天同星, 5. 천상성天相星, 6. 칠상성七殺星이다.

독맥 상의 칠단전은 북쪽 하늘 큰곰자리에 속하는 국자 모양의 7개의 별자리인 '북두칠성北斗七星'과 연관된다. 북두칠성은 1. 탐랑성貪狼星, 2. 거문성巨門星, 3. 녹존성祿存星, 4. 문곡성文曲星, 5. 염정성廉貞星, 6. 무곡성武曲星, 7. 파군성破軍星이다.

동양사상에서는 사람의 탄생과 삶은 남두육성이 주관하고, 죽음은 북두칠성이 관장한다고 한다. 이는 인체에 흐르는 경락과도 연관이 있다. 내단 수행에서는 임맥(인체의 앞쪽 정중앙으로 흐르는 경락)은 삶의 통로를 상징한다 하여 생관生關이라 하고, 독맥(인체의 뒷쪽 정중앙으로 흐르는 경락)은 죽음의 통로를 상징한다 하여 사관死關이라 한다. 그래서 수행을 통해 임·독맥이 서로 유통되어 열리는 현상을 '생사현관生死玄關을 타통했다.'고 한다.

따라서 십삼단전은 삶을 주관하는 남두육성인 육단전과 죽음을 주관하는 북두칠성인 칠단전이 하나로 연결되어 완성된 우주를 상징하는 것이다. 또한 십삼단전 수행은 몸과 마음, 그리고 감정의 조화를 가져온다. **(<그림 5>** 참조)

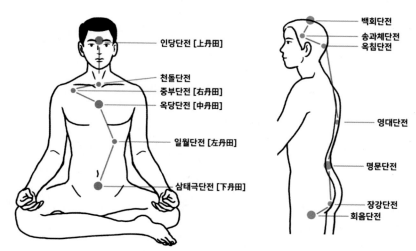

〈그림 5〉 십삼단전도十三丹田圖와 십삼성十三星과의 연관성

인당단전 [上丹田]

천돌단전
중부단전 [右丹田]
옥당단전 [中丹田]

일월단전 [左丹田]

삼태극단전 [下丹田]

백회단전
송과체단전
옥침단전

영대단전

명문단전

장강단전
회음단전

전면 : 6단전=남두육성南斗六星을 상징　　　**후면 : 7단전=북두칠성北斗七星을 상징**

　십삼단전은 1.삼태극단전三太極丹田, 2.일월단전日月丹田, 3.옥당 단전玉堂丹田, 4.중부단전中府丹田, 5.천돌단전天突丹田, 6.인당단전 印堂丹田, 7.회음단전會陰丹田, 8.장강단전長強丹田, 9.명문단전命門 丹田, 10.영대단전靈臺丹田, 11.옥침단전玉枕丹田, 12.송과체단전松 果體丹田, 13.백회단전百會丹田으로 구성되어 있다. 각 단전의 성격과 효능은 아래와 같다.

(1) 삼태극단전

　하단전에 속하고 배꼽 아래에 위치하면서 기해·석문·관원의 3가지 혈이 하나의 단전을 형성한다. 삼태극단전은 몸의 생명력, 활력, 열정, 에너지를 담당하고, 신장, 자궁, 방광, 전립선, 부신호르몬, 대장, 허리뼈의 기능을 주관한다. 심리적으로는 자신감, 행복감을 북돋운다. 삼태극단전의 에너지가 약해지면 신장과 방광 기능이 저하되고, 두려움과 공포의 감정이 생긴다.

(2) 일월단전

갈비뼈 아래쪽에 위치하며, 경락의 혈로는 일월혈로 좌우 하나씩이 있는 쌍혈이다. 남자는 왼쪽 일월혈인 일월단전을 좌단전으로 하며, 여자는 오른쪽 일월혈인 일월단전을 우단전으로 한다(남좌男左, 여우女右). 피의 흐름과 정화를 담당하고 간의 기능을 주관하며, 심리적으로는 열정과 관련된다. 만약 일월단전의 에너지가 부족하면 육체적으로는 피로감, 식욕저하, 간염, 간 경화 등이 나타나고, 심리적으로는 허탈감과 무기력 증상이 나타날 수 있다.

(3) 옥당단전

중단전에 속하고 가슴 가운데에 위치하며, 경락의 혈로는 옥당혈이다. 감정과 정서의 에너지를 조절하고, 심장, 심포의 기능을 주관한다. 심리적으로는 사랑, 기쁨, 안정감을 형성한다. 옥당단전의 에너지가 고갈되면 육체적으로는 심장질환, 혈액순환 장애, 울화증이 나타나고 심리적으로 불안과 과도한 흥분증상이 생긴다.

(4) 중부단전

어깨 부위에 위치하며, 경락의 혈로는 중부혈로 좌우 하나씩 있는 쌍혈이다. 남자는 오른쪽 중부혈인 중부단전을 우단전으로 하며, 여자는 왼쪽 중부혈인 중부단전을 좌단전으로 한다(남우男右, 여좌女左).

호흡과 기의 순환을 강화하고, 폐의 기능을 주관한다. 심리적으로는 차분함, 침착함과 관련된다. 중부단전의 에너지가 약해지면 육체적으로는 폐 질환, 감기, 폐렴 증상이 나타나고, 심리적으로는 슬픔, 우울증, 고집, 집요함, 답답함이 생길 수 있다.

(5) 천돌단전

목 주변에 위치하며, 경락의 혈로는 천돌혈이다. 면역기능을 강화하고, 갑상선, 부갑상선, 목, 기관지의 기능을 주관한다. 심리적으로는 포용심, 소통과 관련 있다. 천돌단전에 에너지가 부족하면 육체적으로는 갑상선 기능 저하나 항진, 인후염, 후두염 등이 생길 수 있고, 심리적으로는 감정의 기복이 심하고 예민해지며, 대인기피증이 나타날 수 있다.

(6) 인당단전

상단전에 속하고 이마의 미간 사이에 위치하면서 경락의 혈로는 인당혈이다. 집중력과 직관력, 통찰력, 깨달음, 창조력을 담당하고, 뇌의 기능을 주관한다. 심리적으로는 평화와 관련된다. 인당단전의 에너지가 부족하면 스트레스를 많이 받게 되고, 육체적으로 뇌 기능의 저하, 두통, 편두통, 불면증 등이 나타나며, 심리적으로는 망상, 분노, 편집증, 환청, 환각, 정신분열증상도 발생할 수 있다.

(7) 회음단전

생식기 뒤쪽 회음부에 위치하며, 경락의 혈로는 회음혈이다. 뇌척수액을 자극하고 혈액순환을 촉진해 교감신경을 활성화하며, 생식기능과 림프샘을 통한 면역기능에도 관여한다. 심리적으로는 즐거움, 쾌락과 관련된다. 회음단전의 에너지가 부족하면, 육체적으로는 요통, 좌골신경통, 불감증, 전립선, 생식기 관련 질환 등의 증상이 발생할 수 있고 심리적으로는 우울증, 공허감 등이 나타날 수 있다.

(8) 장강단전

꼬리뼈 부근에 위치하며, 경락의 혈로는 장강혈이다. 척추와 뇌하수체의 흐름에 관여하고, 심리적으로는 안정감, 책임감, 믿음 등과 관련있다. 장강단전의 에너지가 약해지면 육체적으로는 척추질환, 골반질환, 디스크 증상, 탈항, 변비, 설사, 유산 등의 증상이 발생할 수 있으며, 심리적으로는 의욕상실, 자괴감, 열등감이 나타날 수 있다.

또한 장강단전은 뇌맥 경락과 연관되고, 척추를 곧게 세우고 뇌척수 흐름을 원활히 하는 데 관여함과 동시에 양신 출신 통로를 열어준다.

(9) 명문단전

허리뼈 부위에 위치하며, 경락의 혈로는 명문혈이다. 허리뼈와 선골, 대장과 자궁의 기능에 관여하고, 삼태극단전과 함께 신체의 생명력을 관장한다. 따뜻한 기운인 양기의 저장소이다. 심리적으로는 자궁심, 자존감, 긍정심 등과 관련된다. 명문단전의 에너지가 부족하면 육체적으로는 요통, 좌골신경통, 디스크, 생리통 등이 생기며, 심리적으로는 위축감, 열등감, 부정적 마음, 무력감 등이 생길 수 있다.

(10) 영대단전

가슴과 반대되는 등 쪽에 위치하며, 경락의 혈로는 영대혈이다. 심장, 횡격막, 위장과 관련이 있고, 심리적으로는 안정감, 평온함, 여유 등과 관련이 있다. 영대단전의 에너지가 부족하면, 육체적으로는 심장질환, 위경련, 가슴막염, 늑간통, 견비통 등이 나타날 수 있고, 심리적으로는 불안, 조급증, 답답증, 긴장감이 생길 수 있다.

(11) 옥침단전

머리 뒤 소뇌와 연수가 있는 두개골 밑부분이 시작되는 곳에 있으며, 경락의 혈로는 옥침혈이다. 옥침혈은 좌우 쌍혈인데, 옥침 좌·우혈을 함께 축기하면 좌·우혈이 합해지면서 단전화된다.

대뇌에 에너지를 공급하고 머리를 맑게 하고, 인체의 호흡과 근육조절, 심장박동을 조절하는 역할도 한다. 심리적으로는 이완, 안정, 청량감과 관련된다. 옥침단전의 에너지가 부족하면 육체적으로는 뇌 기능 저하, 시력 저하, 어지럼증, 후각 저하, 두통, 안구 통증, 삼차신경통, 목 통증, 뇌출혈 등이 나타날 수 있고, 심리적으로는 멍한 증상과 무기력증이 나타날 수 있다.

(12) 백회단전

　머리 정수리 부근에 위치하며, 경락의 혈로는 백회혈이다. 두개골과 뇌 그리고 신경계통의 기능에 관여한다. 심리적으로는 집중, 영성靈性, 해탈, 깨달음, 지혜, 영감 등과 같은 정신적인 능력에 이바지한다. 백회단전의 에너지가 부족하면 육체적으로는 중풍, 신경성 두통, 이명, 건망증 등이 나타날 수 있고, 정신적으로는 산만, 우울, 불안 증상이 나타날 수 있다.

(13) 송과체단전

　간뇌에 속한 내분비기관이며 솔방울 모양을 하고 있어 솔방울샘이라고 불리는 송과체에 위치한다. 송과체의 기능은 멜라토닌Melatonin과 세로토닌Serotonin을 분비하여 인체의 생체 리듬 유지와 면역기능 향상에 중요한 역할을 한다. 철학자 데카르트는 송과체를 여러 종류의 세포로 구성된 '영혼의 의자'라고 부르며 육체와 영혼이 만나는 지점이라고 하였다. 송과체는 수천 년 전부터 '제3의 눈'으로 불리며 인간을 다른 차원, 다른 세계와 연결하는 통로로 인식되었다. 고대 중국에서는 하늘의 눈 '천목天目'이라 하였고 힌두교에서는 '브라흐만의 창', 이집트에서는 '호루스의 눈'으로 불렀다.

　특히 종교수행이나 명상에서는 송과체를 영적 현상을 보거나 깨달음을 경험하는 곳, 우주와 소통하는 곳이라 하였으며, 명상과 참선 수행

시 송과체를 발달시켜 해탈의 경지에 이른다고 하였다. 심리적으로는 깨달음, 영성, 해탈, 행복, 평온함과 관련이 있다. 송과체단전의 에너지가 부족하면 육체적으로 불면증, 신경성 두통이 발생하고, 심리적으로는 우울증, 불안, 죄책감, 무력감이 나타난다.

또한 송과체단전은 장강단전과 함께 뇌맥과 연결되어 있다. 뇌맥은 뇌하수체 흐름을 조절한다. 바라보기 명상과정에서 여의주 수련을 통해 여의주 속으로 들어가면 양신을 보게 되는데, 이때 출신을 위한 통로가 뇌맥 경락과 연관되어 있다.

4) 외단전과의 구별

단전은 기운 교류 범위 따라 내단전內丹田과 외단전外丹田으로 구분된다. 몸 안에 있는 기운을 모아 몸 안에서의 기운을 교류하는 단전을 내단전이라 하며, 몸 외부에 있는 기운과 교류하는 단전을 외단전이라 한다. 하나의 단전이 내단전과 외단전의 역할을 동시에 하기도 한다.

내단전은 총 13개이며, 위에서 언급한 십삼단전이 이에 해당한다. 외단전은 총 5개이며, 용천단전(좌, 우), 노궁단전(좌, 우), 백회단전이 이에 해당한다. 이 중 백회단전은 십삼단전 축기 시 내단전이 완성되고, 오중맥대주천 수련 시 외단전이 완성되어 오중맥대주천 이후에는 내·외단전의 역할을 동시에 하게 된다.

6. 숨(호흡)

1) 숨(호흡)의 개념

숨은 호흡呼吸이며 우리는 이 호흡을 통하여 기운과 산소를 흡수하여 생명을 유지하고 있다. 모든 인간과 생명체는 내쉬는 '호呼'와 들이마시는 '흡吸'이라는 숨의 과정을 통하여 자신을 보호하고 생명을 유지해 나간다. 밥을 안 먹어도 한 달 넘게 살 수 있고, 물을 안 마셔도 사흘 정도는 살 수 있다. 하지만 숨을 안 쉬고는 고작 단 몇 분도 버틸 수 없다. 숨쉬기는 그만큼 우리 몸에서 중요한 활동이다. 대부분 사람은 숨쉬는 호흡법에 대해서 자세히 알지 못한다. 자신이 어떻게 숨을 쉬고 사는지 잘 모른다. 제대로 숨을 쉴 수만 있어도 온몸의 활력이 넘치고 기운이 넘쳐서 건강한 삶을 살 수 있다.

현대인은 가쁘고 거칠며 짧은 호흡을 하고 살아가면서도 자신의 호흡상태에 대하여 전혀 인식하지 못하므로 만성적 산소 부족에 시달린다. 대부분이 폐로 호흡하며, 어떤 사람은 폐의 3분의 1밖에 쓰지 않는 불완전 호흡을 한다.

그리고 건강이 나쁜 사람은 겨우 목으로 숨을 쉰다. 이러한 상태가 계속되면 우리 세포는 만성피로 상태가 되어서 질병이 발생하게 된다. 산소 부족이 일어나면 영양을 잘 섭취해도 세포가 포도당을 태워서 에너지로 쓸 수가 없고, 오히려 활성산소가 발생하여 질병과 노화를 촉진한다. 그만큼 충분한 산소 공급이 우리 몸의 섭생과 직결되는 것이다.

호흡을 음양에 비유하기도 하는데, 이는 호흡을 통해 음과 양의 기운을 조절하고 조화시키기 때문이다. 모든 우주의 변화와 움직임은 호흡과 연결된다. 바람이 부는 것은 '호'이고 멈추는 것은 '흡'이다. 생각이 많으면 '호'가 나오고 고요하면 '흡'이 된다. 봄, 여름, 가을, 겨울, 계절에 따라 호흡이 다 다르다. 더울수록 '호'가 많고 추울수록 '흡'이 많다.

더운 인도에서는 더우니까 체온을 유지하기 위해서 '흡'보다 '호'를 많이 한다. 추운 알래스카에서는 체온을 유지하기 위해서 '호'보다 '흡'을 많이 한다. 온대지역에서는 '호'와 '흡'을 적당한 비율로 한다. 몸이 아프면 사기와 탁기를 정화하기 위해 '호'를 많이 하게 된다. 사람들이 지나가다 머리를 찧거나 무릎을 부딪치면 호~호 하면서 아픔을 가라앉힌다. 화가 날 때 화를 가라앉히려면 후~ 하면서 호흡을 내쉰다. 이렇듯 호흡은 생명을 유지하는 방법이라고 할 수 있다.

2) 숨(호흡)의 종류

숨인 호흡의 종류는 '호'와 '흡'의 방식에 따라 문식文息, 무식武息, 지식止息으로 구분한다.

문식호흡文息呼吸은 가늘고 길며 깊게 하는 부드러운 호흡으로 깊은 집중력이 요구된다. 명상과 정신집중을 위한 호흡이다. 깊은 이완 상태로 들어가 불가에서 말하는 삼매三昧의 경지에 이르게 하고, 무의식 상태인 알파파에서 세타파에 이르게 한다. 이때 무의식에 있는 트라우마와 부정적 기억들이 정화되기 시작한다. 깨달음의 경지도 이 문식호흡을 통해 가능하다.

무식호흡武息呼吸은 짧고 얕으며 강하게 하는 호흡으로 기운을 순간적으로 응축시키거나 강하게 증폭시킬 때 하는 것이다. 문식호흡에 비해 강하고 거친 호흡이다. 몸이 피곤하거나 힘들거나 집중이 안 될 때, 또는 수련 초기에 사용하면 좋다. 주로 무술가나 기공사들이 많이 사용한다.

즉, 내공內功 수련보다는 외공外功 수련에 적합하다 하겠다. 운동선수 중에도 복식호흡을 넘어서 무식호흡으로 가는 분들도 있다. 그리고 기치유를 하는 기공사들이 사람을 치유할 때 막힌 혈을 뚫기 위해 이 무식호흡을 간혹 사용하기도 한다. 그리고 문식호흡을 하는 수행자도 임맥任脈·독맥督脈을 뚫거나 다른 경락을 운기할 때 막힌 경혈을 뚫기 위해 사용하기도 한다.

지식호흡止息呼吸은 숨을 지속해서 멈추며 하는 호흡이다. 단전을 단단하고 강하게 만들거나 몸의 근육을 단단하고 강하게 만들 때 하는 호흡이다. 주로 차력사들이 물속에 숨을 참고 오래 들어가 있는 시범을 보이거나, 혹은 치아로 차를 끌거나, 몸에 돌을 대고 망치로 때릴 때 사용한다. 무술가들이 강한 공격을 하거나 방어할 때 하기도 한다.

태극숨명상에서는 가늘고 길고 깊은 단계를 미세하게 더 발전시켜서 숨이 끊어질 듯 하면서 이어가는 것을 말한다. 본래 숨은 멈추면 안 된다. 산소 공급이 안 되면 세포가 죽게 되기 때문이다. 지식은 다시 짧고 강한 지식, 부드럽고 긴 지식으로 나누어지는데 지식 과정에서 진동과 파동이 나오기도 한다.

문식호흡, 무식호흡, 지식호흡은 '호'의 문식, 무식, 지식, '흡'의 문식, 무식, 지식으로 더 세분화할 수 있다. 호흡의 방법을 세밀하게 이용하면 기감을 강화하고 수련을 향상하는 데 도움이 된다. 긴장을 이완시키는 가장 좋은 방법이 호흡이기 때문이다.

처음에는 코로 들이마시고 입으로 강하고 길게 내쉬면 긴장이 사라진다. 다음에는 코로 천천히 들이마시고 천천히 길게 내쉰다. 이것을 반복하면 몸이 이완되면서 무의식이 열리기 시작하는데, 이때 심법(마음을 쓰는 법으로 수련하기 전 마음의 방향을 정할 때 사용한다)을 건다.

이후 무식과 문식과 지식을 적절히 번갈아 가면서 더 깊이 이완하면 무의식에 완전히 들어가 자동으로 수련이 진행되고 축기蓄氣가 된다. 직감, 영감 등 다른 감각이 작동되면서 눈에 무엇인가 보이고 들리는 등 신비한 경험을 하는 예도 있다.

또한 호흡은 숨을 쉬는 위치와 대상에 따라 후식喉息, 흉식胸息, 복식腹息, 단전식丹田息, 태식胎息, 양신식陽神息의 6가지로 나뉜다.

(1) **후식**은 목에서 숨을 쉬는 호흡으로 '목 호흡' 내지 '목숨'이라고도 한다. 몸이 아주 불안정한 상태이거나 건강이 매우 안 좋을 때, 혹은 생명이 끊어지기 직전에 하는 호흡이다. 숨이 위로 올라갈수록 갈 날이 가까워진다. 그래서 죽기 전에 목으로 숨을 쉬는 목숨이 깔딱깔딱 하다가 그다음 백회로 영이 빠져나가면서 죽음에 이르게 된다.

(2) **흉식**은 폐와 가슴을 중심으로 하는 호흡으로 '가슴 호흡' 내지 '폐

호흡'이라고도 한다. 대부분 성인은 일상생활에서 폐 호흡을 한다.

(3) **복식**은 가운데 배로 숨을 쉬는 호흡으로 '배 호흡'이라고도 한다. 폐 호흡보다 산소 흡입량이 많아 에너지를 많이 사용할 수 있어 음악가나 운동선수들이 많이 한다. 많은 에너지를 받아들여 사용하고, 정신 집중 상태를 유지하기 위해서는 알파파가 나오는 복식을 할 수밖에 없다.

진천선수촌의 국가대표선수들이 마인드 컨트롤, 이미지 트레이닝 등을 할 수 있는 것도 기본적으로 복식호흡이 가능하기 때문이다. 명절날 텔레비전을 통해서 방송되는 씨름대회에서 씨름선수들을 보면 복식호흡을 하는 것을 확연히 볼 수 있다.

(4) **단전식**은 배꼽 아래 단전을 중심으로 숨을 쉬는 '단전호흡'으로 '아랫배호흡'이라고도 한다. 이는 호흡을 통해 들어온 기운을 단전이라는 장소에 모아서 정신과 육신을 잘 연결지어 몸과 마음을 건강하게 유지하는 방법이다. 무술가, 차력가, 명상가, 선도수행가 등이 깊은 내공을 쓰며 하는 호흡이다.

단전호흡이란 용어는 근간에 사용된 용어가 아니다. 중국의 도교 사상 가운데 수행도교에서 수천 년 전부터 신선이 되는 길인 선도의 방법으로 단전호흡을 연단술錬丹術 혹은 내단수행內丹修行이라는 용어로 사용했다. 불교에서는 조식법調息法으로, 요가에서는 프라나야마 Pranayama로 불리며 행해졌다. 한국의 선도수행에서도 단전호흡을 내단수행이라고 하였다.

(5) **태식**은 아기들이 엄마 뱃속에서 하는 '태아호흡'이다. 아기들은 무

의식 상태에서 탯줄을 통해 호흡하고 영양을 공급받는데, 엄마와 연결되어 있으므로 엄마의 생각과 호흡, 건강상태와 밀접한 관계가 있다. 따라서 임신을 한 엄마들은 태아호흡과 가장 밀접한 배호흡이나 단전호흡을 통해 태아와 보다 깊이 교감하게 된다.

또한 좋은 생각을 하면서 몸과 마음을 이완시켜야 진정한 태아 교육이 된다. 산모들이 단전호흡을 하면 유산소 운동이 되어 태아에게 좋은 산소를 많이 공급하므로 태아의 신체와 뇌의 발달에 도움이 될 수 있다.

그리고 아기들은 태어나자마자 울음을 터트리고 호흡을 하기 시작하는데, 이때 태아호흡에서 아랫배 단전호흡으로 바뀐 것을 알 수 있다. 즉, 아기들이 어떻게 호흡하는지 자세히 살펴본 사람이라면 배꼽 아래 아랫배로 호흡하는 것을 알 수 있다. 그래서 기운과 감정이 안정되고, 눈빛이 맑다. 왜냐하면 아랫배호흡을 통해서 맑고 고요한 명상파冥想波인 알파파가 형성되기 때문이다. 아랫배에는 단전이 있는데 아기는 아랫배호흡을 하는 과정에서 자연스럽게 단전호흡을 하게 된다.

아기의 전신경락은 모두 열려 있기에 결국 단전호흡을 통해 몸 전체 에너지가 충만하게 된다. 그리고 배고프다고 울면 그 소리가 얼마나 우렁차고 멀리까지 가는지 멀리 떨어져 있어도 아기 울음을 감지할 수 있다. 이것이 단전호흡의 힘이다.

(6) **양신식**은 기운을 모으는 센터인 아랫배 삼태극하단전三太極下丹田 속에서 정신의 태아胎兒인 양신이 하는 호흡이다. 양신은 순수하고 깨끗한 근본 마음의 모습으로 선도수행의 결과물이자 기운의 최고 결정

체이다. 이를 불가에서는 부처의 본래 성품인 불성, 진리의 태아, 혹은 부처의 태인 여래장이라고 했고, 성경에서는 성스러운 영인 성령 聖靈이라고 하였다. 선도수행이 깊어지면 단전 속에 있는 양신을 찾아 양신과 하나되어 양신을 통해 호흡하게 된다. 이 양신호흡을 통해 우리는 선계仙界(신선들이 사는 세계)와 우주로 나아가 깨달음과 완성, 혹은 성불을 이룰 수 있다.

우리가 태어나서 생을 마감할 때까지 몸의 상태가 건강한 것인지, 또는 건강하지 않은 것인지, 혹은 감정 상태가 편안한 것인지 불편한지를 호흡적인 기준, 즉 어떤 호흡을 하고 있는가에 따라 판단할 수 있다.

우리의 호흡하는 방식을 살펴보면 태아일 때는 태식, 출생 후에는 복식, 성장하여 성인이 되면 흉식이 자리잡게 된다. 수행 시에는 단전호흡을 기본으로 하되, 간혹 흉식, 복식을 함께 하기도 한다. 이러한 호흡 방식은 우리 몸의 뇌파와 자율신경에도 영향을 준다. 각 호흡 종류별 뇌파와 자율신경의 변화를 **〈표 2〉**로 확인해보자.

순서	호흡 종류	내용	뇌파	자율신경
1	후식	목으로 쉬는 목 호흡	고베타파	교감신경 = 긴장, 흥분상태
2	흉식	가슴, 즉 폐를 통해서 쉬는 숨으로 가슴 호흡	저베타파	
3	복식	배로 숨을 쉬는 배 호흡	알파파	부교감신경 = 이완, 편안, 평온 상태
4	단전식	배꼽 아래 단전으로 하는 단전호흡	알파파 ~ 델타파	
5	태식	엄마 뱃속에서 아기가 하는 태아호흡	세타파 ~ 델타파	
6	양신식	하단전 속에서 양신, 즉 진리의 태아가 하는 호흡	알파파 ~ 중력파	

뇌파는 뇌에서 나오는 파동 에너지로 우리의 정신 파동 상태를 알려 준다. 뇌파의 종류는 국제뇌파학회에서 베타β파, 알파α파, 세타θ파, 델타δ파의 4종류로 정하고 있다.

베타파는 일상생활에서 뇌가 활발하게 작용할 때 나타나는 뇌파로 진폭이 빠르다. 이는 다시 고베타파와 저베타파로 세분된다.

알파파는 뇌의 활동이 안정적일 때 나타나는 뇌파로, 명상할 때 나타난다고 해서 명상파라고도 한다. 진폭이 넓고 규칙적이며 일정한 간격으로 파도치는 형태로 나타난다. 눈을 감고 안정된 상태에 있으면 알파파가 기록되는데, 눈을 뜨고 활동을 시작하면 알파파가 진폭이 빠른 베타파로 변한다. 반대로, 베타파의 사람이 복식이나 단전호흡을 하면 호흡을 통해 이완되면서 서서히 알파파로 바뀌어 간다. 그리고 단전호흡을 깊고 오래 하면 이완 상태인 알파파와 세타파 사이를 오가게 된다.

세타파는 얕은 수면 내지 깊은 휴식 상태일 때 나타나는 알파파보다 느린 뇌파로 4~7 사이클 파동이다. 졸음파 내지 서파수면파徐波睡眠波라고도 한다. 깊은 안정, 행복한 기분, 대단히 깊은 이완 등에서 나타난다.

델타파는 깊은 수면 상태일 때 나타나는 뇌파로 3 사이클 이하의 파동이다. 수면파睡眠波라고도 한다. 완전한 무의식의 상태로 이 상태를 '삼매'라고도 부른다.

7. 명상

명상瞑想이란 마음과 의식 그리고 감정들을 있는 그대로 알아차리고 바라보는 관법이자 마음공부이다. 이를 통해 깊은 무의식의 세계로 들어갈 수 있다. 즉, 순수한 내면의식으로 자연스럽게 몰입하는 방법을 말한다. 불교의 명상은 내면을 집중해서 바라보는 선禪 수행과 외면의 감각과 감정을 바라보는 위파사나Vipassana 수행이 핵심이라 할 수 있다.

태극숨명상은 먼저 들숨과 날숨의 호흡을 마음으로 바라보고 알아차려서 전체적인 몸의 긴장을 이완시키고, 그다음 에너지가 모이는 단전과 에너지가 흐르는 경락을 마음으로 바라보면서 몸을 점진적이고 구체적으로 이완시킨다. 그리고 마음과 의식, 감정을 가만히 바라보며 깊은 무의식에 진입하고 내면의 밝은 빛의 상태로 들어가 몸과 마음을 정화한다.

현대과학 문명과 의학 기술이 발전하고 수많은 종교가 있음에도 불구하고 현대를 살아가는 사람들이 겪는 육체적 난치병과 정신병은 계속 증가 추세에 있다. 미국정신의학회 '정신장애 진단 및 통계편람(DSM-5)'에 의하면 정신질환은 큰 범주로 나누었을 때 20가지 정도가 되지만, 세부적으로 나누면 300가지나 된다. 이는 현대사회의 물질주의로 인한 정신의 소외, 과도한 경쟁 등으로 인한 스트레스에 기인한다고 할 수 있다.

스트레스에 대응하기 위한 가장 효과적인 수단은 바로 '명상'이다. 태극숨명상은 몸과 마음이 행복해지는 명상이다. 명상을 통해 마음을 단련하면 스트레스가 줄고 마음의 안정을 찾을 수 있다. 태극숨명상은 마음 바라보기(마음명상), 기운 바라보고 돌리기(기운명상), 몸 바라보고 움직이기(몸명상)를 함께 하는 '통합명상'이다.

단전호흡이 기운적인 측면이 강하다면 태극숨명상은 기운과 마음과 몸을 다 조화시킨 통합적인 수련과정이다. 종교적 색채와 룰Rule을 철저히 배제한 인간 본연의 순수한 내면의식을 찾는 방법이다. 태극숨명상은 기존 종교수행과 명상단체들의 장·단점과 노하우를 수집, 분석하여 단점은 보완하고 장점은 강화하여 하나의 수련법으로 통합하였다.

태극숨명상은 현 시대에 맞는 합리적이고 완벽한 수행의 구조적 메커니즘Mecanism이다. 저자는 동양적 수행인 요가, 단전호흡, 참선,

그리고 서양의 명상수행을 결합하여 태극숨명상이란 새로운 수행의 방향을 제시하고자 한다.

Ⅱ. 태극숨명상의 효과

1. 정신건강 증진

태극숨명상이 정신건강에 좋다는 것은 뇌파를 통해서도 증명되고 있다. 뇌파 측정기의 하나인 뉴로피드백으로 수행자들의 뇌파를 측정하였는데, 정신활동이 활발하고 산만한 베타파 상태의 수행자가 태극숨명상을 하자 호흡을 통해 몸이 이완되면서 서서히 정신이 집중되어 베타파가 알파파로 바뀌어가는 것을 뇌파 파장 그래프로 확인할 수 있다. 그리고 불면증이나 공황장애, 우울증을 앓는 사람이 태극숨명상을 통하여 호전되고 치유되는 사례를 목격하였다.

저자의 경험으로는 태극숨명상을 깊이 하게 되면 무의식의 이완 상태인 알파파와 세타파 사이를 오가게 되는데, 이때 깊은 트랜스 상태로 들어가 정신적 이완과 함께 트라우마가 치유되기도 한다.

또한 태극숨명상을 통하여 깊은 파장의 상태로 내려가 양신을 이루게 되면 양신호흡을 하게 되고, 델타파를 넘어서 더 깊은 명상 상태로 들어가게 된다. 이 경지에 이르면 시간과 공간을 초월하여 과거와 미래를 양신을 통해 오고 갈 수 있다. 또한, 양신을 통해 다른 차원의 세계인 선계나 다양한 차원의 우주계를 오고 갈 수 있는 능력이 생긴다. 그리고 우주 파장과 일치하여 초인적인 힘과 능력도 얻을 수 있다.

2. 면역력 향상

태극숨명상을 하면 우리 몸에 산소공급이 충분하게 이루어져 체온상승이 일어난다. 체온이 상승하면 면역력이 증강된다. 일본의 종양내과 전문의 사이토 마사시 박사는 "체온이 1도 떨어지면 면역력은 30퍼센트 떨어지고, 반대로 체온이 1도 올라가면 면역력은 500~600퍼센트나 올라간다."라고 했다.[15]

영국 워릭 대학The University of Warwick과 맨체스터 대학The University of Manchester의 수학자와 생물학자로 구성된 다학제 팀의 연구에서는 체온이 높을수록 우리 몸은 종양, 상처 또는 감염에 대항하는 핵심 방어 시스템Key Defence System을 더 빠르게 작동시킨다는 것이 밝혀졌다.[16] 즉, 체온이 높아지면 면역세포의 반응속도가

---

15) 사이토 마사시, 이진후 옮김, 『체온 1도가 내 몸을 살린다(體溫を上げると健康になる)』 2010, 참조.
16) 「온도(체온)는 A20 전사의 타이밍을 통해 NF-κB의 역동성과 기능을 조절한다(Temperature regulates NF-κB dynamics and function through timing of A20 transcription)」, 2018

빨라져서 종양이나 감염에 강한 면역력이 생긴다는 것이다.

하버드 의과대학의 허버트 벤슨Herbert Benson 교수가 이끄는 연구팀은 1981년 달라이 라마Dalai Lama 초청으로 인도의 다람살라에서 '명상과 호흡법이 신체에 미치는 영향'에 관한 연구를 한 바 있다. 놀랍게도 연구에 참여한 티베트 승려들은 낮은 기온의 추운 환경에서 가만히 앉아 호흡을 조정하는 것만으로도 신체 표면 온도를 평균 5~7도 가량 올릴 수 있었다고 한다.

의학적인 측면에서, 노벨의학상을 수상한 독일 생화학자이자 세포호흡과 암연구전문가인 오토 하인리히 바르부르크Otto Heinrich Warburg(1883~1970) 박사는 그의 논문 「세포호흡의 산소전이 효소의 발견(1931년)」, 「효소의 활용그룹을 발견하다(1941년)」, 「암의 주요 원인과 예방(1966년)」에서 암세포의 발생은 산소 부족에서 비롯된다고 밝히고 있다.[17]

우리 몸의 세포는 산소가 필요 없는 무산소의 해당계解糖系 ; Glycolytic System 세포와 산소를 필요로 하는 유산소의 미토콘드리아계Mitochondrial System 세포로 나뉘는데, 우리가 호흡을 통하여 최대한 많은 산소를 몸에 공급하게 되면 미토콘드리아계 세포가 활성화되어 몸이 따뜻해지고 혈액순환이 잘되며 면역력이 높아져 건강한 몸을 유지할 수 있다는 것이다. (**<그림 6>** 참조)

---

17) Otto Warburg, 「The Prime Cause and Prevention of Cancer」, Annual Meeting Lecture of Nobelists at Lindau, Germany, 1966,
CCN, Maureen Pelletier, MD, FACOG, 「Anti-aging medical news」, 2008.

결국 태극숨명상의 명상호흡은 몸 전체에 산소 공급을 많이 유입하므로 몸이 따뜻해지고 혈액순환이 잘되며 면역력이 상승하여 건강한 몸을 유지하게 되는 것이 결국 암의 예방과 치유에도 효과가 있다고 본다.

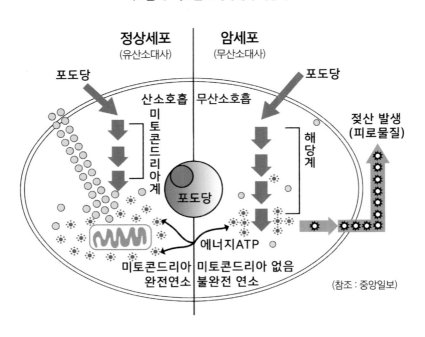

〈그림 6〉 미토콘드리아계와 해당계

3. 부교감신경 강화를 통한 자율신경 조절

사람에겐 두 개의 큰 신경계통이 있는데, 하나는 뇌척수 신경계이고, 또 하나는 자율신경계이다. 뇌척수 신경의 중추는 대뇌피질로 지각, 언어, 운동 등의 기능을 담당한다. 뇌척수 신경계는 의지대로 움직일 수 있고, 반복적인 학습이 가능하게 한다. 심리학에선 이를 '의식적인 자아'라고 말한다. 예를 들어 개와 같은 동물에게 먹을 것을 주면서 반복하여 종을 울리면 종소리만 들어도 개는 침을 흘리게 된다. 이것을 조건반사라고 하며, 인간의 교육과 도덕적 관습도 이렇게 이루어진다.

또 하나의 신경은 자율신경계로 소화, 순환, 내분비, 체온조절 등을 담당하며, 의지하고는 무관하게 스스로 작용한다. 심리학에선 이를 '무의식'이라 표현한다. 신경은 기를 전달하는 기관과 같은데, 이러한 신경에 문제가 생기면 인체에 좋지 않은 영향을 미치게 된다는 것이다.

자율신경은 교감신경과 부교감신경로 나누어진다. 교감신경은 흉부에 위치하고 부교감신경은 주로 요부에서 중추신경과 연결되어 있다. 동양사상의 음양의 원리로 보면 교감신경은 양陽적인 신경으로 심장과 밀접한 관련이 있고, 부교감신경은 음陰적인 신경으로 신장과 관련이 있다. 교감신경이 촉진되면 흥분하거나 긴장된 상태가 되고, 부교감신경이 촉진되면 반대로 흥분을 억제하거나 이완된 편안한 상태가 된다. 즉, 서로 정반대의 기능을 한다.

이 2가지 신경이 잘 조화될 때 인체가 건강해진다. 차가운 물기운이 위로 올라가면 머리가 맑아지고, 따뜻한 불기운이 아래로 내려가면 아랫배가 따뜻해지는 수승화강水昇·火降 작용이 잘되면 몸의 신진대사와 혈액순환이 원활해져 질병이 생기지 않는다.

만약 생각이나 고민이 많다든지, 외부로부터 스트레스를 받아 화가 나면 머리에 열이 나고 얼굴이 붉어지며 입속에 침이 마른다. 이것은 교감신경이 흥분한 것으로 심장에 열이 발생했다는 의미이다. 그 결과, 먼저 뇌하수체가 활동하여 호르몬을 다량 분비시킨다. 그 호르몬 중 하나인 아드레날린은 맥박을 빠르게 하고 혈압을 높이며, 혈중 당 분량을 증가시킨다. 이것은 외부에 대하여 공격태세를 갖추기 위함이며, 동시에 체내에 독소를 만들어 낸다.

그러면 이것을 완화하기 위하여 부교감신경이 반응하여 부신피질로부터 코티졸Cortisol이 분비된다. 그러나 과도한 코티졸 분비는 인체 호르몬의 조화가 깨지면서 체내 각 기관이 피로해져서 노이로제나 만성병, 성인병이 발생하기 쉬운 상태로 변한다. 쉽게 생각한다면 우리가 스트레스를 많이 받고 피로가 쌓이면 교감신경이 계속 민감하게 반응하고, 부교감신경은 그만 지쳐서 마비 상태가 된다. 이 상태가 바로 병적인 질환이 생긴 것이라고 본다. 이를 바로잡기 위해서는 부교감신경을 강화해서 교감신경을 안정시켜야 하는데, 이때 가장 효과적인 방법이 바로 명상호흡이다.

단전호흡은 부교감신경을 강화해 자율신경을 조절한다. 신장은 물의 순환과 혈액의 정화를 담당하고 있어서 생명의 근원적인 작용을 하는데 양쪽 신장 콩팥 사이에 존재하는 단전과 서로 연관되어 있다. 이것은 동양 음양 사상에서 물이 불을 누르는 수극화水克火의 이치와도 통한다.

단전호흡을 하면 뇌파가 베타파에서 알파파로 떨어지며 부교감신경이 활성화되어 몸이 이완되기 시작한다. 따라서 정신적인 편안함과 안정을 줌은 물론 스트레스에 대한 저항력을 높이고 빨리 이완을 취할 수 있게 한다. 이런 사람은 정신력과 자존감이 강해져서 항상 자신감이 넘치며 건강하고 행복한 삶을 영위할 수 있다. 이렇듯 단전호흡은 정신적인 스트레스를 많이 받고 바쁘고 복잡하게 살아가는 현대인에게 유용한 호흡법이다.

이에 반해 목호흡이나 폐호흡에서는 스트레스 상태에서 호흡이 짧고 불규칙적이므로 교감신경이 항진되고 베타파가 발생되어 사람을 긴장시키고 흥분시킨다. 이러한 상태가 오래되면 불면증, 신경과민, 정신증, 자가 면역질환, 암 등이 생길 수 있다.

단전호흡 가운데 태극숨명상이 뛰어난 이유는 첫째, 심신건강 차원의 단전호흡을 넘어서 정신적 깨달음을 얻는 양신호흡까지 가능하다는 점과, 둘째, 기초 와식 수련부터 다차원 우주계에 이르기까지 체계적이고 구체적인 수련단계를 제시하고 있는 것이다. 셋째, 태극숨명상의 궁극적 목표가 깨달음을 통해 현실에서 조화롭게 살면서 가족과 타인에게 사랑과 은혜를 베풀고 나누는 것이기 때문에 삶과 수행이 나누어지는 것이 아니라 삶과 수행이 하나로 연결되어 항상 함께하게 되는 것이다.

4. 내·외적 인지력과 통찰력 향상

태극숨명상 수련을 하면 내·외적 인지력과 통찰력이 향상되는데, 이는 기감이나 직감, 영감의 형태로 나타난다. 기감은 기운을 오감으로 느끼는 것이다. 우리 몸은 외부의 어떤 변화에 반응하는 촉각 세포, 즉 후각, 미각, 촉각, 시각, 청각이 있다. 이러한 오감은 외부의 반응에 민감하게 반응해서 인간의 생존에 이바지한다. 뜨거운 물건이나 물이 닿았을 때 뇌의 명령을 기다리지 않고 바로 반응하는 반사 반응이 그러한 것이다.

기감은 향, 냄새를 맡거나, 몸의 변화를 느끼거나, 어떤 형상이나 빛을 잘 보거나, 소리를 듣거나, 입속에서 몸을 치유하는 감로수 같은 맑은 침이 나와 계속 삼키는 등 다양한 방식으로 나타난다.

인체에는 촉각 세포가 가장 많이 분포되어 있어서 대부분의 기감은 촉감으로 나타난다. 즉, 수련 시 몸에서 일어나는 따뜻하고 차갑고 시원하고 묵직하고 아리고 따갑고 스멀스멀 기어가는 느낌, 가려운 느낌, 통증 등이 그것이다. 어느 정도 경락이나 운기 통로가 다 열리면 기감 중에서 촉감이 사라진다. 엄밀히 말하면 사라지는 것이 아니라 막힌 곳이 열림으로 인해 압박감이 해소되니 약해진 것이라 여기는 것이다. 기감이 약해진 시점에서 회전속도를 붙이게 되면 다시 파동이 강해져 새로운 기감이 형성된다.

태극숨명상을 통해 오감에서 더 나아가 육감에 해당하는 영감靈感이 열리면 시각, 청각이 작동되면서 어떤 형상을 보게 되고, 소리를 듣게 된다. 물론 미각도 살아난다. 특히 양신 이상의 단계에서는 육감이 본격적으로 발현되기 시작한다. 사람이나 사물에 대한 통찰력이 높아져 직감이나 느낌이 잘 맞게 되고 위기감지 능력 또한 발달한다. 그 외에도 예술적 감각인 예감, 통찰력이 발달하는 직감, 그냥 보면 알아지는 지감, 앞날이 느껴지고 보이는 예지감 등도 나타나게 된다.

기감은 나의 몸에서 느껴지는 것도 있지만, 외부에서 느껴지는 것도 있다. 우주 삼라만상이 모두 기운으로 이루어져 있기 때문이다. 태극숨명상 수련을 통해 기운이 강해지면 마치 레이더가 레이저를 쏘아 탐지하듯이 기운의 파동을 쏘아 주변 사람, 사물, 땅 등의 기운을 감지할 수 있게 된다. 어떤 대상이나 사람과 만났을 때 그 기운을 빨리 감지하여 대처할 수 있게 되는 것이다. 기운이 좋지 않은 물건이나 장소나 사람을 간파하여 피하거나, 일정 수련단계 이상 고수의 경우 기운 자체를 정화하거나 좋은 기운으로 바꿀 수 있게 된다.

태극숨명상은 생활 속 수련을 추구한다. 수련을 통한 내·외적 인지력과 통찰력 향상은 삶을 더욱 여유롭고 평화롭게 해준다.

Ⅲ. 태극숨명상의 3가지 공부법과 지도의 필요성

　태극숨명상에서는 불교 수행의 핵심인 마음을 바라보는 마음명상과 선도 수행의 핵심인 기운을 모으고 돌리는 기운명상, 그리고 무술 수행의 핵심인 코어 중심의 근력을 단련하는 몸을 움직이는 몸명상을 통합하여 수행한다. 이를 마음 바라보기Mind Watching(심관心觀), 기운 모으고 돌리기Energy Getting and Rounding(기단氣丹과 주천周天), 몸 움직이기Body Moving(신행身行)라고 한다. 이를 요약하면 태극숨명상은 마음명상, 기운명상, 몸명상을 융합한 통합명상이라고 할 수 있다.

1. 마음 바라보기(마음명상)

1) 있는 그대로 바라보기

'마음 바라보기'는 이성적 판단과 생각을 내려놓고 편안하게 있는 그대로의 나를 바라보는 마음공부이다. 우리 마음의 근원은 본성의 빛, 사랑의 빛, 창조의 빛, 긍정의 빛이다. 이를 불성, 본성, 양심, 로고스 Logos, 신, 조물주, 창조주, 실존, 존재, 무의식, 광명光明, 하느님, 브라만Brahman, 법신불法身佛, 본질, 근원적 에너지, 원기, 원신原神이라고 부르기도 한다. 마음의 근원은 우리의 무의식을 통해 도달할 수 있는 우주 본질계에 있기에 그 세계에 이르게 되면 마음을 온전히 알고 궁극의 깨달음을 얻을 수 있다.

마음은 보이지도 들리지도 느껴지지도 않는다. 냄새도 없고, 맛도 없다. 텅 비어서 없는 것 같지만, 소리를 들을 때는 귀에 존재하고, 푸른 산을 볼 때는 눈에 존재하며, 향기로운 꽃냄새를 맡을 때는 코에 존재한다. 맛있는 과일을 먹을 때는 혀에 있고, 걸을 때는 다리에 머물러 있기도 하며, 기쁠 때는 심장에 있다. 우울할 때는 폐에 있고, 슬플 땐 대장에 머물러 있으며, 짜증 날 때는 위장에 있다. 두려울 때는 방광에 있고, 화가 치밀어 오를 때는 담이나 간에 있다.

마음명상의 시작은 그냥 몸(육장육부)과 감정(희喜, 노怒, 애愛, 락樂)과 생각을 물끄러미 바라보면서 알아차리는 것이다. 윤리적이고 도덕적인 틀과 잣대를 만들거나 종교적 계율, 교리로 평가하거나 강요하여

서는 안 된다. 그러면 머리로만 마음공부가 되고 가슴은 경직되어 남을 가르치고 지시하게 된다.

긴장되어 있을 때는 '내 몸이 긴장해 있구나'라고 하면서 가만히 바라보면 서서히 긴장이 풀리게 된다. 생각이 복잡할 때는 '내 생각이 지금 복잡하구나'라고 하면서 왜 복잡한지 가만히 바라보고 알아차리면 순서가 나오고 하나씩 정리되어 해결된다. 화가 날 때는 '내 감정이 화가 막 치밀어 오르는구나'라고 하면서 왜 화가 나는지 가만히 바라보면 서서히 화가 사라진다. 태극숨명상에서는 기명상과 함께 마음명상을 함께 한다. 숨명상 시 느껴지는 몸의 상태와 움직임을 그대로 바라본다.

"내 어깨와 등이 긴장되어 있네."
"내 몸이 가벼워지는 느낌이네."

"내 몸에 물처럼 흐르는 느낌이 있네."
"내 손이 따뜻하게 느껴지네."

"내 몸이 묵직하게 느껴지네."
"내 팔에 찌릿한 느낌이 오네."

판단이나 분별없이 있는 그대로 기운을 바라보고 받아들이면 미세하게 느껴지던 기감이 점점 확연하게 다가온다. 기운과 마음이 하나로 연결되면 마음과 의식은 더욱 깊은 무의식 상태로 몰입하게 된다. 하지만 생각이 기운보다 앞서면 안 된다. '왜 기운이 안 느껴질까', '난 왜 수련에 자질이 없을까'라고 의문을 품는 순간 마음은 환상을 만들어내고 수련은 나 스스로 만든 벽에 부딪히게 된다.

마음이 과거에 있으면 우울하고, 미래에 있으면 불안하다. 항상 현재에 머물러 있어야 한다. 현재 이 순간에 존재하려면, 나를 있는 그대로 바라봐야 한다. 내가 잘났든지 못났든지, 기감이 있든지 없든지, 슬프든지 기쁘든지, 아프든지 건강하든지, 괴롭든지 즐겁든지 내가 어떤 형태와 어떤 감정으로 존재하든 있는 그대로의 나를 바라보고 인정하고 받아들이면 된다.

마음은 눈(안眼), 귀(이耳), 코(비鼻), 혀(설舌), 피부(신身), 생각(의意)의 6가지 감각기관(육근六根)을 통해 색깔(색色), 소리(성聲), 향기(향香), 맛(미味), 느낌(촉觸), 이치나 원리(법法) 같은 외적인 동기를 만나게 되면 움직이게 된다. 즉, 눈이 사물을 보면 보는 마음이 생겨나고 귀가 소리를 들으면 듣는 마음이 생겨나며, 코가 향기를 맡으면 냄새에 대한 마음이 생겨난다. 그리고 혀가 음식 맛을 보게 되면 맛에서 마음이 생겨나고, 피부에 어떤 느낌이 들게 되면 느낌에 대한 마음이 생겨나며, 생각이 어떤 원칙이나 이론을 접하게 되면 그에 대한 마음이 생겨난다.

이때 마음명상이 잘 되었는지는 내가 집착과 분별과 판단으로 육근에 불편함과 감정의 기복이 나타나는지, 아니면 있는 그대로 받아들이는지를 보면 알 수 있다. 즉, 보고 듣고 냄새 맡고 맛이나 촉감을 느꼈을 때, 그리고 다른 사람의 생각과 원칙을 접했을 때, 그것을 자연스럽게 바라보게 된다면 마음명상이 잘 된 것이고, 분별과 탐착과 욕심으로 불편하다면 마음명상이 잘 안 된 것이다.

마음의 근원은 본래 맑고 밝고 따뜻한 무한 사랑의 빛이다. 삶 속에서 현상과 경계에 마음이 흔들리고 힘든 것은 자신의 빛을 모르고 자신을 틀 지워서 고정화하기 때문이다. 이렇게 바라보고 알아차리기를 자주 하다 보면 육근을 통해 보고 듣고 냄새 맡고 맛과 촉감을 느끼고, 생각이 일어나더라도 마음이 자연스럽게 순리대로 흘러가게 된다. 즉 '여의무심 무위이화(如意無心 無爲而化, 그냥 자연스러운 마음에 따라 모든 것이 순리에 따라 자연적으로 이루어짐)'가 되는 것이다.

마음명상의 3가지 실천공부는 비우고, 여유로우며, 자유롭게 하는 것이다. 우리의 마음과 감정을 나뭇가지에 걸리지 않는 바람처럼, 그물에 걸리지 않는 물처럼 거슬리지 않고 흐르게 하는 것이다. 아프면 아프다고 울면 되고, 즐거우면 즐겁다고 웃으면 된다. 그 순간의 감정과 느낌에 충실하고 충분히 느끼고 표현하면 된다.

마음명상은 차분히 편안하게 감정의 변화, 기운의 변화, 마음의 변화까지 보는 것이다. 이는 흙탕물을 가라앉히는 방법과 같다. 가만히 두고 바라보면 자연 가라앉는다. 오히려 흔들고 손대면 더 섞이고 탁해진다. 이것이 바로 태극숨명상에서 기명상과 함께 하는 마음 바라보기 명상이다.

2) 이완하기

명상의 가장 기본은 몸과 마음의 이완이다. 몸의 이완을 위해서는 몸에 긴장과 경직이 있는지 자주 알아차리고 호흡을 내쉴 때마다 몸에 힘을 빼고 긴장을 내려놓아야 한다. 몸의 긴장은 교감신경을 항진시켜 심장과 간에 열(화기火氣)이 차게 한다.

그래서 열정적으로 일하면 일의 능률은 생기지만 몸에서는 염증이 발생하고 감정적으로는 짜증과 화를 내게 되는 것이다. 몸과 마음은 연결되어 있다. 태극숨명상을 통해 몸의 긴장을 풀면 뜨거운 열기가 하단전으로 내려가 냉각이 된다. 이때 부교감신경이 항진되어 몸이 이완되고 편안해지며 일에 능률이 오르게 된다.

마음의 이완을 위해서는 고정된 관념과 생각을 내려놓아야 한다. 즉, 마음을 비우는 것이다. 수련의 진정한 심법은 '일심一心'으로 들어가고 '무심無心'으로 나오는 것이다. 일심은 심법, 열정, 의지를 말한다. 즉, 수련 시 의식적으로 집중해서 강하게 마음속으로 자기 최면을 거는 것이다.

무심은 깊은 무념무상의 무의식 상태 또는 한 가지에 집중해서 다른 잡념이 없는 경지를 말한다. 아무 생각이 없는 것이 아니다. 수련이든 현실 생활이든 열정과 의지를 다하여 임하되, 이후에는 이를 비우고 무념무상의 집중상태로 들어가야 한다는 것이다. 그러면서 고정된 틀이 없이 마음을 자유자재로 쓸 수 있어야 한다. 이것이 진정한 마음의 이완이다.

누가 무엇을 해달라고 하면 바로 그 사람의 말에 집중하고 도와준 후 다시 내 일에 집중하면 된다. 그래서 어설픈 집중은 마음의 이완이 충분히 되지 않아 주변 상황에 마음이 흔들리게 되는 것이다.

3) 마음명상 과정

(1) 1단계: 알아차리고 바라보기 명상(와식 축기~삼단전 축기)

① 내 몸 알아차리기 명상

처음 누워서 삼태극단전을 만드는 와식 축기수련을 진행하면서 내 몸의 전체적인 감각을 알아차려야 한다. 내 몸이 얼마나 긴장되어 있는지, 어느 부분이 경직되어 있는지를 알아차리고 가만히 바라보는 명상이다.

② 내 몸 느낌과 감각 바라보기 명상

내 몸의 감각을 알아차리고 바라보기가 되면, 다음으로는 내 몸의 부분적인 느낌과 감각을 세부적으로 알아차리고 바라봐야 한다. 이때는 머리, 어깨, 등, 허리, 골반, 허벅지, 종아리, 다리 순으로 그 긴장과 감각을 자세히 바라보는 명상이다.

(2) 2단계: 알아차리고 받아들이기 명상(기경삼맥주천~십삼주천 운기)

① 내 감정 바라보고 알기 명상

내가 어떤 감정을 느끼고 있는지 바라보아야 한다. 현대인 중에는 로봇처럼 감정을 못 느끼고 사는 사람도 있다. 힘드니까 감정을 닫아 버리고 산다. 하지만 자신의 감정을 못 느끼고 닫고 살다보면 다른 사람들과 소통과 교류가 되지 않아 독단적인 삶을 살게 된다. 결국, 감정의 단절은 기운의 단절을 불러오고 심신의 건강에 큰 문제가 생기기 시작한다. 따라서 먼저 자신의 사소한 감정을 찾아보고 알아차리고 받아들이는 연습을 해야 한다. 감정이 열려야 몸도 열리고 마음도 열리는 것이다.

② 내 감정 표현하기 명상

내 감정을 알고 받아들이게 되면, 이제는 그 감정을 표현해야 한다. 살면서 "사랑한다", "고맙다", "미안하다"라는 말을 잘 못하는 사람들이 있다. 힘들지만 표현하게 되면 자신과 소통이 되고, 가족들과도 소통이 되게 된다.

대개 부부지간이나 부모와 자식 간에 다툼이 생기는 경우는 감정 표현이 서툴기 때문이다. 내 마음공부의 단계가 어디까지 왔는지 알 수 있는 객관적인 방법은 감정의 표현을 살펴보는 것이다. 즉, 고수인지 아닌지는 그 사람이 하는 말을 보면 알 수 있다. 예를 들어 남편이 아내에게 음식이 짜다고 하면서 제대로 하는 것이 뭐냐며 불평한다면 아내는 자존심이 상하고 기분이 나쁘게 된다. 그럼 아내도 남편이 잘하지 못하는 것을 이야기하며 되받아치게 된다. 그냥 상대방을 인정하며 내가 느낀 것만 이야기하면 된다. 그냥 조용하게 음식이 좀 짠 것 같다고 하면 아내가 오히려 미안해하며 다음번에 짜지 않게 하려고 노력할 것이다. 이러면 대화가 편안해진다.

자식이나 아내, 남편에게 그냥 내 감정만 솔직하게 전달하면 되는데, 인격적인 비하 발언을 하면 상대로부터 똑같은 말이 되돌아오게 된다. 그래서 마음공부는 내 감정을 알고 감정만 표현해야지 남의 감정이나 자신이 잘 모르는 부분을 건드려서는 안 된다. 수련을 통해 기운이 가득 차면 내가 우주의 중심이 되면서 여유로워진다. 감정은 표현하되 말 한마디라도 부드럽게 하는 것, 그것이 우리가 수련하고 공부를 해야 하는 이유이다.

③ 나를 용서하기 명상

내 감정을 알고 받아들이고 표현하게 되면 이제는 과거의 모든 감정을 용서해야 한다. 특히 어린 시절 힘들었던 나의 감정들 '그 당시 나는 너무 무서웠어!', '나는 그때 너무 힘들었어!', '나는 그때 너무나도 슬펐어!', '나는 그때 너무나도 고통스럽고 괴로웠어!' 이런 감정을 느꼈던 과거의 나를 현재의 내가 인정하고 그런 감정을 느꼈던 어린 시절의 나, 과거의 나를 '괜찮아! 이제 그런 감정은 놓아버려도 돼! 그땐 어쩔 수 없었어! 네 잘못이 아니야!'라고 하며 용서하고 안아주어야 한다.

④ 나를 있는 그대로 받아들이기 명상

이제 현재의 나로 와서 현재 내가 가지고 있는 것, 내 모습, 내 처지, 내 가족, 내 상황 등 모든 것을 있는 그대로 받아들이고 수용해야 한다. 그래야 내 존재가 비로소 이 우주에서 중심을 잡고 홀로 설 수 있다.

⑤ 나에게 감사하기 명상

나를 있는 그대로 받아들인 다음에는 모든 것에 감사함을 느껴야 한다. 이것은 생각으로 의도적으로 하는 것이 아니다. 내 존재의 가치를 알게 되고, 내가 우주의 중심이라는 생각이 들면 자연스럽게 지금껏 힘들게 살아온 내 존재가 너무나도 감사하고 고맙게 느껴진다. '수인아! 그동안 마음고생 하면서 힘들게 살아오느라 수고 많았어! 이렇게 잘살아주어서 너무나도 고마워!'라는 말이 나오게 된다.

⑥ 나를 있는 그대로 사랑하기 명상

내 존재에 감사하게 되면, 다음으로는 내 존재에 대한 무한한 사랑이 느껴진다. 나는 이 지구, 이 우주에 단 하나밖에 없는 소중한 존재이기 때문이다. 진정으로 도를 이루기 위해서는 먼저 자신을 사랑해야 한다. 자신을 사랑해야 남을 사랑할 수 있다. 사람들이 행복하지 않은 이유 중 하나는 나와 다른 사람을 비교하기 때문이다. 나와 다른 사람을 비교하면 초라해지거나 우쭐해지는데, 이런 감정은 충만하지 않다. 모든 사람에게는 각자의 삶이 있다. 비록 쌍둥이로 태어나도 서로 다른 존재이며 각자 우주에 하나밖에 없는 존재이다. 자기를 무시하면 남도 비하하게 된다. 자기에 대해 죄책감을 느끼고 자기를 사랑하지 않으면 남에게도 똑같이 대하게 된다. 나 스스로 있는 그대로의 나를 인정하고 받아들이고 살아가면, 무엇을 하든 간에 가족은 물론 많은 사람과 여유롭고 편안하게 대화할 수 있게 된다.

(3) 3단계: 알아차리고 비우기 명상(우주합일 명상~여의주 명상)

① 나의 감정 비우기 명상

다른 사람과 비교할 수 없는 자신의 존재를 사랑하게 되면 그다음으로 자신의 무의식에 자리 잡은 부정적 감정을 비워야 한다. 나를 지극히 사랑하고 존중하면 나의 슬픔, 분노, 억울함, 우울, 비관 등의 감정이 자연 눈 녹듯이 비워지고 사라지기 시작한다.

② 내 생각과 신념 비우기 명상

부정적인 감정을 비우고 난 후에는 부정적인 관념이나 생각, 신념 등을 비워야 한다. 어떤 생각이나 관념, 신념보다 더 소중한 것이 사람이다. 나 자신의 고정된 틀과 생각이 사라지면 가까이 있는 자녀와 가족들을 있는 그대로 사랑하고 볼 수 있게 된다. 그러면 소통이 되고 자연스레 사랑이 넘치는 가정이 된다. 나와 인연이 된 가족을 남과 비교하지 말고 있는 그대로 보아야 한다.

사람 위에 사람 없고 사람 아래 사람 없다. 우리는 모두 그 자체로 귀중하고 사랑받아야 하는 존재이다. 그런데 우리는 나 자신은 물론 다른 사람에게 자꾸 뭔가를 주입하려 한다. 학생은 공부를 잘해야 하고, 남편은 돈을 잘 벌어야 하며, 아내는 요리를 잘해야 한다. 그리고 자식은 순종해야 한다는 등, 이런 고정관념이나 생각, 틀을 비워야 한다.

그릇이 이로운 것은 음식을 채울 수 있도록 가운데가 비어 있기 때문이다. 우리의 감정, 생각, 신념도 나 자신은 물론이고 다른 사람에게 이로움을 주기 위해서는 비어 있어야 한다. 내가 비어 있어야 다른 사람의 감정, 생각, 신념을 담을 수 있다. 그래야 바른 부분은 공감해주고 그릇된 부분은 거울같이 비쳐서 상대방 스스로 자신의 감정, 생각, 신념을 바로잡을 수 있도록 할 수 있다.

마음이 감정, 생각, 신념으로 가득 차 있으면 서로의 감정, 생각, 신념이 부딪히게 되고 이것이 결국 인간관계를 악화시키고 서로를 불편하게 만든다. 비우고 놓아버려서 홀로 온전히 설 수 있어야 한다.

(4) 4단계: 알아차리고 만나기 명상(양신 명상)

① 여의무심으로 나와 만나기 명상

여의무심如意無心은 여여한 마음으로 있는 그대로 바라보는 것이다. 텅 비고 고요한 가운데 알아차리고 바라보는 마음, 또는 그러한 마음이 있는 상태를 말한다. 항상 깨어 있는 마음이다. 방심放心이나 무심無心과 다르게 여의무심은 감각이 섬세하다. 음식으로 비유하자면, 맛있는 음식을 보았을 때 허겁지겁 과식하는 것은 방심이고, 아무런 관심이 없다면 무심이다. 밥맛, 반찬 맛 등 음식의 맛을 오감으로 느끼면서 천천히 먹는 것이 여의무심이다. 생각과 신념을 비우고 여의주 명상을 하다 보면 여의주 속에 있는 나의 본래 순수한 빛인 어린아이 형태의 양신과 만나게 된다. 본성의 빛인 양신은 여의무심이 되어야 나타난다.

② 여의무심으로 너와 만나기 명상

여의무심은 고정관념이 없다. 있는 그대로 인정하고 받아들이니 다른 사람과 크게 싸우고 다툴 일이 없고 항상 여유롭고 문제 해결이 빠르다. 수행을 통해 마음이 여의무심의 경지에 이르면 가정과 현실에서 굉장히 행복하게 자기 에너지를 타인과 나눌 수 있다.

태극숨명상은 마음공부를 통해 나를 만나고, 그 다음 다른 사람인 너를 만나는 것이다. 너란 바로 아내와 자식, 그리고 자신이 자주 만나는 친구와 지인이다. 결국, 여의무심으로 만나는 가정과 인간관계가 행복해지는 것이다.

(5) 5단계: 알아차리고 나누기 명상(2차원 우주계~13차원 우주계 입문)

① 큰마음과 만나기 명상

'큰마음과 만나기'는 여의무심으로 명상을 통해 양신을 찾아 2차원 우주계인 전생신선계前生神仙界부터 11차원 우주계인 창조태극계創造太極界에 입문하여 자신의 본래 빛이자 큰나이자 큰마음인 '원신'을 만나는 것이다. 큰마음이란 지구의 인간적 관점에서 벗어나 우주적 관점에서 우주심이 되어가는 것을 말한다. 자신의 본래 빛인 원신을 만나면 인간적인 마음이 사라지고 신명의 마음인 큰마음으로 성장한다.

② 큰마음의 사명 깨닫기 명상

마지막 본질계인 12차원의 근원무극계根源無極界에 이르게 되면 내가 어떠한 삶을 살아야 하는지를 깨닫게 된다. 스스로 수행을 통해 내면의 빛을 찾고 자기 자신의 완성을 이루는 과정에서 경험한 다양한 지식과 체험을 많은 사람에게 나누어주는 것이다.

③ 큰마음의 사랑과 은혜 나누기 명상

12차원의 근원무극계에 이른 다음 다시 13차원의 우주계인 조화현실계造化現實界로 돌아와 가족과 사람들에게 근원무극계의 빛인 무한한 사랑과 은혜를 나누고 베푸는 것이다. 사람들과의 관계에서 있는 그대로 보고 이해하고 소통하고, 일에 있어서 사물의 흐름을 알아서 순서 있게 진행하는 것이다. 이 단계에서는 명상과 삶이 하나로 이어지며, 모든 사람이 다 부처이고 신이다. 사람들이 서로 상호 존중하고 귀히 여겨서 다툼과 차별이 없는 세상이 만들어지는 것이다.

2. 기운 모으고 돌리기(기운명상)

 '기운 모으고 돌리기'는 호흡을 통해 우주에 가득 찬 원기를 십삼단전과 경혈, 몸의 장부에 모으고 경락을 통해 돌리는 기운명상 과정으로 1) 밸런스 명상, 2) 열기 명상, 3) 바라보기 명상, 4) 확장 명상, 5) 조화 명상의 5단계로 구성되어 있다. 그 세부적인 내용은 다음과 같다.

1) 밸런스 명상

(1) 삼태극단전三太極丹田 형성하기
☞ 아랫배에 석문石門, 기해氣海, 관원關元의 3가지 단전혈을 중심으로 서로 융합되어 형성되는 삼태극하단전三太極下丹田 단전그릇을 만드는 단계이다.

(2) 삼단전三丹田 축기
☞ 삼태극단전, 중단전, 상단전의 삼단전에 기운을 모으는 단계

(3) 기경삼맥주천奇經三脈周天 운기
☞ 하주대맥下周帶脈주천 운기 통로와 임맥·독맥의 원소주천元小周天 운기 통로를 열어서 기경삼맥에 원기를 운기하는 단계

(4) 오단전五丹田 축기
☞ 중부中府혈과 일월日月혈에 기운을 모아 중부단전中府丹田과 일월단전日月丹田을 형성하여 기존 삼단전에 추가하여 오단전을 만드는 단계

(5) 오주천五周天 운기

☞ 오단전을 중심으로 원소주천 통로를 운기하는 단계

(6) 비경십일맥주천秘經十一脈周天 운기

☞ 가슴에 있는 ① 중주대맥中珠帶脈, 이마에 있는 ② 상주대맥上珠帶脈, 골반에 있는 ③ 골반맥骨盤脈, 무릎에 있는 ④ 슬맥膝脈, 발목에 있는 ⑤ 족맥足脈, 목에 있는 ⑥ 후맥喉脈, 어깨에 있는 ⑦ 견맥肩脈, 팔꿈치에 있는 ⑧ 주맥肘脈, 손목에 있는 ⑨ 수맥手脈, 턱에 있는 ⑩ 이맥頤脈, 머리에 있는 ⑪ 두맥頭脈의 11가지 숨어 있는 경맥을 운기하는 단계

(7) 칠단전七丹田 축기

☞ 백회百會혈과 회음會陰혈에 기운을 모아 백회단전百會丹田과 회음단전會陰丹田을 형성하여 기존의 오단전에 추가하여 칠단전을 만드는 단계

(8) 칠주천七周天 운기

☞ 칠단전을 중심으로 원소주천 통로를 운기하는 단계

(9) 목욕명상沐浴瞑想

☞ 머리부터 발끝까지 원기를 몸 전체로 적셔 내리는 단계로 ① 원액축기元液蓄氣, ② 원액점류元液漸流, ③ 원액환주元液煥珠의 세 과정으로 나뉜다.

2) 열기 명상

(1) 구단전九丹田 축기
☞ 천돌天突혈과 명문命門혈에 기운을 모아 천돌단전天突丹田과 명문단전命門丹田을 형성하여 기존 칠단전에 추가하여 구단전을 만드는 단계

(2) 구주천九周天 운기
☞ 구단전을 중심으로 원소주천 통로를 운기하는 단계

(3) 오중맥대주천五中脈大周天 운기와 외오단전外五丹田 형성
☞ 인체의 큰 대 자 형태 통로로 ① 좌각중맥左脚中脈, ② 우각중맥右脚中脈, ③ 좌비중맥左臂中脈, ④ 우비중맥右臂中脈, ⑤ 정중맥正中脈을 통하여 좌우 용천외단전湧泉外丹田, 좌우 노궁외단전勞宮外丹田, 백회외단전百會外丹田의 외오단전을 만드는 단계

(4) 십일단전十一丹田 축기
☞ 장강長强혈과 영대靈臺혈에 기운을 모아 장강단전長强丹田과 영대단전靈臺丹田을 형성하여 기존 구단전에 추가하여 십일단전을 만드는 단계

(5) 십일주천十一周天 운기
☞ 십일단전을 중심으로 원소주천 통로를 운기하는 단계

(6) 해·달·별(日月星) 명상
☞ 해와 달과 별을 마음으로 바라보면서 그 기운들을 명문단전, 회음단전, 삼태극단전에 모으는 단계

(7) 십삼단전十三丹田 축기

☞ 옥침玉枕혈과 송과체松果體에 기운을 모아 옥침단전玉枕丹田과 송과체단전松果體丹田을 형성하여 기존 십일단전에 추가하여 십삼단전을 만드는 단계

(8) 십삼주천十三周天 운기

☞ 십삼단전을 중심으로 원소주천 통로를 운기하는 단계

(9) 우주합일宇宙合一 명상

☞ 우주의 원기를 피부 모공으로 끌어들여 나와 우주가 하나가 되는 단계

(10) 전신경맥주천全身經脈周天 운기

☞ 십이정경맥十二正經脈과 기경육맥奇經六脈(기경팔맥奇經八脈 가운데 하주대맥, 임·독맥을 제외한 기경오맥奇經五脈과 뇌맥腦脈을 합한 경맥)을 주천 운기하는 단계

(11) 천지인오행단天地人五行丹 성단成丹과 주천 운기

☞ 우주 본질삼광계本質三光界의 천·지·인의 기운과 오행의 원기를 모아서 천지인오행단을 만들어 각 13단전과 육장육부, 십일뇌, 비경십일맥, 십이정경맥, 기경구맥 경혈, 전신세포에 넣고 모든 경혈을 하나로 연결하여 운기하는 단계.

3) 바라보기 명상

기운을 맑히고 마음을 밝혀서 모든 기적 에너지를 정신적 에너지인 빛으로 바꾸는 명상

(1) 원기화신元氣化神 명상

☞ 온몸을 바라보면서 내 몸의 기운이 빛으로 변화하는 명상

(2) 여의주如意珠 명상

☞ 하단전에 있는 우주공간을 통해 여의주를 바라보고 찾아가는 명상

(3) 양신陽神 명상

☞ 여의주 속에 있는 양신을 바라보면서 찾아서 합일하고 출신하는 명상

4) 확장 명상

정신의 에너지를 고차원의 빛의 에너지로 바꾸어 양신을 타고 다차원 우주계를 찾아가는 명상

• 다중우주계多重宇宙界 입문과 명상

(1) 2차원 우주계 전생신선계前生神仙界 입문과 명상

☞ 인간이 자신의 순수한 빛의 결정체인 양신을 통해서 자신의 원신을 찾아가게 되는 신선의 세계

(2) 3차원 우주계 수도도인계修道道人界 입문과 명상

☞ 인간이 전생신선계 공부가 끝나고 더 높은 자신의 원신을 찾아가게 되는 도인 신선들의 세계

(3) 4차원 우주계 대기권계大氣圈界 입문과 명상

☞ 수도도인계를 벗어나 지구의 만물과 하나 되는 세계

(4) 5차원 우주계 행성우주계行星宇宙界 입문과 명상

☞ 지구권을 벗어나 태양계 행성들이 존재하는 우주계로 자신의 더 높

은 원신을 찾아가는 행성우주계

(5) 6차원 우주계 흑백광령계黑白光靈界 입문과 명상

☞ 5차원 행성우주계에서 7차원 다중우주계로 넘어가는 터널계로 높은 영적인 존재들이 있는 곳

(6) 7차원 우주계 다중우주계多重宇宙界 입문과 명상

☞ 5차원의 행성우주가 수없이 펼쳐져 있는 다중우주계

(7) 8차원 우주계 흑백신명계黑白神明界 입문과 명상

☞ 7차원 다중우주계의 제일 상위에 존재하는 공간으로 아주 높은 영적 존재들이 있는 곳이자 본질계로 가는 통로

(8) 9차원 우주계 본질삼광계本質三光界 입문과 명상

☞ 우주창조의 가장 근원적 에너지인 영혼과 기운, 물질 3요소를 담고 있는 영·기·질의 3가지 빛이 존재하는 우주계

(9) 10차원 우주계 완성원광계完成圓光界 입문과 명상

☞ 9차원 본질삼광계 빛의 근원인 둥근 하나의 빛만 존재하는 우주계

(10) 11차원 우주계 창조태극계創造太極界 입문과 명상

☞ 10차원 완성원광계의 상위 빛으로 태초의 빛에서 탄생한 높은 신명들인 최초의 원신들과 음양의 빛이 존재하는 곳

(11) 12차원 우주계 근원무극계根源無極界 입문과 명상

☞ 11차원 창조태극계 빛의 근원으로 텅 빈 가운데 영령한 공적영지의 광명이 존재하는 곳

* 다중우주계 입문과 명상에서 하는 공부는 삼명육통명상공부이다. 삼명명상은 영명(우주의 모든 것이 홀연히 알아지는 지혜의 능력)·도명(우주와 사물의 근본이치를 깨달아 아는 능력)·법명(모든 법을 밝게 통달하여 새로이 법을 만드는 능력)이고, 육통명상은 천안통(우주의 모든 것을 밝게 보는 능력)·천이통(우주의 미세한 소리를

들을 수 있는 능력)·신족통(우주의 공간을 마음대로 자유롭게 왕래할 수 있는 능력)·숙명통(나와 다른 사람의 과거, 현재, 미래를 볼 수 있는 능력)·누진통(마음속에 번뇌와 망상을 모두 끊을 수 있는 능력)·타심통(다른 사람의 마음과 감정을 알 수 있는 능력)이다.

5) 조화 명상

• 13차원 우주계 조화현실계造化現實界 입문과 명상

☞ 12차원의 근원무극계까지 도달했다가 깨달음을 얻고 다시 1차원의 현실로 내려온 것을 13차원 우주계라고 한다. 이 13차원의 우주계를 저자는 조화현실계라고 이름 지었다.

이는 현실 생활 속에서 우주의 근원적 빛이자 우리 자신들의 근본 빛인 공적영지의 광명을 밝히고 실천하는 것으로, 1차원에서 12차원까지의 우주계가 하나로 통합되어 13차원의 새로운 현실에서 그 빛이 조화롭게 나타나는 것이다. 이것이 바로 조화 명상 과정이다.

나와 너와 우리가 모두 조화롭고 행복하게 살도록 하는 것으로 여의무심 명상과 자비보은 명상이 있다.

(1) 여의무심如意無心 명상

☞ 현실 생활 속에서 시간과 장소를 구애되지 않고 항상 자기 본래의 빛을 잃지 않고 명상을 하는 것이다. 그리하여 생활이 명상이 되고, 명상이 생활이 되도록 하는 단계이다.

(2) 자비보은慈悲報恩 명상

☞ 나와 모든 사람들이 부처요, 하나님이며 우주근원의 빛임을 알아서, 가까운 가족과 인연 있는 모든 사람들에게 사랑과 자비로 봉사하

며 은혜를 베푸는 삶이다.

3. 몸 움직이기(몸명상)

'몸 움직이기'는 코어인 아랫배 단전을 중심으로 몸의 속 근육인 골반 근육, 복근, 복강 내 근육, 척추근의 움직임을 원활하게 하는 동작이다. 코어를 개발하고 발전시키는 태극숨명상의 단전기공丹田氣功에는 삼태극단공三太極丹功과 삼태극무三太極舞가 있다.

1) 삼태극단공

삼태극단공의 종류에는 천지인단공天地人丹功, 태극무단공太極舞丹功, 굴신단공屈伸丹功이 있다.

(1) 천지인단공 : 지단공地丹功, 인단공人丹功, 천단공天丹功이 있다.

☞ ①지단공 – 15개의 동작으로 이루어져 있으며, 코어인 단전을 중심으로 하체와 허리의 중심과 근력을 강화한다.

☞ ② 인단공 – 15개의 동작으로 이루어져 있으며, 코어인 단전을 중심으로 몸 전체의 균형과 기혈 흐름을 원활히 한다. 근육의 흐름을 기존과 반대방향으로 비틀어 힘을 주는 역근易筋(근육을 바꾼다는 의미이다) 동작을 통해 근력을 강화하고 막힌 경락을 강하게 뚫는다.

☞ ③ 천단공 – 15개의 동작으로 이루어져 있으며, 코어인 단전을 중심

으로 상체와 근막 경선의 근력을 강화하고 정신 집중력을 높인다.

(2) 태극무단공 : 10개의 동작으로 이루어져 있으며, 코어인 단전을 중심으로 몸 전체의 근력과 기력, 기감을 강화하고 몸의 긴장을 풀어준다. 삼태극무를 하기 전에 시연한다.

(3) 굴신단공 : 7가지 연속 동작으로 이루어져 있으며, 목등뼈 7, 등뼈 12, 허리뼈 5, 선골과 골반의 모든 뼈와 연결된 근육과 신경을 풀어주며, 온몸의 혈액을 원활하게 순환시켜준다. 아랫배 단전호흡을 하면서 절하듯이 굽혔다가 펴는 동작을 반복적으로 행하는 것으로 불교 사찰 등에서 행하는 절과 비슷하나 방법은 조금 다르다.

이에 대한 자세한 내용은 『태극숨명상』 2권의 제3장 삼태극단공과 삼태극무 편에서 상세히 설명한다.

2) 삼태극무

삼태극무는 수련을 통해 삼태극단전에 원기를 쌓아 추는 춤 동작을 말한다. 춤 동작을 통해 의식과 무의식을 조화롭게 하고 본인의 내적 잠재력을 극한으로 끌어올린다. 기운은 일반적으로 살아있는 생명 에너지인 생기가 기본이다. 생기, 진기, 원기 순으로 더욱 밀도가 높고 힘이 강해진다. 삼태극무에는 지감무知感舞, 태극무太極舞, 천지인무天地人舞, 천화무天花舞가 있다.

(1) 지감무

☞ 운기 이전 축기 단계에서는 양 손바닥으로 우주에 가득 찬 원기를

느끼는 동작을 한다.

(2) 태극무

☞ 하주대맥주천 운기 단계 이후부터 전신경맥주천까지 우주에 가득 찬 원기를 끌어서 춤 동작을 시연한다.

(3) 천지인무

☞ 천지인오행단 성단과 주천 운기 단계 이후부터 양신 명상까지는 우주에 가득 찬 원기를 끌어서 춤 동작을 시연한다.

(4) 천화무

☞ 2차원 우주계부터 12차원 우주계까지는 우주의 근원적인 빛인 공적영지 광명을 끌어와 춤 동작을 시연한다.

4. 체계적인 수련법 및 수련지도의 필요성

태극숨명상을 하다 보면 겪게 되는 4가지 호전반응현상이 있다.

첫째, 잡념의 단계이다. 수련을 진행하면 머릿속에서 잡다한 생각이 무수히 일어난다. 이것은 잘못된 것이 아니라 평상시 자신이 얼마나 머리가 복잡하고 잡념이 많은지 모르고 살다가 이를 인지하게 되는 단계이므로 걱정할 것이 없다. 단지 그냥 잡념을 무시하고 삼태극단전에 집중하면 자연히 사라지게 된다.

둘째, 수면의 단계이다. 수련만 하면 잠이 쏟아지는 것인데, 이는 그동안 긴장하고 살면서 신장과 부교감신경이 약해졌다가 회복되는 과정이므로 처음에는 잠이 오면 받아들이고 자는 것도 괜찮다. 삼태극단전에 기운이 가득 모이면 자연히 잠이 사라지게 된다.

셋째, 망각의 단계이다. 수련하다 보면 자꾸 잊어버리는 현상이 생기는데, 이는 뇌에서 필요 없는 기억들을 정리하는 현상이므로 시간이 지나면 회복되니 걱정할 것 없다.

넷째, 호전반응이다. 수련하다 보면 전에 아팠던 부위가 다시 아파지는 증상이다. 수련을 통하여 기운이 단전에 가득 차면 몸이 스스로 몸에 남아 있는 병의 근원적 기운을 밀어내고 제거하는 작업을 하게 된다. 이때 호전반응이 나타나기도 하는데 무리하지 말고 편안하게 수련에 임하면 된다.

하지만 좌선, 명상수행, 단전호흡 등 수련을 전문적인 지도자의 도움 없이 혼자서 무리하게 수행할 경우 위의 4가지 정상적인 호전반응 이외에 혼침昏沈, 무기無機, 적積, 상기上氣, 불면증不眠症, 채널링 Channeling, 빙의憑依, 정신질환精神疾患, 마경魔境 등 9가지 부작용 증상이 나타날 수 있다.

1) 혼침은 내단 수행 시 잠이나 졸음에 떨어져 몽매한 상태로, 아무런 수행의 공력이 나타나지 않는 경우이고, 2) 무기는 졸음이나 잠에 떨어지지는 않으나 아무 생각 없이 멍하니 앉아 있어 수행의 결과가 없는 경우이며, 3) 적은 수행을 급히 이루고자 하는 마음에 호흡을 무리하게 내리다가 복부가 긴장되고 딱딱하게 굳거나 소화가 안 되고 가스가 차는 현상이 지속되는 증상이다.

4) 상기 증상은 기운이 아랫배로 내려가지 못하고 역으로 머리에 올

라서 얼굴이 붉어지거나 열이 발생하는 증상이고, 5) 불면증은 가슴이 두근거리고 잠이 오지 않거나 잠을 자도 깊이 자지 못하는 증상이며, 6) 채널링은 특정한 다른 외부세계 존재와 정신적으로만 연결되어 정보를 얻어서 말하는 증상으로 간혹 지구 밖의 고차원 존재와 연결되어 심오한 이야기를 하거나 글을 쓰기도 하지만 대부분 횡설수설하거나 알아듣지 못하는 방언을 한다.

7) 빙의 증상은 채널링과 달리 죽은 영혼이 수행자의 몸으로 들어와 수행자를 영적으로 지배하는 현상이다. 8) 정신질환은 정상적인 정신활동이 이루어지지 않는 것으로 환청幻聽과 환시幻視 증상으로 나눌 수 있다. 환청은 자기 귀에만 이상한 소리가 들리는 현상이고, 환시는 자기 눈에만 이상한 것이 보이는 현상이다.

9) 마경은 수련이 깊이 진행되면서 신비한 풍경이나 사람들이 보이는데, 이때 욕심이 생겨서 스스로 허상을 만들어 보게 되고, 자신이 조물주나 부처, 혹은 하나님이라는 망상에 빠지게 되는 현상이다. '심마心魔'라고도 한다.

태극숨명상에서는 삼태극단전을 바탕으로 한 체계적인 수련법과 주기적인 수련 점검을 통해 위에 나타난 9가지 부작용을 미연에 방지한다.

▶ 혼침과 무기 증상 그리고 상기증상은 삼태극단전과 단전그릇을 만드는 와식축기 과정을 통하여 해결된다. 삼태극단전과 단전그릇이

만들어지고 그곳에 강력한 원기가 쌓이게 되면 혼침이나 무기 증상은 나타나지 않거나 나타나더라도 금방 사라지게 된다. 그리고 상기 증상은 삼태극단전과 단전그릇 형성으로도 치유되며, 더 나아가 삼태극단전, 옥당단전, 인당단전의 삼단전 축기 과정에 이르면 다 해소된다.

▶ 배에 적이 생기는 증상은 코어인 단전을 중심으로 몸을 부드럽게 풀고 근육을 이완시키며 복근을 강화하는 지단공, 인단공, 천단공과 굴신단공을 통해 해결할 수 있다. 그리고 기운에 따라 자연적으로 춤 동작이 나오는 삼태극무를 통해서도 치유와 예방이 된다.

▶ 불면증은 삼태극단전과 단전그릇 형성 과정, 지단공, 굴신단공 과정에서 치유가 되나 머리 위 백회에 기운을 액체처럼 만들어 온몸에 적셔 골고루 내리는 목욕명상 수행을 통하여 완전히 치유할 수 있다.

▶ 채널링 증상은 몸의 큰 중심 경맥을 열어 우주 대자연의 기운과 소통하는 오중맥대주천 과정에 이르면 자연 해결된다.

▶ 정신질환 증상은 심한 환각과 환청 증상이 나타나는 심각한 조현병調絃病, Schizophrenia으로까지 발전하지 않은 초기단계라면 삼태극단전과 단전그릇 형성기부터 시작하여 해·달·별 명상 과정에 이르러 해와 달, 별의 기운을 온몸으로 흡수하게 되면 많이 호전되거나 치유할 수 있다.

▶ 빙의 증상은 양신 명상 단계에 있는 고수의 공력으로 영가를 천도하거나 제령 작업을 한 후 삼태극 단전그릇 형성과 삼단전 축기와 기경삼맥주천을 통해 치유하고 해결할 수 있다. 누워서 삼태극단전의 중심을 잡아 상기를 내리고 수련의 기초부터 정확하게 다시 잡아 나가

야 한다. 스스로 수련을 통하여 자신의 힘을 키우면 빛이 강해서 어떤 영적인 존재도 다가올 수 없다. 정신과에 방문해도 해리성 몽환 장애 Dissociative Trance Disorder로 분류하여 약물치료에 의존하기 때문에 완치를 기대하기 어렵다. 따라서 이러한 증상이 나타나면 도력이 높은 스승이나 경험 많고 능력 있는 지도인에게 알리고 천도를 요청하거나 제령을 하여 해결하면 된다. 하지만 무속인이나 퇴마사를 찾아가 요청하면 잠깐 증상이 호전되기도 하지만 다시 재발하거나 악화될 수 있다. 빙의 증상은 심한 우울증과 감정변화를 동반하므로 지도인의 세심한 관찰과 주의가 요구된다.

▶ 마경은 태극숨명상에서 여의주 명상과 양신 명상의 구체적인 과정으로 여의무심이 이루어지고 자신의 본래 빛을 찾게 되면 자연스럽게 치유된다. 여의주관조 명상, 여의주입주 명상, 양신관조 명상, 양신합일 명상, 양신출신 명상, 양신물일 명상, 양신심일 명상, 양신천지주유 명상, 양신우주여행 명상 등을 통해 수행인의 욕심과 분별이 비워지고, 생각과 감정을 알아차리고 바라보는 가운데 깊은 관찰력과 사물을 있는 그대로 보는 능력이 생긴다. 이를 통해 생활 속에서도 마음챙김 수행을 할 수 있으며 평상심이 유지된다. 하지만 양신을 이룬 후 출신하여 더 넓은 우주계와 근원의 세계에 도달하기 전까지 방심하면 안 된다.

좌선, 명상, 단전호흡 부작용의 종류와 태극숨명상을 통한 치유법을 알기 쉽게 참고하도록 ⟨표 3⟩에 제시하였다.

〈표 3〉 좌선, 명상, 단전호흡 부작용의 종류와 치유법

순서	단전호흡이나 좌선의 부작용 종류		치유 방법 (태극숨명상)	
1	혼침	단전호흡이나 좌선 시에 졸음이나 잠에 빠져 몽매한 상태	와식 단전그릇 형성과 좌식축기	• 삼태극하단전 형성과 좌식 삼단전 축기 과정
2	무기	졸음이나 잠에 떨어지지는 않으나 아무 생각 없이 멍하니 앉아 있는 상태		
3	상기	기운이 아랫배로 내려가지 못하고 역으로 머리에 올라 얼굴이 붉어지거나 열이 발생하는 증상		
4	적	수행을 급히 이루고자 하는 마음에 호흡을 무리하게 내리다가 복부가 긴장해 딱딱하게 굳거나 소화가 안 되고 가스가 차는 현상	삼태극단공과 삼태극무	• 지단공, 인단공, 천단공, 굴신단공, 삼태극무 수련과정
5	불면증	가슴이 두근거리고 잠이 오지 않는 증상	목욕 명상	• 목욕명상 과정을 통하여 심신 치유하기
6	채널링	특정한 외부의 존재와 연결되어 심오한 이야기나 혹은 알아듣지 못하는 방언을 하는 행위	오중맥대주천 운기	• 오중맥대주천 과정을 통하여 천지의 기운과 소통하기
7	빙의	죽은 영혼이 수행자의 몸으로 들어가 심신이 제압당하는 현상	기경삼맥주천 운기	• 고수의 천도 제령 • 기경삼맥주천 과정
8	정신질환	환청과 환시증상으로서 환청은 자기 귀에만 이상한 소리가 들리는 현상이고, 환시는 자기 눈에만 이상한 것이 보이는 현상	해·달·별 명상	• 해·달·별의 기운을 몸 안으로 끌어들여 심신을 치유하기
9	마경	수련이 깊이 진행되면, 신비한 풍경이나 사람들이 보이는데, 이때 마음을 비우지 않으면, 스스로 허상을 만들어 보게 되고, 자신이 조물주나 상제라는 망상에 빠지게 되는 현상	여의주명상 양신 명상	• 여의주명상과 양신명상을 통하여 마음을 비우고 자신의 본래 빛을 찾음

Ⅳ. 한국 선도 내단 수행의 흐름과 태극숨명상

태극숨명상은 수천 년 동안 내려온 동양 선도 내단 수행의 원리를 바탕으로 한다. 이 장에서는 지면 관계상 한국 선도 내단 수행 역사를 위주로 태극숨명상의 발생적 근거를 고찰해보기로 한다.

고대 단군시대부터 신선 사상과 함께 내단 수행인 선도수행이 있었다는 사실이 고려 중기의 유학자이자 역사학자인 김부식이 지은 삼국시대의 역사서인 『삼국사기三國史記』에 기록되어 있다. 『삼국사기』 가운데 최치원의 「난랑비서문鸞郎碑序文」을 보면 이에 관한 내용이 상세히 밝혀져 있다. 최치원은 신라 고유의 현묘玄妙한 도를 '풍류도風流道'라고 하였는데, 풍류도는 유·불·선 삼교의 이치를 통합한 것으로 가정에서는 효를, 나라에는 충을 행하게 하였다. 또한 일과 행동에 있어서 텅 비고 자연스럽게 처리하고 말없이 행하게 가르쳤으며 모든 악을 행하지 아니하고 선을 받들어 행하게 했다.[18]

그리고 구한말 석학이자 역사학자인 이능화가 지은 『조선도교사朝鮮

---

18) 이능화, 『조선도교사』, 보성문화사, 1986 참조.

道教史』에서는 단군이 하늘에 제를 지내는 제천자祭天者이면서 선가仙家 신선의 위치에 있었으니 선도는 이미 단군시대부터 수천 년을 이어져 오고 있다고 주장한다.

백두산 보본단報本壇 석실石室에서 발견된 발해시대 문헌으로 추정되는 『삼일신고三一神誥』에는 단군시대의 선도수련법에 관한 내용이 담겨 있다. 그 수련법은 조식調息, 금촉禁觸, 지감止感의 3가지 방법으로 조식은 호흡을 고르는 수행법으로 기운과 관련되며, 지감은 감정을 멈추고 바라보는 수행법으로 마음과 관련된다. 그리고 금촉은 욕망을 절제하여 행동을 바르게 하는 수행법으로 몸과 관련된다.

이러한 수련법은 고대 인도의 요가 경전인 『요가 수트라Yoga-sutra』의 아쉬탕가Ashtanga에서도 잘 나타나고 있다. 아쉬탕가는 8가지 수련단계이며, 그 가운데 프라나야마Pranayama는 호흡, 야마Yama는 금계禁戒, 프라치아하라Pratyahara는 감각 제어를 나타내는데, 이 3가지 수련법은 단군시대 선도수행인 조식, 금촉, 지감의 수행법과 아주 흡사하다.

태극숨명상도 기본적으로 조식, 금촉, 지감의 수련과 그 맥을 같이한다. 조식은 호흡을 끊지 않고 고르게 하는 것으로, 조선시대 북창 정렴의 『용호비결龍虎秘訣』에 나오는 폐기閉氣와 같이 기운이 새어나가지 않게 모으는 것이 핵심이다. 태극숨명상의 기본 호흡은 단전을 중심으로 한 호흡법인 '조식'이다. 이는 숨을 참거나 하지 않고, 들숨과 날숨을 가늘고 길게 이어가며 편안하게 호흡한다.

그리고 축기와 운기를 바탕으로 하는 마음명상, 즉 '마음 바라보기'

관법 수련은 '지감'이고, 기운명상인 '기운 모으고 돌리기'와 몸명상인 '몸 움직이기'를 바탕으로 하는 열기명상 수련은 '금촉'에 해당한다고 할 수 있다.

단, 태극숨명상에서는 자연스럽게 마음명상을 한다. 인간의 본성은 절대사랑과 무한긍정이기에 자신의 감정과 생각을 인정하고 받아들이며 수련을 통해 기운을 쌓고 정화해 나가는 가운데 지감과 금촉 수련이 저절로 이루어지게 된다.

삼국시대에 이르러 중국 '종교도교'가 고구려, 백제, 신라에 전래된다. 신라의 경우 이미 독자적으로 단군시대부터 시작된 민족 고유의 선도 사상을 발전시켜 왔으며, 지정학적 여건 때문에 불교의 경우와 같이 중국 도교의 유입도 삼국 중 가장 늦었다. 도교를 전해 받은 이후, 신라에는 종래의 선도 사상과 유·불·도 삼교가 조화를 이루어 화랑도花郎道 정신이 태어났는데 후에 현묘지도玄妙之道 혹은 풍류도라고 불리게 된다.

이러한 한국 선도와 중국 도교는 서서히 융합되어 한국의 내단 사상과 선도수행의 면모를 갖추어 그 맥을 계승하게 된다. 한국 선도를 대표하는 인물로는 최치원과 김시습을 들 수 있다. 한무외의 『해동전도록海東傳道錄』에서는 신라 말 최치원이 중국에서 선도의 내단 수행법을 전수받은 후 선도의 흐름이 고려를 거쳐 김시습에게 이른 것으로 기록하고 있다. 그 문헌과 기록을 살펴보면 김시습은 도교와 불교사상에 조예가 깊었고, 성리학자로서 유교에 대해서도 학문적 성취가 있어 삼교사상에 통달하였다고 한다.

김시습은 그는 저서『매월당집梅月堂集』에서 선인에 이르는 방법에 대하여 적고 있는데, 그 내용이 갈홍의『포박자』에서 밝힌 '외단법外丹法'과 위백양이『참동계』에서 밝힌 '내단법內丹法'까지 아우르고 있음은 주목할 만한 일이다. 따라서 김시습을 단군 이래 최치원의 뒤를 이어 한국 선도의 맥을 잇고 선도의 내단 사상을 새롭게 정립한 선구자로 볼 수 있을 것이다.

그가 밝힌 선도수행의 방법은 양성養性·복기服氣·연용호鍊龍虎의 3가지이다.

1. 양성은 마음을 기르는 공부이다. 양성하는 자는 오래 서 있지 말고 오래 앉지 말고 오래 눕지 말고 오래 보지 말고 오래 듣지 말아야 한다. 이는 정·기·신의 3가지를 잘 단련하여 하나의 도道를 얻는 것을 말한다.

2. 복기는 호흡을 고르는 법이다. 복기의 실천방법으로는 첫째, 모든 번다한 인연을 끊어 오신五神(심心·간肝·비脾·폐肺·신腎에 깃들어 있는 5가지 신)을 지키고, 둘째, 내관內觀을 통해 기의 흐름을 보며, 셋째, 들숨은 길게 날숨을 짧게 하여 기를 머물게 하는 것이다.

3. 연용호는 음양의 기운을 돌리는 화후법火候法이다. 연용호의 실천방법은 정기鼎器·용호龍虎·문무文武이다. 정기란 단전을 말하는 것이고, 용호는 수기水氣와 화기火氣의 음양이기陰陽二氣이며, 문무란 호흡에 해당하는데 길고 부드러운 호흡을 문식이라 하고, 짧고 강한 호흡을 무식이라 한다.[19]

---

19) 김낙필,『조선시대의 내단사상』, 한길사, 2000 참조.

김시습은 선인의 경지란 **양성·복기·연용호**의 3가지 수련으로 마음의 해탈과 장생을 추구하는 것이라 하였지만, 인간으로서 행할 정당한 의리 실천을 강조함으로써 선도의 내단 수행이 지향하는, 산에서 혼자 유유자적하게 생활하는 개인적 수양은 비판하였다. 이는 성리학에서 주장하는 사회참여 사상의 영향으로 볼 수 있다. 이것이 중국 선도의 내단 수행과 한국 선도의 내단 수행 간의 차이점인 것이다. 결국, 도를 닦고 기운을 닦는 것은 나와 세상에 도움을 주기 위함이어야 한다. 혼자만의 수행은 지극히 이기적인 현실도피로 전락할 수 있다.

이는 태극숨명상의 수행목표와도 일치한다. 깨달음의 마지막 단계인 13차원 조화현실계는 바로 삶과 함께하는 공부이다. 수행을 통해 얻은 궁극의 깨달음을 현실에서 사람들에게 전하고 덕·자비·사랑을 베푸는 것이 마지막 공부이자 목표이다.

김시습 이후 한국 선도의 내단 사상을 발전시킨 사람은 북창 정렴이다. 한무회는 한국 선도의 맥이 김시습 → 허암 → 정희량 → 승려 대주 → 북창 정렴 순으로 전승되었다고 주장한다. 북창은 내단 수행서 『용호비결』에서 폐기閉氣(기운을 닫는다는 의미로, 기운이 새어나가지 않게 모으는 것을 말한다), 태식胎息(깊은 호흡을 하는 것으로, 깊어지면 모태에서의 태아와 같이 호흡이 없는 듯 숨쉬는 경지에 이른다), 주천화후周天火侯(임·독맥을 기운으로 돌리는 것을 말한다)의 3가지 수행방법을 제시하였다. 특이한 점은 외단 수행을 모두 배격하고 오로지 내단 중심의 수련방법만 주장한다는 것이다.

그리고 북창은 선도의 내단 수행의 개념으로 '역추逆推'를 주장했다.

역추란 순추順推의 반대 개념이다. 순추란 우주가 하나인 태극에서 둘인 음양으로 나누어지고 음양이 다시 4상四象과 8괘八卦, 64사괘六十四卦로 나누어져 분화하는 것을 의미한다. 한편 역추는 이와 반대의 개념으로 수행자가 눈을 감고 잡념을 제거하여 본래의 아무것도 없는 태극의 자리로 다시 돌아가는 것을 의미한다. 이러한 순과 역의 개념은 송나라 무렵부터 중국 선도의 내단 사상에 일반화되어 있었으며, 중국 선도와 한국 선도의 차이는 태극으로 다시 돌아가는 수행과정에만 있을 뿐이다.

북창 이후 선도의 내단 사상의 흐름은 토정 이지함, 한무외, 곽재우, 청하자 권극중으로 이어진다. 토정 이지함은 『복기문답服氣問答』, 한무외는 『해동전도록海東傳道錄』, 곽재우는 『복기조식진결服氣調息.眞訣』을 각각 저술하였다. 그리고 조선 중기 청하자 권극중은 『참동계주參同契註』를 저술하여 주역의 원리를 통해 선도의 내단 사상을 설명함으로써 한국 선도 내단 수행의 이론적 토대를 완성하였다.

그는 태극에서 만물이 나오는 생성과정을 강본류말降本流末(근본에서 내려와 세세한 말단까지 흘러감)이라고 하고, 역으로 태극으로 돌아가는 과정을 반본환원返本還源(근본을 돌이켜 태초로 돌아감)이라고 불렀다. 특히 후자는 선도의 내단 사상이 지향하는 방향으로, 연정鍊精(정을 연마하는 것), 연기鍊氣(기운을 연마하는 것), 연신鍊神(정신을 연마하는 것)의 단계를 거쳐 궁극적 도의 경지인 태극 혹은 태일太一, 무극에 도달한다고 주장하였다.

도교 학자인 김낙필은 그의 저서 『조선시대의 내단 사상』에서 권극중의 내단 사상에 대해 크게 4가지로 요약한다.

첫째는 내단주체론內丹主體論으로 수련이 외단이 아닌 내단 중심으로 이루어져야 한다는 논리이다.

둘째는 단역참동론丹易參同論으로 주역의 감리坎離 괘를 통하여 내단 수련의 원리와 이치를 밝힌다.

셋째는 선불합동론仙佛合同論으로 신선의 경지가 부처의 경지와 서로 같고 도교와 불교의 가르침이 근본적으로 하나임을 이야기한다.

넷째는 성명쌍수론性命雙修論으로 마음공부 중심인 성공性功과 기와 몸 중심인 명공命功을 함께 닦아 나가야 한다는 이론이다.

특히 조선시대 내단 사상에서 성명쌍수를 강조하는 이유는 첫째, 인간은 몸과 마음 어느 하나도 소홀히 할 수 없는 전인적 존재이고, 둘째, 선인은 정신적 자유와 육체적 건강함을 아울러 얻는 경지이며, 셋째, 우주의 본체적 경지와 인간 삶이 둘이 아닌 하나라는 점 때문이다.

그동안 선도의 내단 수행은 늙지 않고 오래 사는 장생불사만 추구하거나 세상을 떠나 개인적 수련에만 머무는 등 세상을 떠나 혼자 자연 속에 사는 생활이었다. 하지만 역사의 흐름 속에서 조선시대에 이르러 유교·불교·도교와의 회통과 소통 속에서 성과 명을 함께 닦고 생활 속에서 수행을 실천하고자 하는 움직임이 있었다. 이러한 변화에는 조선시대 성리학의 영향과 현실을 중요시한 실학實學의 영향이 있었으리라 생각된다.

권극중 외에도 같은 시기 선도 내단 수행의 고수로 알려진 인물은 전북 함열 출신 남궁두가 있고, 그 후 그 흐름은 현묵자 홍만종, 순양자

황윤석, 이규경 등으로 전해진다. 이 가운데 현묵자 홍만종은 우리나라 역대 선가仙家 인물들의 단학설화丹學說話를 수집하여 인물별, 시대별로 나열하고 평론을 엮은『해동이적海東異蹟』을 지었고, 순양자 황윤석은『해동이적』을 증보하여『증보해동이적增補海東異蹟』을 편찬하였는데, 80여 명의 도교 관련 인물들을 기록하고 권극중을 동방단가문자東方丹家文字의 창시자로 칭하고 있다.

이규경은 백과사전 형식으로『오주연문장전산고五洲衍文長箋散稿』를 지었는데, 그 내용은 역사, 경학, 천문, 지리, 불교, 도교, 서학, 풍수, 예제, 재이災異(재해나 자연현상의 이상 징후), 문학, 음악, 병법, 풍습, 서화, 광물, 초목, 어충魚蟲, 의학, 농업, 화폐 등을 다루고 있다.

전반적으로 한국의 고대부터 조선시대에 이르기까지 선도 내단 수행의 큰 맥락은 최치원, 김시습, 정북창, 권극중으로 이어지며 조선시대에 이르러 많은 이론적 토대를 갖추게 되었다. 이러한 맥은 일제강점기에 이르러 끊기지만, 구한말 전북 부안의 음양학자 이옥포가 저술한 내단서『영보국정정편靈寶局定靜篇』의 출현으로 다시 그 흐름이 이어진다.

이『영보국정정편』의 원본이 송나라 때 도사 소남 정사초의 내단서인『태극제련내법太極祭鍊內法』이라는 것이 밝혀졌는데, 이 책이 들어온 과정은 다음과 같다. 고종 때 중국에 파견된 사신 일행이 도교 집단인 부록파 정일교의 장천사상張天師像과 정일교의 도교 경전들을 함께 들여와 경기도 용문산龍門山 도관道觀에 보관하게 되었는데, 이때 들어온 경전 중에『태극제련내법』의 일부분인 하권下卷이 포함되어 부안 음양학자 이옥포에게 흘러 들어간 것으로 추정된다. 이옥포는 이 하권에 유교 사상을 첨가 편집하여 『영보국정정편』으로 내놓게 된다.

이 책은 후일 증산교 창시자인 증산 강일순에게 전해졌다고 하는데, 이옥포가 직접 전한 것인지 그 제자들이 증산의 문하에 들면서 전한 것인지는 분명치 않다. 이 책은 다시 신종교인 원불교로 흘러 들어가게 된다. 증산은 죽기 전에 외동딸 강순임(1937년 증산교의 분파인 증산법종교甑山法宗敎 설립)에게 책을 전했고, 강순임은 1917년 이를 정산 송규에게 주었다. 이때 책의 이름은 『정심요결』로 되어 있었는데, 추측하건대 이옥포의 『영보국정정편』을 증산이 『정심요결』로 제목만 바꾼 것으로 생각된다. 이 『정심요결』의 내용과 증산교 분파인 삼덕교三德敎 경전인 『생화정경生化正經』에 수록된 『영보국정정편』이 같은 책인 것을 저자가 확인하였다.

훗날 소태산의 제자가 된 정산은 이 책을 소태산에게 올린다. 이후 소태산은 1927년 원불교 수양서인 『수양연구요론修養硏究要論』을 간행하였는데, 순한문으로 된 『정심요결』은 소태산의 제자에 의해 번역되어 『정정요론定靜要論』이란 제목으로 책자 속에 실리게 된다. 훗날 원불교 2대 교주가 된 정산은 이 『정정요론』을 다시 보완하여 『수심정경修心正經』으로 편찬하니 원불교 수양이론의 토대가 되었다. 그러므로 조선시대 한국 선도의 내단 사상과 내단 수행의 형식상 명맥이 정사초, 이옥포에 이어 한국 신종교인 증산교의 강증산과 원불교의 소태산, 정산으로 이어지게 됨은 흥미롭다.

소태산은 일본 선종인 조동종曹洞宗의 도원(도겐) 선사와 임제종臨濟

宗의 백은(하쿠인) 선사의 사상인 '단전에 주住하는 선법禪法'의 영향을 받아 원불교 좌선수행법으로 선도의 내단 수행인 단전호흡(아랫배 단전을 중심으로 호흡하여 기운을 순환시키는 방법)과 불교 수행의 심선心禪(마음을 관하는 선)을 통합하여 '단전주선丹田住禪'이라는 새로운 방법을 내놓게 된다.

위의 내용처럼 한국 신종교를 통해 선도 내단 수행의 맥이 현대에까지 흐르고 있지만, 일반 수행단체의 선도 맥은 끊어졌다가 다시 청산 고경민, 붕우 권태훈, 한당 양봉철에 의해 새롭게 이어지고 나타나기 시작하였다.

청산 고경민은 15세에 선도에 입문하여 무현 도사, 무상 도사의 선맥을 이은 무운 도사와 청운 도사에게서 수련을 배워 1970년에 국선도國仙道라는 이름으로 선도단체를 창립하였다. 국선도는 관원혈關元穴을 단전혈로 삼고 수행하는 단전호흡 단체로 각 수련법은 정각도正覺道·통기법通氣法·선도법仙道法 등 3가지가 있다.

붕우 권태훈은 13세에 선도수련을 시작하여 우도방주右道坊主 김일송과 인천 산주汕住 박양래에게서 전수받아 1986년 연정원研精院을 설립하였다. 그후 정북창 선생의 《용호결龍虎訣》을 바탕으로 《연정16결研精十六訣》을 창안하여 제자들을 지도했으며, 『백두산족에게 고함』, 『천부경天符經의 비밀과 백두산족의 문화』 등의 저서를 남겼다. 또한 그는 1984년 소설가 김정빈의 베스트셀러 실명소설 『단丹』의 실제 주인공이기도 하였다.

한당 양봉철은 어린 시절부터 합기도에 입문하여 고수가 된 이후 스승 없이 혼자서 단전호흡수행을 하다가 1988년 도통하고 1991년 도화재道華齋라는 단체를 열었다. 그는 석문혈石門穴을 중심으로 한 석문단전호흡을 강조하며 양신 수련을 통한 도계道界(선계와 같은 의미로 신선과 원신들이 사는 세계) 입문 과정을 단계별로 제시하였다.

〈표 4〉 구한말-현대 선도, 내단 수행의 흐름

구분	창시자·저자	단체·저서	내용
1	이옥포 (?~1900?)	• 음양학파 • 『영보국정정편』 저술	• 음양학자 • 정사초의 『태극제련내법』 하권 일부가 이옥포에게 전해짐
2	증산 강일순 (1871~1909)	• 증산교 창시자 • 『현무경』 저술	• 『영보국정정편』 입수
3	소태산 박중빈 (1891~1943)	• 원불교 창시자 • 『정정요론』, 『수양연구요론』, 『불교정전』, 『원불교교전』 저술	• 『정정요론』(정심요결 번역본), 『수양연구요론』 간행
4	정산 송규 (1900~1962)	• 원불교 2대 교주 • 『수심정경』 편저	• 『정심요결』 입수 • 『수양연구요론』의 내용을 각색·보완·증편하여 편찬
5	붕우 권태훈 (1900~1994)	• 연정원 설립, 대종교 총령 엮임 • 『백두산족에게 고함』, 『천부경의 비밀과 백두산족의 문화』 저술	• 북창 선생의 《용호결》을 바탕으로 《연정16결》 창안
6	청산 고경민 (1935~?)	• 국선도 설립 • 『국선도』 저술	• 관원혈 중심 단전호흡수행
7	한당 양봉철 (1964~2003)	• 도화재 설립 • 『천서』 저술	• 석문혈 중심 단전호흡수행

지금까지 한국 선도의 개괄적인 흐름을 문헌 위주로 하나하나 살펴보았으며, 문헌이 없는 부분에서는 저자의 경험과 생각을 바탕으로 의견을 제시하였다. 종교나 단체마다 한국 선도의 흐름을 바라보는 견해는 다를 수 있으나, 다양한 시각과 의견을 받아들여 새롭게 발전시켜 나가야 하는 것이 수도자의 기본자세라고 생각한다.

앞에서 살펴본 대로 한국 선도의 맥은 다시 이어져 현재에까지 이르고 있다. 저자는 고등학교 시절 원불교 정산 종사와 소태산 대종사의 단전주선법을 통하여 10년간의 수행을 하였고, 그 후 한계를 느껴 다시 20대 후반에 도화재의 한당 선생님을 만나 제자가 되어 직접 10년의 가르침을 받아 양신을 이루어 출신하여 도계에 입문하였다. 그리고 한당 선생님 귀천 후 스스로 다시 10년을 수련하여 마지막 궁극의 경지에 이르러 도를 통하였다.

그동안 지은이가 수련하였던 동서고금의 모든 수행방법과 이론을 연구 분석하여 쉽고 정확한 수련구조를 개발하여 내놓은 것이 바로 '태극숨명상'이다. 구체적인 수련방법에 대해서는 제2장 태극숨명상 5단계에서 자세히 설명하고자 한다.

태극숨명상 5단계

●   태극숨명상의 모든 수련은 앞서 언급한 바와 같이 **1.마음 바라보기**(마음명상), **2.기운 모으고 돌리기**(기운명상), **3.몸 움직이기**(몸명상)의 3가지 통합과정으로 진행된다. 하지만 태극숨명상을 수련함에 있어서 자유롭고 창의적으로 각각 별도로 진행할 수도 있다. 예를 들면 상황에 따라 '몸명상' 없이 바로 '기운명상'이나 '마음명상'으로 들어갈 수도 있다. 각자 별도로 진행하더라도 몸과 기운과 마음은 서로 연결되어 있으므로 서로 완전히 분리할 수 없다. 단지 상황에 따라 몸이 불편하면 몸을 먼저 움직이면서 '마음 바라보기'와 '기운 모으고 돌리기'를 병행할 수도 있고, 기운이 막혀서 답답하면 먼저 '기운 모으고 돌리기'를 진행하면서 '마음 바라보기'와 '몸 움직이기'를 병행할 수도 있으며 마음이 힘들면 먼저 '마음 바라보기'를 진행하면서 '몸 움직이기'와 '기운 모으고 돌리기'를 병행할 수도 있는 것

이다.

마음명상, 기운명상, 몸명상은 서로 떠날 수 없는 조합을 이루어야 가장 완전한 형태가 되므로 태극숨명상의 수련에서는 이 3가지 공부를 병행하여 나아가야 한다. 하지만 밸런스 명상 단계에서는 몸명상 중심으로 기운명상과 마음명상이 함께 하고, 열기명상 단계에서는 기운명상 중심으로 마음명상과 몸명상이 함께 하며, 바라보기 명상 단계에 이르면 마음명상을 중심으로 기운명상과 몸명상이 함께 한다.

확장 명상 단계에서는 마음과 기와 몸이 하나로 융합되어 정신이 중심이 되는 정신명상이 진행되어 신명이 열리고 깨달음의 지혜가 나타나면서 우주를 주유하고, 더 나아가 우주의 가장 근원의 세계에 이르게 된다. 그러므로 밸런스 명상, 열기 명상, 바라보기 명상으로 이어지는 단계별 공부가 중요하다고 하겠다.

태극숨명상에서는 마음명상에 있어 바라보기와 함께 심법걸기가 있는데 이는 기운명상에 있어 마음의 방향을 잡는 것으로 명상을 시작할 때 2~3번 정도만 반복하여 마음속으로 생각한다. 마음속으로 심법을 걸고 마음을 무심으로 놓아버리면 무의식에서 자동적으로 기운의 흐름을 유도하여 마음과 기운이 서로 하나가 되게 된다. 이를 심기일여心氣一如라고 한다.

Ⅰ. 밸런스 명상 단계

밸런스 명상은 태극숨명상에서 가장 기초적이고 기본적인 수련과정으로 이루어져 있다. 그 과정은 **와식축기**, **삼단전 축기**, **기경삼맥주천 운기**, **오단전 축기**, **오주천 운기**, **비경십일맥주천 운기**, **칠단전 축기**, **칠주천 운기**, **목욕명상** 등으로 구성되어 있다.

이 가운데 가장 중요한 과정은 누워서 삼태극하단전을 형성하는 와식축기 과정이다. 건물도 기초공사가 튼튼하고 완벽해야 높은 건물을 지을 수 있고 무너지지 않는 것처럼 수련도 가장 기초인 와식축기 과정이 중요하고 이 와식축기 과정에서 중요한 것이 바로 기해, 석문, 관원을 하나로 융합시킨 삼태극단전의 형성이다. 먼저 삼태극하단전 그릇 형성을 이룬 다음 삼단전 축기 과정으로 넘어간다. 삼단전 축기는 삼태극하단전, 중단전 옥당, 상단전 인당을 축기하는 것이다.

이처럼 상, 중, 하 삼단전 축기가 이루어진 다음에는 기경삼맥주천 과정을 진행한다. 이는 삼단전과 하주대맥(기경팔맥)과 임·독맥(기경팔맥)의 경혈을 연결하여 강화하려는 방법이다. 기경삼맥주천 과정은 다시 하주대맥주천 운기와 원소주천(삼주천) 임·독맥 운기로 나누어진다.

그리고 기존의 삼단전(삼태극단전, 옥당단전, 인당단전)에 중부단전과 일월단전을 첨가하여 축기하고 운기하는 오단전 축기와 오주천 운기 과정이 이루어진다. 다음 과정에는 저자가 새로 발견한 비경십일맥주천 과정을 포함한다. 이는 그동안 숨겨져 있던 가로 횡적인 원반 형태의 11가지 경맥들인 중주대맥, 상주대맥, 골반맥, 슬맥, 족맥, 후맥, 견맥, 주맥, 수맥, 이맥, 두맥을 소통시켜 세로 종적인 원반 형태의 십삼주천 운기와 더불어 전신의 기력을 더욱 강화하기 위함이다.

이어서 기존 오단전(삼태극단전, 옥당단전, 인당단전, 중부단전, 일월단전)에 백회단전과 회음단전 축기와 칠주천운기 과정이 이루어진다. 다음은 머리 백회부터 발끝까지 온몸을 원기가 모여진 원액으로 적시는 과정인 목욕명상 과정이다. 이 목욕명상을 하면 기운이 머리부터 온몸을 적셔 흘러내리면서 온몸 전체가 정화되고 환골탈태되면서 많은 몸의 변화가 이루어진다. 이 과정에서 몸과 마음의 건강을 빨리 회복할 수 있다.

1. 삼태극하단전의 형성

1) 개요

‘삼태극하단전 형성’ 단계에서는 안정적인 삼태극 단전그릇(하단전그릇) 형성을 위해 누워서 수련을 진행한다. 등을 바닥에 대고 양팔과 양발을 큰 대 자로 벌려 편하게 눕는다. 그 후 배꼽 아래 삼태극단전의 가운데에 손가락이나 손바닥을 가볍게 댄다. 그리고 눈을 감고 마음속으로 삼태극단전을 바라보면서 의식을 집중한다. 입은 다물고 코로 호흡하되 자연스럽게 한다. 이를 ‘와식 자세’라 한다. 삼태극단전이 형성되기 전에는 앉거나 선 자세, 또는 일상생활에서 움직일 때는 마음만 삼태극단전에 두고 자연 호흡을 한다. 무리하게 억지로 아랫배 호흡을 하면 적이 생기거나 상기 증상 등 부작용이 생길 수 있기 때문이다.

삼태극단전에 단전그릇이 완전히 형성되고 자연스럽게 아랫배 호흡이 되면 다음 단계로 넘어간다. **(〈그림 7〉 참조)**

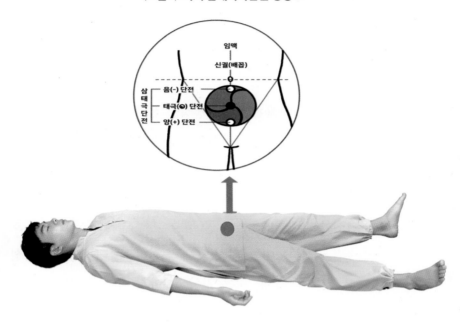

〈그림 7〉 와식 삼태극하단전 형성도

2) 수련방법

〈표 5〉 삼태극하단전 형성 수련방법

순서	구분	삼태극하단전 형성
1	몸 움직이기 (몸명상)	• 삼태극단공(지단공)을 하면서 몸 바라보기를 한다(긴장을 푼다). 호흡 바라보기를 하며 이완을 한다. • 기공, 체조, 삼태극무(지감무), 굴신단공은 기본 수련과 함께 실시한다.
2	마음 바라보기 (마음명상 : 심법 걸기)	• 와식 자세를 취하고 눈을 감고 마음의 긴장을 풀며 이완한다. • "우주에 가득 찬 원기를 삼태극하단전에 가득 채워 단전그릇을 형성한다"라고 심법을 걸고 마음으로 바라보기를 한다.
3	기운 모으고 돌리기 (기운명상)	• 삼태극하단전에 모이는 기운을 느끼며 호흡을 통해 기운을 가득 채운다.

2. 삼단전 축기

삼단전 축기는 삼태극하단전 그릇이 형성된 이후 좌식 자세로 삼단전인 삼태극단전, 옥당단전, 인당단전에 원기를 모으는 수련과정이다. 먼저 **삼태극단전**(하단전)을 마음으로 바라보고 호흡을 통해 원기를 가득 채운다. 삼태극단전에 원기가 가득 차면, **옥당단전**(중단전)을 바라보고 호흡하며 원기를 가득 채운다. 옥당단전에 원기가 가득 차면, 이제는 **인당단전**(상단전)을 바라보면서 호흡을 통해 원기를 가득 채운다. 이 상·중·하단전이 다 원기로 가득 차면 삼단전 축기 과정이 끝나게 된다. 삼단전 축기 수련방법은 다음과 같다. (**<그림 8>** 참조)

<그림 8> 삼단전 축기도

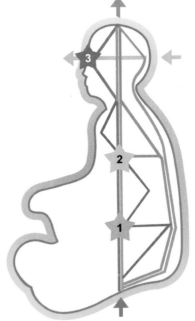

1. 삼태극단전 (석문·기해·관원)
2. 옥당단전
3. 인당단전

순서	구분	삼단전 축기
1	몸 움직이기 (몸명상)	• 삼태극단공(지단공)을 하면서 몸 바라보기를 하며 긴장을 푼다. 그리고 호흡 바라보기를 하며 이완을 한다. • 체조, 기공, 삼태극무(지감무), 굴신단공은 기본 수련과 함께 실시한다.
2	마음 바라보기 (마음명상 :심법 걸기)	• 좌식 자세를 취하고 호흡 바라보기를 하며 마음의 긴장을 내려놓는다. • 눈을 감고 단전(삼태극단전, 옥당단전, 인당단전)을 마음으로 바라보고 집중한다. • "우주에 가득 찬 원기를 호흡을 통해 삼단전(삼태극단전·옥당단전·인당단전)에 가득 채운다."라고 심법을 걸고 마음으로 바라보기를 한다.
3	기운 모으고 돌리기 (기운명상)	• 삼단전(삼태극단전·옥당단전·인당단전)을 바라보고 호흡하면서 기감을 느낀다. 단전에 차는 기감을 좀 더 깊이 느끼며 기운의 흐름에 집중하고 원기를 삼단전에 계속 모은다.

마음 바라보기와 함께 마음명상의 하나인 심법은 기운의 방향을 설정하는 명령어이므로 심법을 걸 때는 창의적이고 구체적이며 정확하게 제시하는 것이 좋다. 예를 들면 "기운을 강하게 모은다.", "기운을 가득 모은다.", "우주에 가득 찬 원기가 코를 통하여 폐에 가득 차고 다시 아랫배 삼태극단전으로 내려와서 물처럼 흘러 가득 고인다." 등이다.

태극숨명상은 원기를 중심으로 수련하므로 무의식의 힘을 자주 이용한다. 그러므로 심법을 걸고 잊어버리면 무의식에 저장되어 자동으로 기운을 끌어오거나 모으게 되는 것이다. 모든 게 마음먹기에 달린 것이니 이것이 바로 심법의 묘미이다. 이하 모든 수련에도 같이 적용한다.

3. 기경삼맥주천 운기

기경삼맥주천은 **하주대맥**과 **임·독맥**(원소주천)을 운기하는 과정이다. '주천'은 우리 몸에 기운을 원처럼 돌려 경락의 막힘을 해소하는 것이다. 이를 통해 면역력이 향상되고 신경계, 뇌분비계, 뇌하수체 흐름이 정상화된다. 또한, 중추신경계와 자율신경계가 안정되고 몸과 마음의 건강이 일정하게 유지된다.

1) 하주대맥주천 운기

하주대맥은 동양의학의 기경팔맥 중 하나이다. 통상의 경락들은 세로 방향의 종으로 연결되어 있는데, 하주대맥은 허리띠를 중심으로 가로 방향의 횡으로 연결되어 있어 특이하다. 하주대맥 수련과정은 먼저 시작 혈인 석문혈을 마음으로 바라보면서 호흡을 통해 원기를 가득 모은다. 원기가 가득 차면 허리 왼쪽 방향으로 운기를 시작한다. 하주대맥 통로에 있는 12혈을 지나서 다시 석문혈에 돌아오면 끝나게 된다. 하주대맥 순환이 원활해지면 요통, 생리통, 허리뼈 디스크, 신장과 방광 기능의 저하증상 치유에 도움이 된다.

운기는 ① 석문 → ② 좌대거 → ③ 좌유도 → ④ 좌오추 → ⑤ 좌대맥 → ⑥ 좌장문 → ⑦ 명문 → ⑧ 우장문 → ⑨ 우대맥 → ⑩ 우오추 → ⑪ 우유도 → ⑫ 우대거를 거쳐 다시 석문혈로 돌아오는 순으로 진행한다.

위 12혈을 각각 차례대로 마음 바라보기와 기운 모으기를 하면서 진행한다. 좌우 대맥이 유통된 후, 운기 속도가 2분 이내로 이루어지면 다음 경맥 단계로 넘어간다.

〈표 7〉 하주대맥주천 운기 수련방법

순서	구분	하주대맥주천 운기
1	몸 움직이기 (몸명상)	• 삼태극단공(지단공)을 하면서 몸 바라보기를 하며 긴장을 푼다. 그리고 호흡 바라보기를 하며 이완을 한다. • 체조, 기공, 삼태극무(태극무), 굴신단공은 기본 수련과 함께 실시한다.
2	마음 바라보기 (마음명상 :심법 걸기)	• 좌식 자세를 취하고 호흡 바라보기를 하며 마음의 긴장을 내려놓는다. • 눈을 감고 하주대맥 통로를 마음으로 바라보고 집중한다. • "석문에서 좌대맥 방향으로 하주대맥 통로를 원기로 운기한다."라는 심법을 걸고 마음으로 바라보기를 한다.
3	기운 모으고 돌리기 (기운명상)	• 하주대맥 통로 전체를 바라보며 기운의 느낌을 감지한다. • 하주대맥에 느껴지는 기운을 하나의 원처럼 연결하여 계속 강하게 돌린다.

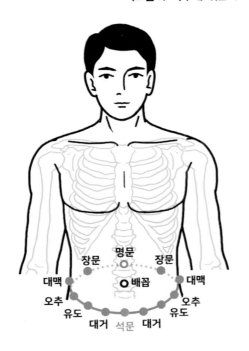
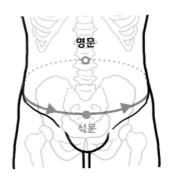

2) 원소주천(삼주천) 운기

(1) 개요

　원소주천(삼주천) 운기는 삼단전을 중심으로 임·독맥을 하나의 원으로 연결하여 운기를 한다. 임맥에는 24개, 독맥에는 29개 경혈이 존재한다. 우선 가장 중요한 삼단전을 마음으로 바라보고 축기하여 하나로 연결해 운기한다. 이 삼단전을 하나로 연결하는 과정을 삼주천 운기라고 한다. 혹은 원기로 소주천小周天을 운기하기에 원소주천 운기라고도 한다. 과거 선도의 내단 수행에서는 소주천을 형성하는 과정을 매우 중요하고 높게 평가하였다. 그리하여 임·독맥 뚫어서 연결하는 과정을 삶과 죽음의 관문을 넘어서는 것에 비유하여 생사현관타통生死玄關打通이라고 불렀다.

원소주천 운기를 완성하면 남자는 하단전에서 회음을 지나 뒤쪽 독맥으로 운기되고, 여자는 반대로 하단전에서 백회를 지나 회음에서 임맥으로 운기되기도 한다.

(2) 구성

임맥과 독맥은 선도수련에서 가장 중요한 위치를 차지한다. 임맥은 인체의 앞부분에 있는 경락으로 24개의 혈로 이루어져 있다. 임맥의 흐름은 골반 아래 있는 회음혈에서 운기를 시작하여 코밑 승장혈承奬穴에서 끝나게 된다.(〈그림 10〉 임맥도 참조) 독맥은 인체의 뒷부분 등을 중심으로 연결된 경락으로 29개의 혈로 이루어져 있다. 독맥의 흐름은 인체의 꼬리뼈 쪽에 있는 장강혈長强穴에서 시작하여 머리를 지나 윗입술 부분인 은교혈齦交穴에서 끝나게 된다.(〈그림 11〉 독맥도 참조)

<그림 10> 임맥도

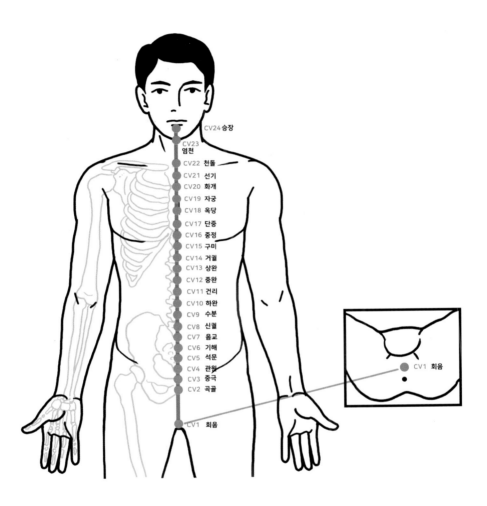

CV24 승장
CV23 염천
CV22 천돌
CV21 선기
CV20 화개
CV19 자궁
CV18 옥당
CV17 단중
CV16 중정
CV15 구미
CV14 거궐
CV13 상완
CV12 중완
CV11 건리
CV10 하완
CV9 수분
CV8 신궐
CV7 음교
CV6 기해
CV5 석문
CV4 관원
CV3 중극
CV2 곡골
CV1 회음

CV1 회음

<그림 11> 독맥도

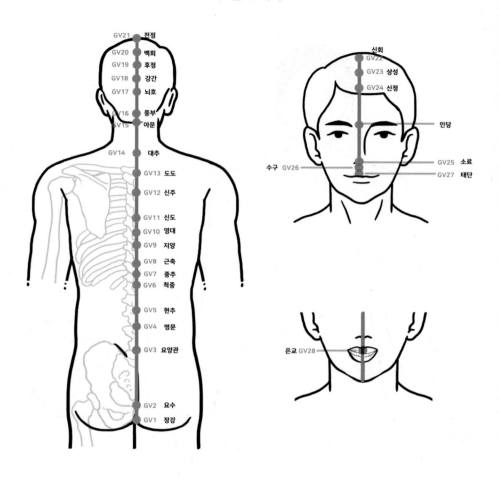

(3) 수련방법

원소주천 수련은 임·독맥 53혈을 각각 차례대로 마음 바라보기와
기운 모으기를 하면서 진행한다.

원소주천 운기 순서는 [(1) 기해 → (2) 석문 → (3) 관원(삼태극단전)] → (4) 중극 → (5) 곡골 → (6) 회음 → (7) 장강 → (8) 요유 → (9) 요양관 → (10) 명문 → (11) 현추 → (12) 척중 → (13) 중추 → (14) 근축 → (15) 지양 → (16) 영대 → (17) 신도 → (18) 신주 → (19) 도도 → (20) 대추 → (21) 아문 → (22) 풍부 → (23) 뇌호 → (24) 강간 → (25) 후정 → (26) 백회 → (27) 전정 → (28) 신회 → (29) 상성 → (30) 신정 → (31) 인당(상단전) → (32) 소료 → (33) 수구 → (34) 태단 → (35) 은교 → (36) 승장 → (37) 염천 → (38) 천돌 → (39) 선기 → (40) 화개 → (41) 자궁 → (42) 옥당(중단전) → (43) 단중 → (44) 중정 → (45) 구미 → (46) 거궐 → (47) 상완 → (48) 중완 → (49) 건리 → (50) 하완 → (51) 수분 → (52) 신궐 → (53) 은교이다.

원소주천 운기 속도가 평균 2분 이내에 이르면 다음 단계인 오단전 축기와 오주천 단계로 넘어간다.

〈표 8〉 원소주천(삼주천) 운기 수련방법

순서	구분	원소주천(삼주천) 운기
1	몸 움직이기 (몸명상)	• 삼태극단공(지단공)을 하면서 몸 바라보기를 하며 긴장을 푼다. 그리고 호흡 바라보기를 하며 이완을 한다. • 체조, 기공, 삼태극무(태극무), 굴신단공은 기본 수련과 함께 실시한다.
2	마음 바라보기 (마음명상 :심법 걸기)	• 좌식 자세를 취하고 호흡 바라보기를 하며 마음의 긴장을 내려놓는다. • 눈을 감고 삼단전과 임·독맥 통로를 마음으로 바라보고 집중한다. • "삼태극단전에서 회음을 거쳐 독맥을 따라 명문, 백회를 따라 인당단전, 옥당단전을 거쳐 다시 삼태극단전으로 돌아오는 원소주천을 운기한다."라는 심법을 걸고 마음으로 바라보기를 한다.
3	기운 모으고 돌리기 (기운명상)	• 임·독맥 통로 전체를 바라보며 기운의 흐름과 느낌을 감지한다. • 임·독맥 통로 전체에 느껴지는 기운을 하나의 원처럼 연결하여 계속 강하게 돌린다.

4. 오단전 축기와 오주천 운기

1) 오단전 축기

오단전 축기 과정에서는 삼단전에 이어 추가로 중부혈에 원기를 모아 중부단전을, 일월혈에 원기를 모아 일월단전을 형성하는 것이다. 먼저 중부단전(중부혈)에 마음 바라보기 한 다음 원기를 가득 채운다. 중부단전을 형성하고 원기를 모은 후 같은 방법으로 일월단전(일월혈)에 마음 바라보기를 한 다음 원기를 가득 채운다. 중부단전과 일월단전을 동시에 바라보고 원기를 채우는 수련을 진행해도 무방하다.**(<그림 12>** 참조**)**

<그림 12> 오단전 축기도

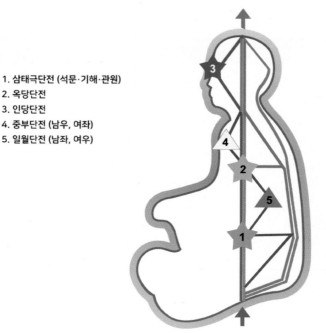

1. 삼태극단전 (석문·기해·관원)
2. 옥당단전
3. 인당단전
4. 중부단전 (남우, 여좌)
5. 일월단전 (남좌, 여우)

순서	구분	오단전 축기
1	몸 움직이기 (몸명상)	• 삼태극단공(지단공)을 하면서 몸 바라보기를 하며 긴장을 푼다. 그리고 호흡 바라보기를 하며 이완을 한다. • 체조, 기공, 삼태극무(태극무), 굴신단공은 기본 수련과 함께 실시한다.
2	마음 바라보기 (마음명상 :심법걸기)	• 좌식 자세를 취하고 호흡 바라보기를 하며 마음의 긴장을 내려놓는다. • 눈을 감고 중부단전과 일월단전을 마음으로 바라보고 집중한다. • "우주의 원기를 호흡을 통해 중부단전과 일월단전에 가득 채운다."라고 심법을 걸고 마음으로 바라보기를 한다.
3	기운 모으고 돌리기 (기운명상)	• 중부단전과 일월단전에 기운을 느끼면서 원기를 가득 모은다.

2) 오주천 운기

오단전(삼태극단전, 옥당단전, 인당단전, 중부단전, 일월단전)을 중심으로 각 단전 간의 기운 통로와 임·독맥을 동시에 운기하는데, 이를 오주천 운기라고 부른다. 중부단전과 일월단전을 비롯하여 오단전 전체를 축기하여 기운을 가득 채운 다음 오단전을 중심으로 오주천 운기를 진행한다.

오주천 운기부터는 임·독맥 통로를 기본으로 운기하되 임맥의 천돌혈에서 중부단전, 옥당단전, 일월단전, 중완으로 흐르는 오주천 운기 통로로 나누어져 두 갈래로 오주천 운기가 동시에 진행되는 것이다.

☞ 오주천 통로 : 천돌에서 중부단전으로 갔다가 옥당단전에서 다시

만나서 거궐에서 일월단전으로 가서 다시 중완에서 만나 임맥과 합류한다.

※ 인당단전 → (천돌) → 중부단전 → 옥당단전→ (거궐) → 일월단전 → (중완) → 삼태극단전 순으로 진행된다.

수련 시 삼태극단전의 원기를 임·독맥 경로를 따라 아래쪽 회음 방향으로 운기하되 원기가 인당단전을 지나 천돌에 도달하면 두 갈래로 나누어 운기한다. 한 갈래는 중부단전, 옥당단전, 거궐을 지나 일월단전으로 갔다가 다시 중완에서 임맥과 합류하여 삼태극단전으로 내려간다. 오주천 운기 속도가 평균 2분 이내에 이르게 되면 다음 단계인 비경십일맥주천 운기 단계로 넘어간다.

〈표 10〉 오주천 운기 수련방법

순서	구분	오주천 운기
1	몸 움직이기 (몸명상)	• 삼태극단공(지단공)을 하면서 몸 바라보기를 하며 긴장을 푼다. 그리고 호흡 바라보기를 하며 이완을 한다. • 체조, 기공, 삼태극무(태극무), 굴신단공은 기본 수련과 함께 실시한다.
2	마음 바라보기 (마음명상: 심법 걸기)	• 좌식 자세를 취하고 호흡 바라보기를 하며 마음의 긴장을 내려놓는다. • 오단전(삼태극단전, 일월단전, 옥당단전, 중부단전, 인당단전)과 원소주천 통로를 마음으로 바라본다. • "오단전을 중심으로 원소주천 통로를 강하게 운기한다."라는 심법을 걸고 마음으로 바라보기를 한다.
3	기운 모으고 돌리기 (기운명상)	• 오단전과 원소주천 통로를 하나의 원처럼 연결하여 기운의 흐름을 느끼면서 강하게 운기한다.

5. 비경십일맥주천 운기

1) 개요

(1) 비경십일맥

태극숨명상에서는 십삼단전 수행과 아울러 비경십일맥주천秘經十一脈周天이라는 새로운 수행방법이 있다. 비경십일맥秘經十一脈은 한자의 뜻 그대로 숨겨져 있던 11가지 경맥이라는 말이다.

비경십일맥에는 ① 중주대맥中珠帶脈, ② 상주대맥上珠帶脈, ③ 골반맥骨盤脈, ④ 슬맥膝脈, ⑤ 족맥足脈, ⑥ 후맥喉脈, ⑦ 견맥肩脈, ⑧ 주맥肘脈, ⑨ 수맥手脈, ⑩ 이맥頤脈, ⑪ 두맥頭脈의 11가지 경락이 있다.

이가운데 중주대맥, 상주대맥은 저자의 스승이었던 한당 선생님이 발견한 경락이고 이를 제외한 나머지 9가지는 깊은 수행을 통해 저자가 새로 발견한 경락이다. 비경십일맥을 운기하면 뇌에서 척추로 뇌하수체가 원활하게 흘러 면역력이 증강되고 육신병, 마음병, 정신병 치유와 예방에 도움이 될 수 있다.

비경십일맥은 다른 일반경락인 정경십이맥과 기경팔맥의 흐름과 다르다. 정경십이맥과 기경팔맥의 흐름이 머리나 팔 같은 상체에서 하체로, 혹은 그 반대로 종적으로 흐르는 것에 반해 비경십일맥은 시혈(始穴, 경락이 시작되는 혈)과 종혈(終穴, 경락이 끝나는 혈)이 같으며 타원을 그리면서 횡적으로 흐른다. 물론 기경팔맥 가운데 유일하게 하주대맥은 횡적으로 흐른다. 따라서 하주대맥을 포함하여 비경십이맥秘經十二脈이라 부르기도 한다.

〈표 11〉 비경십일맥의 종류와 연관경락

순서	비경십일맥	내용	시혈·종혈	연관 경락
1	중주대맥	가슴을 중심으로 도는 경맥	옥당	임맥
2	상주대맥	이마 미간을 중심으로 도는 경맥	인당	임맥
3	골반맥	양 골반 안쪽으로 흐르는 경맥	회음	임맥
4	슬맥	무릎을 중심으로 흐르는 경맥	위중	방광경
5	족맥	발목을 중심으로 흐르는 경맥	태계	신경
6	후맥	목을 중심으로 흐르는 경맥	천돌	임맥
7	견맥	어깨를 중심으로 흐르는 경맥	극천	심경
8	주맥	팔꿈치를 중심으로 흐르는 경맥	곡택	심포경
9	수맥	손목을 중심으로 흐르는 경맥	대릉	심포경
10	이맥	턱을 중심으로 한 바퀴 흐르는 경맥	풍부	독맥
11	두맥	머리를 중심으로 양쪽으로 흐르는 경맥	풍지	담경

(2) 두개 천골요법과 비경십일맥과의 연관성

19세기 후반 미국 캔자스주의 앤드류 테일러 스틸Andrew Taylor Still(1828~1917) 박사는 기존 의학에서 벗어난 '정골의학Osteopathic medicine'을 창시했다. 정골의학은 인간의 모든 질병의 원인을 비뚤어진 뼈와 그에 따른 긴장되고 손상된 근육과 근막으로 보고, 이를 정상화해 인체의 자유 치유력을 회복시키는 것을 목표로 한다. 또한 비슷한 시기에 다니엘 데이비드 팔머Daniel David Palmer(1845~1913)는 경험으로 터득한 인체교정방법인 카이로프랙틱Chiropractic을 개발하기도 하였다. 그리고 앤드류 스틸 박사의 정골요법을 이어받아 발전시킨 그의 제자 윌리엄 서덜랜드William G. Sutherland 박사는 수기요업으로 많은 난치병 환자 치료에 이바지하였다. 그후 1980년대에는 미시간대학교의 존 어프레저John E. Upledger 박사가 '두개 천골요법 CST ; Cranio Sacral Theraphy'으로 체계화하여 널리 보급하기 시작했다.

두개 천골요법은 두개골 속에 있는 뇌척수액이 허리 아래 천골에 이르기까지 원활하게 흐르도록 유도하여 만성 질병과 난치병을 치유한다. 정골의학에 기반을 두고 있으며, 머리, 목, 어깨, 가슴, 허리, 골반, 무릎, 발목에 이르기까지 막혀 있는 뇌척수액의 흐름을 소통시키는 방법이다. 특히 후두골의 경막, 가슴골의 횡격막, 골반의 횡격막의 움직임을 감지하여 균형을 잡아 뇌척수액의 흐름을 원활하게 하는 방법은 높이 평가할 만하다.

하주대맥을 포함하여 비경십이맥과 두개 천골요법의 상이점과 효능은 <표 12>로 정리하였다. 치료방법이 기운적인 것이냐, 물리적인 것이냐의 차이만 있을 뿐 그 치유 효능은 유사하다.

〈표 12〉 비경십이맥(하주대맥 포함)과 두개 천골요법의 상이점과 효능

순서	비경십이맥	두개 천골요법	위치	효능
1	두맥	전두골·두개골	머리	두통, 기억력 저하, 불면증, 우울증, 자폐증, 정신질환
2	상주대맥	접형골·후두골·뇌 경막	눈썹	
3	이맥		턱	
4	후맥	설골·갑상설골근	목	갑상선질환, 후두질환, 견비통
5	견맥	견갑골·쇄골	어깨	
6	중주대맥	흉골·늑골·횡격막	가슴	불안, 공황장애, 울화, 분노조절장애
7	하주대맥	요추·천골	허리	요통, 디스크, 변비, 설사
8	골반맥	골반·골반 횡격막	골반	생식기 질환, 전립선, 생리통, 치질
9	주맥	상완골·요골·척골	팔꿈치	팔 저림
10	수맥	수근골·완골	손목	손목 터널 증후군, 손가락 관절염
11	슬맥	슬개골	무릎	관절염
12	족맥	족골	발목	족염, 발 저림, 무좀

(3) 정골의학(근육근막)과 비경십일맥과의 연관성

450여 년에 걸쳐 축적된 서구 해부학계의 방대한 지식과 근막체계 이론은 정골의학자인 로즈마리 페이티스Rosemary Feitis 박사와 생물학 전공자인 루이스 슐츠R. Louis Schultz 박사에 의해 정립되었다.

이들은 공동저서인 『엔들리스 웹The Endless Web : Fascial Anatomy and Physical Reality)』[20]에서 신체의 근육근막 안에 '7가

---

20) 로즈마리 페이티스 & 루이스 슐츠, 이정우 & 최광석 옮김, 군자출판사, 2015

지 형태의 국소적인 가로 띠(Band/Straps)' 내지 '몸통 띠(위도 근막선, Body Straps)'가 존재한다고 밝혔다.

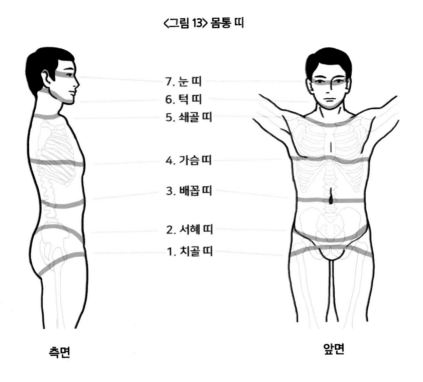

〈그림 13〉 몸통 띠

7. 눈 띠
6. 턱 띠
5. 쇄골 띠

4. 가슴 띠

3. 배꼽 띠

2. 서혜 띠
1. 치골 띠

측면   **앞면**

〈**그림 13**〉는 루이스 슐츠가 위 도서에서 밝힌 7개의 몸통 띠의 위치를 바탕으로 저자가 보다 알기 쉽게 다시 그린 것이다.

〈**그림 13**〉과 같은 '7개의 몸통 띠'는 이전의 전통적인 해부학에서는 설명된 바가 없었다. 로즈마리 페이티스와 루이스 슐츠 박사는 이들 7개의 몸통 띠가 주로 피부 표면층에 있으며, 수평의 수준에서 '근막선'을 연결하거나 그 아래를 지나는 '경선'을 통해 움직임의 자유로운 흐름을

제한하기도 한다고 밝히고 있다. 7개의 띠를 살펴보면 다음과 같다.

① 치골 띠Pubic band는 몸통 가장 아래쪽에 위치하며, 치골에서 시작하여 서혜부, 넓적다리뼈의 앞부분, 그리고 엉덩이를 지나 엉치뼈와 꼬리뼈가 만나는 부위에서 끝난다.

② 서혜 띠Inguinal band는 복부 아래쪽을 지나는데, 앞에서 보면 뒤집힌 아치 모양을 하고 있으며, 약간 아래쪽으로 치우쳐 있다. 아래쪽 경계부는 허리뼈와 엉치뼈 접합부와 연결된다. 이는 비경십일맥의 골반맥에 해당한다고 볼 수 있다.

③ 배꼽 띠Umblical band는 복부 밴드라고도 하며 인체에서 가장 그 위치 변화가 큰 밴드이다. 배꼽을 지나기 때문에 복부에 주름을 만들 수도 있고 양쪽 늑골을 하나로 묶어주면서 등 뒤쪽으로 이어지는데, 그 끝은 등뼈와 허리뼈 접합부이다. 이는 비경십이맥 내지 기경팔맥 중 하나인 하주대맥에 해당한다고 볼 수 있다.

④ 가슴 띠Chest band는 유두 바로 밑에 있으며 몸에서 가장 잘 드러나는 밴드 중 하나이다. 이는 비경십일맥의 중주대맥에 해당한다고 볼 수 있다.

⑤ 쇄골 띠Collar band는 쇄골을 포함하여 어깨뼈 위쪽 가장자리 안쪽 면과 바깥쪽 면 위로 이어지며 목등뼈와 등뼈의 접합부에서 끝난다. 이는 비경십일맥의 후맥에 해당한다.

⑥ 턱 띠Chin band는 목뿔뼈(설골, Hyoid bone)와 턱 아랫부분과 연결되며, 귀 바로 밑을 지나 두개골과 첫 번째 목등뼈가 만나는 관절 부위도 포함한다. 이는 비경십일맥의 이맥에 해당한다고 볼 수 있다.

⑦ 눈 띠Eye band는 눈과 연결되며 귀 위를 지나 두개골 뒤에 있는 뒷머리뼈 능선까지 포함된다. 이는 비경십일맥의 상주대맥에 해당한다고 볼 수 있다.[21]

위에 나타난 서구 해부학과 근막체계에 바탕을 두어 새롭게 주장되는 위도 근막선 7개의 띠 중 6개의 띠는 태극숨명상의 비경십일맥 중 5개의 맥(골반맥, 중주대맥, 후맥, 이맥, 상주대맥) 및 하주대맥과 거의 일치함을 알 수 있다. 즉 어깨, 팔목, 손목, 무릎, 발목 부분을 제외하면 비경십일맥과 하주대맥과 연관되며 유사한 부분이 있다.

이렇듯 기운과 물질은 서로 밀접한 관련이 있다. 단지 과학적인 연구와 뒷받침이 부족해 합리적으로 이해하기 어려울 뿐이다. 이렇듯 다양한 연구와 노력을 통해 신비로운 기의 세계가 점차적으로 밝혀져서 합리적 근거를 제시할 수 있음은 환영할 일이다.

그리고 아이다 롤프 박사의 제자인 토마스 마이어스Thomas W. Myers는 몸통과 팔다리 전 범위에 걸쳐 있는 12가지 '근막경선들 Myofascial Meridians'에 대해 밝혔다. 이 경선들은 동양 한의학의 12경락과 밀접한 관련이 있는데, 이에 대해서는 뒤에 나오는 십이정경맥 주천 운기 장에서 자세히 다루기로 하겠다.

앞으로 점차 기의 세계와 과학의 세계가 통합될 것이며, 서양의 과학과 의술이 더욱 발전하여 비경십일맥은 물론 인체의 모든 경락의 존

---

21) 위의 책, 66쪽 참조.

재를 뒷받침해줄 날이 올 것이다. 무형의 물체에너지인 전기도 정확히 보이지는 않지만 실생활에 유용하게 사용하고 있지 않은가. 기운과 경락도 마찬가지다. 수련을 통해 기운을 모으고 돌려서 영적인 성장과 발전을 위해 활용해야 할 것이다.

2) 수련방법

비경십일맥주천 운기는 중주대맥부터 두맥까지 비경십일맥 경맥을 하나씩 순서대로 원기로 채워 나간다. 수련은 각 경맥 별로 ① 운기혈과 경맥을 마음으로 바라보기, ② 시혈/종혈에 원기 모으기(축기), ③ 경맥 통로에 원기 돌리기(운기) 순서로 진행한다.

비경십일맥주천 수련의 방법을 구체적으로 제시하면 다음과 같다.

〈표 13〉 비경십일맥주천 운기 수련방법

순서	구분	비경십일맥주천 운기
1	몸 움직이기 (몸명상)	• 삼태극단공(인단공)을 하면서 몸 바라보기를 하며 긴장을 푼다. 그리고 호흡 바라보기를 하며 이완을 한다. • 체조, 기공, 삼태극무(태극무), 굴신단공은 기본 수련과 함께 실시한다.
2	마음 바라보기 (마음명상 :심법 걸기)	• 좌식 자세를 취하고 호흡 바라보기를 하며 마음의 긴장을 내려놓는다. • 눈을 감고 비경십일맥 가운데 각 (　　)맥의 통로를 마음으로 바라본다. • "(　　)맥을 강하게 운기한다."라는 심법을 걸고 다시 마음으로 바라본다.
3	기운 모으고 돌리기 (기운명상)	• 비경십일맥 각 경맥의 시혈과 종혈에 원기를 모으면서 기감을 느낀다. • 각 경맥의 통로를 원기로 운기하면서 기운의 흐름과 기감을 느낀다. • 각 경맥의 전체 통로를 하나의 원으로 이어서 기운을 강하고 빠르게 돌린다.

(1) 중주대맥주천 운기

　중주대맥주천 운기는 옥당혈玉堂穴을 중심으로 중주대맥 통로로 운기를 진행한다. 중주대맥은 가슴을 중심으로 도는 경맥으로 시혈·종혈은 옥당혈이다. 먼저 중주대맥을 바라보기 한 다음 옥당혈에 원기를 모은다. 옥당혈에 원기가 가득 모이면 중주대맥주천 운기를 시작한다. 원기가 옥당혈을 중심으로 왼쪽 가슴선을 따라 타원을 그리면서 운행을 시작하여 한 바퀴 돈 다음 다시 옥당혈에 도달하면 중주대맥주천 운기가 끝난다. (**〈그림 14〉** 참조)

　중주대맥주천 운기는 호흡기 횡격막의 흐름과 관련이 있다. 중주대맥주천 운기 순환이 원활하면 답답함, 우울증, 만성피로, 울화, 분노, 짜증, 심혈관질환 치유에 도움이 될 수 있다.

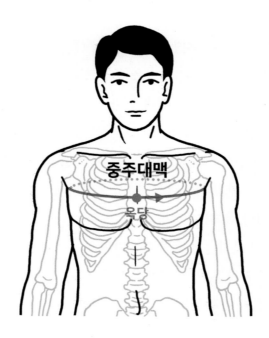

〈그림 14〉 중주대맥(운기 : 옥당 → 옥당)

중주대맥

옥당

(2) 상주대맥주천 운기

상주대맥주천 운기는 인당혈印堂穴을 중심으로 상주대맥 통로로 운기를 진행한다. 상주대맥은 이마 미간을 중심으로 도는 경맥으로 시혈·종혈은 인당혈이다. 먼저 상주대맥을 바라보기 한 다음 인당혈에 원기를 모은다. 인당혈에 원기가 가득 모이면 상주대맥주천 운기를 시작한다. 원기가 인당혈을 중심으로 왼쪽 이마선을 따라 타원을 그리면서 운행을 시작하여 한 바퀴 돈 다음 다시 인당혈에 도달하면, 상주대맥주천 운기가 끝난다. **(〈그림 15〉 참조)**

상주대맥주천 운기 순환이 원활하면 스트레스 상승, 뇌 기능 저하, 두통, 어지럼증, 집중력 저하, 환각, 환청 치유에 도움이 될 수 있다.

〈그림 15〉 상주대맥(운기 : 인당 → 인당)

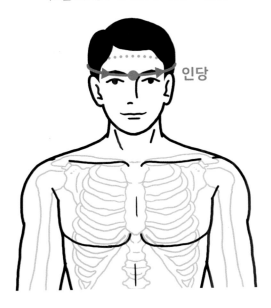

인당

(3) 골반맥주천 운기

골반맥주천 운기는 회음혈會陰穴을 중심으로 골반맥 통로로 운기를 진행한다. 골반맥은 양 골반 안쪽으로 흐르는 경맥으로 시혈·종혈은 회음혈이다. 먼저 골반맥을 바라보기 한 다음 회음혈에 원기를 모은다. 회음혈에 원기가 가득 모이면 골반맥주천 운기를 시작한다. 원기가 회음혈을 중심으로 좌우 골반을 따라 타원을 그리며 비스듬히 양쪽 서혜부 위쪽으로 운행을 시작하여 한 바퀴 돈 다음 다시 회음혈에 도달하면, 골반맥주천 운기가 끝난다.(**〈그림 16〉** 참조)

골반맥은 하주대맥과 함께 허리 근육을 지지해주는 경락으로 아주 중요하다. 특히 골반맥은 골반과 생식기 부위의 횡격막인 골반 횡격막의 움직임과 관련이 있으며, 림프구의 흐름에도 관여한다. 골반 횡격막의 원활한 움직임은 가슴 횡격막과 두개골 경막에 영향을 주어 뇌하수체의 흐름을 원활하게 하고 면역기능 향상에도 이바지한다.

골반맥주천 운기 순환이 원활하면 뇌하수체의 흐름 저하, 면역기능 저하, 난소질환, 변비, 치질, 설사, 전립선 질환 치유에 도움이 될 수 있다.

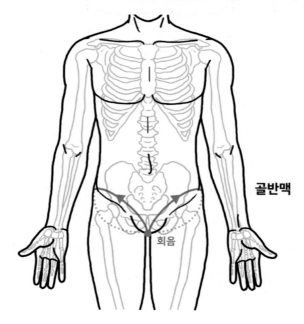

〈그림 16〉 골반맥(운기 : 회음 → 회음)

골반맥

회음

(4) 슬맥주천 운기

　슬맥주천 운기는 위중혈委中穴을 중심으로 슬맥 통로로 운기를 진행한다. 슬맥은 무릎을 중심으로 흐르는 경맥으로 시혈·종혈은 위중혈이다. 먼저 슬맥을 바라보기 한 다음 위중혈에 원기를 모은다. 위중혈에 원기가 가득 차면 슬맥주천 운기를 시작한다. 원기가 양쪽 무릎 안쪽에서 바깥쪽으로 타원을 그리며 운행을 시작하여 한 바퀴 돈 다음 다시 위중혈에 도달하면 슬맥주천 운기가 끝난다.(**〈그림 17〉** 참조)

　슬맥주천 운기 순환이 원활하면 무릎 통증, 류머티즘성 관절염, 하지정맥류, 무릎 연골염증, 무릎인대 기능 저하 치유에 도움이 될 수 있다.

〈그림 17〉 슬맥(운기 : 위중 → 위중)

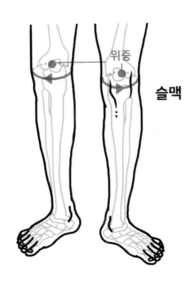

(5) 족맥주천 운기

족맥주천운기는 태계혈太谿穴을 중심으로 족맥 통로로 운기를 진행한다. 족맥은 발목을 중심으로 흐르는 경맥으로 시혈·종혈은 태계혈이다. 먼저 족맥을 바라보기 한 다음 태계혈太谿穴에 원기를 모은다. 태계혈에 원기가 가득 차면 족맥주천 운기를 시작한다. 원기가 양쪽 발목 안쪽에서 바깥쪽으로 타원을 그리며 운행을 시작하여 한 바퀴 돈 다음 다시 태계혈에 도달하면 족맥주천 운기가 끝난다.(**<그림 18>** 참조)

족맥주천 운기 순환이 원활하면 발목 통증, 발목 관절염, 발목 터널 증후군, 발목 염좌, 발목인대 기능 저하 치유에 도움이 될 수 있다.

<그림 18> 족맥(운기 : 태계 → 태계)

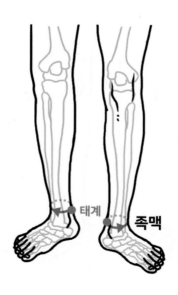

(6) 후맥주천 운기

　후맥주천 운기는 천돌혈天突穴을 중심으로 후맥 통로로 운기를 진행한다. 후맥은 목을 중심으로 흐르는 경맥으로 시혈·종혈은 천돌혈이다. 먼저 후맥을 바라보기 한 다음 목의 천돌혈에 원기를 모은다. 천돌혈에 원기가 가득 차면 후맥주천 운기를 시작한다. 원기가 목을 중심으로 왼쪽으로 타원을 그리면서 횡으로 운행을 시작하여 한 바퀴 돈 다음 다시 천돌혈에 도달하면 후맥주천 운기가 끝난다. (**<그림 19>** 참조)

　후맥은 어깨와 목, 갑상선과 관련이 깊다. 따라서 후맥주천 운기 순환이 원활하면 목 근육의 경직과 통증, 두통, 어깨통증, 갑상선질환 치유에 도움이 될 수 있다.

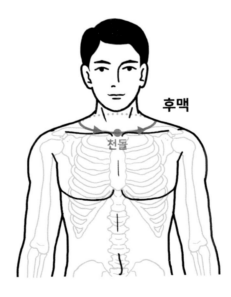

<그림 19> 후맥(운기 : 천돌 → 천돌)

(7) 견맥주천 운기

견맥주천 운기는 극천혈極泉穴을 중심으로 견맥 통로로 운기를 진행한다. 견맥은 어깨를 중심으로 흐르는 경맥으로 시혈·종혈은 극천혈이다. 먼저 견맥을 바라보기 한 다음 겨드랑이 안쪽의 극천혈에 원기를 모은다. 극천혈에 원기가 가득 차면 견맥주천 운기를 시작한다. 원기가 극천혈에서 어깨를 중심으로 몸 안쪽과 어깨 위쪽으로 타원을 그리면서 운행을 시작하여 한 바퀴 돈 다음 다시 극천혈에 도달하면 견맥주천 운기가 끝난다.(<그림 20> 참조)

견맥은 주로 어깨 부위와 밀접한 관련이 있다. 견맥주천 운기 순환이 원활하면 견비통, 오십견, 림프구 순환 저하, 심혈관질환, 손가락과 손목 저림 현상 치유에 도움이 될 수 있다.

<그림 20> 견맥(운기: 극천 → 극천)

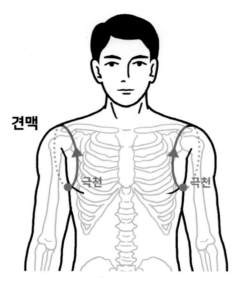

(8) 주맥주천 운기

주맥주천 운기는 곡택혈曲澤穴을 중심으로 주맥 통로로 운기를 진행한다. 주맥은 팔꿈치를 중심으로 흐르는 경맥으로 시혈·종혈은 곡택혈이다. 먼저 주맥을 바라보기 한 다음 팔꿈치 안쪽에 있는 곡택혈에 원기를 모은다. 곡택혈에 원기가 가득 차면 주맥주천 운기를 시작한다. 원기가 곡택혈에서 양쪽 팔꿈치 바깥쪽으로 운행을 시작하여 한 바퀴 돈 다음 다시 곡택혈에 도달하면 주맥주천 운기가 끝난다.(〈그림 21〉 참조)

주맥주천 운기 순환이 원활하면 팔꿈치 통증, 팔꿈치 근육 이상 증상 치유에 도움이 될 수 있다.

〈그림 21〉 주맥(운기 : 곡택 → 곡택)

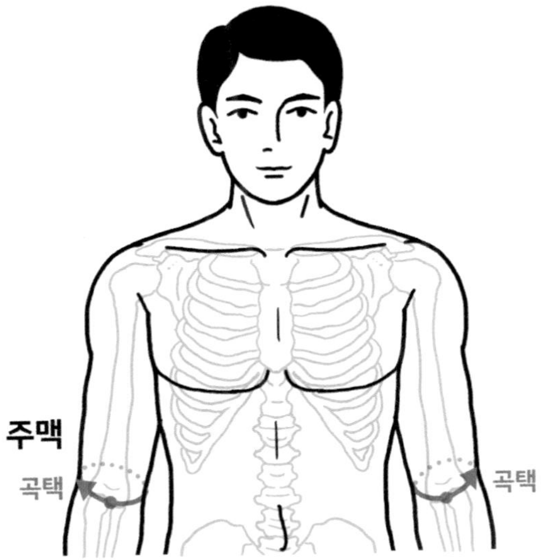

(9) 수맥주천 운기

　수맥주천 운기는 대릉혈大陵穴을 중심으로 수맥 통로로 운기를 진행한다. 수맥은 손목을 중심으로 흐르는 경맥으로 시혈·종혈은 대릉혈이다. 먼저 수맥을 바라보기를 한 다음 손목 안쪽에 있는 대릉혈에 원기를 모은다. 대릉혈에 원기가 가득 차면 수맥주천 운기를 시작한다. 원기가 대릉혈에서 손목 바깥쪽으로 운행을 시작하여 한 바퀴 돈 다음 다시 대릉혈에 도달하면 수맥주천 운기가 끝난다.(**〈그림 22〉** 참조)

　수맥주천 운기 순환이 원활하면 손목 통증, 손목 터널증후군, 손목 저림, 손가락 저림 현상 치유에 도움이 될 수 있다.

〈그림 22〉 수맥(운기 : 대릉 → 대릉)

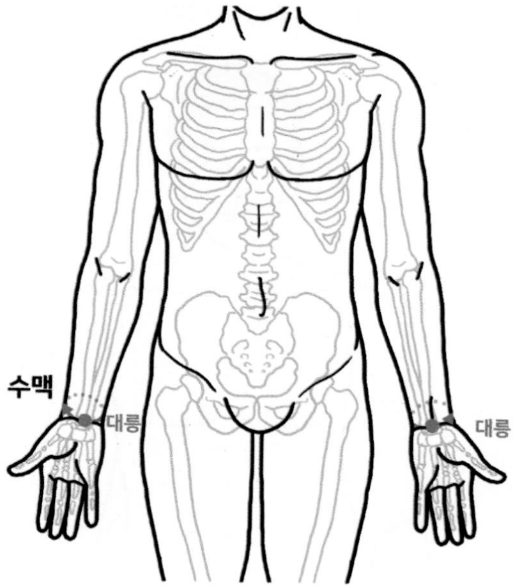

수맥　대릉　　　　　　　　대릉

(10) 이맥주천 운기

이맥주천 운기는 풍부혈風府穴을 중심으로 이맥 통로로 운기를 진행한다. 이맥은 턱을 중심으로 한 바퀴 흐르는 경맥으로 시혈·종혈은 풍부혈이다. 먼저 이맥을 바라보기를 한 다음 턱 뒤쪽에 있는 풍부혈에 원기를 모은다. 풍부혈에 원기가 가득 차면 이맥주천을 운기한다. 원기가 아래턱을 중심으로 운행을 시작하여 한 바퀴 돈 다음 다시 풍부혈에 도달하면 이맥주천 운기가 끝난다. (〈그림 23〉 참조)

이맥은 경추와 후두골이 만나는 경맥으로 뇌로 향하는 혈액순환 및 내분비 기능과 관련이 깊다. 이맥주천 운기 순환이 원활하면 두통, 불면증, 우울증, 지적장애, 틱 장애, 정신병, 뇌성마비, 자폐증, 언어장애의 치유에 도움이 될 수 있다.

〈그림 23〉 이맥(운기 : 풍부 → 풍부)

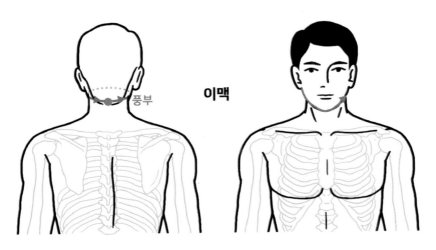

(11) 두맥주천 운기

두맥주천 운기는 풍지혈風池穴을 중심으로 두맥 통로로 운기를 진행한다. 두맥은 머리를 중심으로 양쪽으로 흐르는 경맥으로 시혈·종혈은 풍지혈이다. 먼저 두맥을 바라보기를 한 다음 목 뒤쪽의 풍지혈에 원기를 모은다. 풍지혈에 원기가 가득 차면 두맥주천 운기를 시작한다. 원기가 풍지혈에서 아래턱과 광대뼈와 눈을 지나 뒷머리를 돌아서 다시 풍지혈로 돌아오면 두맥주천 운기가 끝난다.(**〈그림 24〉** 참조)

두맥은 뇌의 두개골과 직접 연관이 있는 경맥이다, 두맥주천 운기 순환이 원활하면 뇌척수액의 흐름이 원활해지고 후두골의 기혈이 잘 순화되어 두통, 시력장애, 우울증, 불면증, 지적장애, 틱 장애, 정신병, 언어장애, 뇌성마비, 자폐증의 치유에 도움이 될 수 있다.

두맥주천 운기가 완료된 이후 중주대맥에서 두맥까지 비경십일맥주천 전체 운기 속도가 평균 2분 이내에 이르도록 비경십일맥주천을 반복하여 운기한다. 그러면 비로소 비경십일맥주천이 완성되며 다음 단계인 칠단전 축기와 칠주천 운기 단계로 넘어간다.

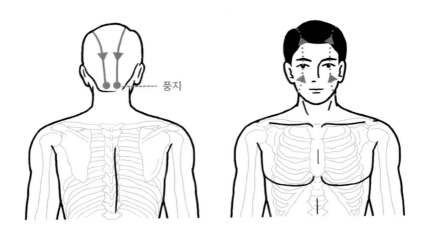

〈그림 24〉 두맥(운기 : 풍지 → 풍지)

풍지

6. 칠단전 축기와 칠주천 운기

1) 칠단전 축기

칠단전 축기 과정에서는 오단전에 이어 추가로 백회혈에 백회단전을, 회음혈에 회음단전을 형성한다. 먼저 백회단전(백회혈)을 마음 바라보기 한 다음 원기를 가득 채운다. 백회단전을 형성하고 원기를 가득 채운 후, 같은 방법으로 회음단전(회음혈)을 형성하고 원기를 가득 채운다. 백회단전과 회음단전을 동시에 바라보면 원기를 채우는 수련을 진행해도 무방하다. (〈그림 25〉 참조)

〈그림 25〉 칠단전 축기도

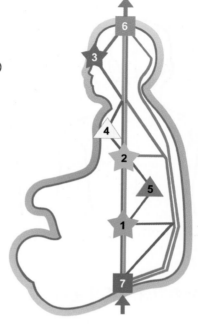

1. 삼태극단전 (석문·기해·관원)
2. 옥당단전
3. 인당단전
4. 중부단전 (남우, 여좌)
5. 일월단전 (남좌, 여우)
6. 백회단전
7. 회음단전

〈표 14〉 칠단전 축기 수련방법

순서	구분	칠단전 축기 수련방법
1	몸 움직이기 (몸명상)	• 삼태극단공(인단공)을 하면서 몸 바라보기를 하며 긴장을 푼다. 그리고 호흡 바라보기를 하며 이완을 한다. • 체조, 기공, 삼태극무(태극무), 굴신단공은 수련단계와 상관없이 기본 수련과 함께 실시한다.
2	마음 바라보기 (마음명상 :심법 걸기)	• 좌식 자세를 취하고 호흡 바라보기를 하며 마음의 긴장을 내려놓는다. • 눈을 감고 백회단전과 회음단전을 마음으로 바라보고 집중한다. • "우주의 원기를 호흡을 통해 백회단전과 회음단전에 가득 채운다."라고 심법을 걸고 마음으로 바라본다.
3	기운 모으고 돌리기 (기운명상)	• 백회단전과 회음단전에 기운을 느끼면서 원기를 가득 모은다.

2) 칠주천 운기

　칠단전(삼태극단전, 옥당단전, 인당단전, 중부단전, 일월단전, 백회단전, 회음단전)을 중심으로 각 단전 간의 기운 통로와 임·독맥을 동시에 운기한다. 이를 칠주천 운기라고 부른다. 일월단전과 회음단전을 비롯하여 칠단전 전체를 축기하여 기운을 가득 채운 다음 칠단전을 중심으로 칠주천를 진행한다.

　칠주천부터는 임·독맥 통로를 기본으로 운기하되 천돌에서 각각 두 갈래로 나누어 동시에 운기한다. 해당 단전에서 임·독맥 운기와 칠주천이 동시에 진행되는 것이다.

☞ 칠주천 통로 : 백회단전에서 인당단전을 거쳐 천돌에서 중부단전으로 갈라졌다가 다시 옥당단전에서 만나 거궐에서 일월단전을 거쳐 다시 중완으로 합류하여 삼태극단전 회음단전으로 진행된다.

※ 백회단전 → 인당단전 → (천돌) → 중부단전 → 옥당단전 → (거궐) → 일월단전 → (중완) → 삼태극단전 → 회음단전

　수련 시 삼태극단전의 원기를 임·독맥 경로를 따라 아래쪽 회음 방향으로 운기하되 원기가 백회단전, 인당단전을 지나 천돌에 도달하면 임맥통로와 중부단전 두 갈래로 나누어 운기한다. 원기가 다시 옥당단전을 지나 거궐에서 다시 임맥과 일월단전 두 갈래로 나누어 운기하다가 중완에서 다시 만나 삼태극단전, 회음단전으로 진행된다. 칠주천 운기 속도가 평균 2분 이내에 이르게 되면 다음 단계인 목욕명상 과정으로 넘어간다.

순서	구분	칠주천 운기
1	몸 움직이기 (몸명상)	• 삼태극단공(인단공)을 하면서 몸 바라보기를 하며 긴장을 푼다. 그리고 호흡 바라보기를 하며 이완을 한다. • 체조, 기공, 삼태극무(태극무), 굴신단공은 기본 수련과 함께 실시한다.
2	마음 바라보기 (마음명상 :심법 걸기)	• 좌식 자세를 취하고 호흡 바라보기를 하며 마음의 긴장을 내려놓는다. • 칠단전(삼태극단전, 옥당단전, 인당단전, 백회단전, 중부단전, 일월단전, 회음단전)과 원소주천 통로를 마음으로 바라본다. • "원소주천 통로를 통하여 칠단전을 강하게 운기한다."라는 심법을 걸고 마음으로 바라본다.
3	기운 모으고 돌리기 (기운명상)	• 칠단전과 원소주천 통로를 하나의 원처럼 연결하여 기운의 흐름을 느끼면서 강하게 운기한다.

7. 목욕명상

1) 개요

목욕명상沐浴瞑想은 온몸을 기운으로 적셔서 밝고 맑게 정화하고 치유하는 명상이다. '목沐'은 불안전한 강한 양의 원기가 원소주천을 하면서 백회에 이르러 음의 원기를 만나 조화를 이루어 순수한 양의 기운인 순양純陽이 만들어진 원액이 머리 부분부터 적셔지기 시작하는 것이다. '욕浴'은 안정된 순양의 원액이 머리에서 몸 전체로 적셔져 내려오는 과정이다. 목욕명상은 ① 원액축기元液蓄氣, ② 원액점류元液漸流, ③ 원액환단元液幻丹의 세 과정으로 이루어져 있다.

목욕명상은 여러 수련과정 가운데 마음과 몸의 치유에 가장 효력이 높은 명상으로 목욕명상을 통해 온몸이 환골탈태換骨奪胎하게 된다. 환골탈태란 몸에 있는 사기와 탁기, 병적인 기운이 다 빠져나가면서 맑아지는 과정을 말한다. 이때 마음속의 부정적 트라우마가 해소되거나 몸이 좋아지는 호전반응과 명현반응 등이 나타날 수 있으나 시간이 지나 기운이 정화되면 괜찮아진다.

2) 목욕명상과 유사한 수련법

목욕명상과 유사한 수련법은 중국 불교 천태종의 창시자 천태지의 선사의 편만식遍滿息과 일본 불교 임제종 백은(하쿠인)선사의 연소법軟酥法, 미국 존 카밧진 박사의 마음챙김명상MBSR(Mind Based Stress Reduction)의 바디 스캐닝Body Scanning, 한국 도화재 한당 선생의 온양溫養 수련 등이 있다.

(1) 편만식과 연소법

편만식은 천태지의 선사의 저서 『선문구결禪門口訣』에서 아래와 같이 선병 치유법을 제시하였다.

"먼저 마음을 편안하게 한 후 호흡을 이용하여 머리에서부터 기를 모았다가 등과 척추, 뼛속 등 온몸으로 골고루 기운을 쏟아 내리고 퍼지게 함으로써 몸과 마음이 편안해지고 병이 치유된다."

연소법은 백은선사가 참선하면서 겪은 선병들을 치유하고자 내세운 것으로 편만식과 비슷하나 좀 더 구체적이고 세밀하게 소개되어 있다. 백은선사가 제시한 선병의 종류는 상기증上氣症, 폐조증肺燥症, 양족냉증兩足冷症, 이명증耳鳴症, 간담허증肝膽虛症, 공포증恐怖症, 피곤증疲困症, 환시증幻視症, 다한증多汗症, 목한증目寒症의 10가지이다.

이 병들에 대한 치유법인 연소법의 '연소'라는 말의 어원은 인도에서 유래했다고 한다. 연소는 인도에서 우유가 숙성되어 만들어진 기름을 말하는 것인데, 열병과 여러 질환 치료에 가장 효과가 좋았다고 한다. 연소를 다른 말로 '소유酥油' 혹은 '소酥'라고도 불렀다. 따라서 연소법은 그만큼 몸을 치료하는 좋은 약물 치유법이란 의미가 담겨 있는 것이다.

특히 백은선사는 그의 저서 『야선한화夜船閑話』에서 수행자가 좌선하다가 병의 증세가 느껴지거나 피곤하면 바로 선 수행을 중지하고 아래와 같은 방법으로 연소법을 행하라고 하였다.

"빛과 향기보다 더 청정한 연소가 오리알만한 크기로 머리 위에 있다고 생각하면 지극히 기분이 미묘하여 둥근 머리 전체를 적시며 천천히 내려와 차츰 양쪽 어깨, 양팔, 양 젖가슴 사이, 폐, 간, 위, 척추, 엉덩이로 적시면서 흘러간다. 이렇게 해서 병이 심기心氣의 내림에 따라 내려가는 것이 마치 물이 아래로 흘러내리는 것과 같다. 이는 역력히 소리를 내면서 전신을 돌며 흘러 양다리를 적시고 또한 따뜻하게 하여 발바닥 한가운데 족심足心인 용천혈에 가서 멈춘다."

그리고 그의 다른 저서인 『원라천부遠羅天釜』에서는 연소법은 다른 말로 '연소압란법軟酥鴨卵法'이라고 한다고 하며 그 치유 방법을 아래와 같이 밝히고 있다. 만약 치유가 부족하거나 완쾌되지 않으면 이러한 의념을 가지고 반복하여 행한다고 하였다.

"둥글게 새롭게 갓 태어난 오리알만한 크기의 환약이 머리 위에 놓여 있다고 생각하거나 혹은 '연소압란'만큼의 둥글고 진기한 환약이 자연스레 공중에 나타나서 머리 위에 놓여 있다고 생각하라. 그리고 이 양과 맛은 미묘하여 차츰 체온에 녹아서 흘러가기 시작하여 머리뼈와 관자놀이 구석구석까지 적시고 흠뻑 잠겨 물이 스며들 듯이 내려간다.

그리고 두 어깨, 두 팔꿈치, 가슴, 겨드랑이 아래, 폐, 심장, 간장, 위, 장, 척추를 적시고 아래로 흘러서 허리뼈를 흠뻑 적시면서 천천히 아래로 흘러간다. 이때 가슴속에 쌓일 수 있는 상념과 고통은 마음을 따라서 내려가는데, 물밑으로 흘러

내리듯이 졸졸 소리를 내면서 가는 듯이 여겨진다. 이처럼 해서 온몸을 담그고 적시며 흘러내려 두 다리를 따뜻이 하고 발바닥까지 가서 멈추면 거기에 모인다."

(2) 마음챙김명상MBSR

한편, 마음챙김명상MBSR은 미국 불교 수행자였던 존 카밧진 박사가 불교 위파사나 수행에 기반을 두어 만든 마음챙김 수행이자 스트레스 완화 프로그램이다. 마음챙김명상에는 연소법과 비슷한 바디 스캔 프로그램이 있다.

바디 스캔은 자신의 온몸 각 부분에 주의를 기울이는 마음챙김명상으로 몸의 치유에 효과적이다. 방법은 몸의 각 부분인 눈, 코, 입, 가슴, 팔, 손목, 손바닥, 아랫배, 골반, 다리, 허벅지, 무릎, 종아리, 발목, 발가락, 발바닥 등을 호흡과 함께 감각을 알아차리고 느끼면서 지켜보는 것이다. 바디 스캔도 편만식, 연소법과 같이 몸 전체를 바라보면서 전반적으로 스캐닝하는 것으로 방식은 서로 비슷하게 보인다.

(3) 온양수련

위 치유법들이 불교사상에 바탕하여 몸을 의념으로 관하는 공통점이 있다면, 한당 선생의 치유법인 온양수련은 선도 내단 수행의 원리인 주역의 '음양' 사상에 바탕하여 마음의 집중과 아울러 기운의 운용을 함께 하고 있음이 사뭇 다른 점이다.

한당 선생은 그의 저서 『천서』에서 온양 이전 단계의 호흡을 통한 운기수련은 뜨거운 불의 기운인 양화陽火로만 이루어져 불안정하기 때문에 온양수련이 필요하다고 역설했다. 즉, 양화가 차가운 기운인 음수陰水를 만나 조화를 이루어야 하는데, 음수는 백회 니환궁泥丸宮에 존재한다고 보았다. 따라서 하단전에서 뭉친 기운을 등 뒤의 독맥 경락을 통해 백회에 모으면, 양화의 기운이 백회에서 음화의 기운을 만나 차갑고 시원한 기운으로 변하여 아래로 서서히 적셔 내려오게 된다.

이 기운이 얼굴로 내려오면 입안에는 단침이 돌고 코에는 시원하고 독특하고 맑은 향기가 감돈다. 그렇게 점차 목, 어깨, 가슴, 골반, 무릎으로 흘러내려 엄지발가락까지 다 적시게 되면 백회혈 니환에서 작은 공 같은 것이 상단전 인당으로 미끄러지듯이 떨어지는 것을 느낄 수 있다. 이런 현상은 물과 불의 기운이 조화되어 구슬이 형성되는 과정으로 한당 선생은 이때 비로소 몸속에서 진기가 자동으로 생성된다고 보았다.

저자도 한당 선생의 온양수련을 경험하였는데, 이 과정에서 몸의 호전반응, 명현증상이 많이 나타났고, 시간이 지남에 따라 몸의 병고가 많이 감소하였다. 그리고 다른 수행자들도 이 과정에서 몸의 치유가 많이 일어나는 것을 볼 수 있었다. 온양수련 중 입에는 맑은 단침이 고이고, 코에는 상쾌하고 좋은 향기가 진동하였는데, 이는 뇌하수체의 치유과정에서 생기는 현상이라고 볼 수 있다. 그리고 마침내 온양이 끝나자 작은 구슬이 머리 위에서 이마의 인당으로 흘러서 떨어지는 것이었다.

위에 제시한 여러 가지 치유법은 그 내용은 조금씩 달라도 전반적으로 서로 연관되어 있고, 치유에 탁월한 효능이 있다. 따라서 저자도 이러한 사실에 근거하여 좀 더 그 과정을 발전시키고 구체화한 치유법으로 목욕명상을 제시하고자 한다.

2) 목욕명상 수련방법

(1) 원액축기

원액축기는 백회단전에 원기를 가득 채워 음양 기운의 조화 결정체인 원액을 만드는 과정으로 2가지 방법이 있다. 첫째, 삼태극단전의 원기를 백회단전으로 보내 채우는 것이다. 단전 바라보기와 기운 모으기를 통하여 삼태극단전에 원기를 모은 다음 회음단전에서 등 뒤의 독맥을 따라 백회단전까지 바라보기를 여러 번 한다.

그리고 호흡을 하면서 삼태극단전에 가득 찬 원기를 독맥 통로로 보내서 백회단전에 강하게 원기를 모은다. 이때 원기가 백회단전을 넘어서지 않도록 주의한다. 이후 마음을 삼태극단전에 30%, 백회단전에 70% 정도 나누어 바라보기를 하면서, 호흡을 지속해 나가 백회단전에 원기를 가득 채우면 된다.

두 번째는, 이미 백회단전이 만들어진 상태이기에 바로 백회단전에 집중적으로 원기를 가득 채우는 것이다. 어느 방법이든 효과는 같다.

수련은 항상 기본을 바탕으로 창의적으로 다양하게 하는 것이 좋다.

백회단전에 오랫동안 축기를 하면 원기가 가득 차게 되고, 이때 모인 뜨거운 원기는 백회단전에 머물면서 우주의 순수하고 차가운 음기를 흡수해 조화를 이루어 순수한 양의 기운인 순양의 원액이 만들어지게 된다.

<표 16> 원액축기 수련방법

순서	구분	원액축기
1	몸 움직이기 (몸명상)	• 삼태극단공(인단공)을 하면서 몸 바라보기를 하며 긴장을 푼다. 그리고 호흡 바라보기를 하며 이완을 한다. • 체조, 기공, 삼태극무(태극무), 굴신단공은 기본 수련과 함께 실시한다. • 좌식 자세를 취한 후 양손은 엄지와 검지를 원형으로 붙이고 손바닥이 하늘로 가게 하여 무릎 위에 편안히 올려놓고 몸 전체를 바라보며 몸의 긴장을 내려놓는다.
2	마음 바라보기 (마음명상 :심법 걸기)	• 마음을 바라보며 편안하게 이완한다. • 눈을 감고 마음으로 삼태극단전과 백회단전을 동시에 마음으로 바라본다. • "삼태극단전의 원기를 회음단전을 거처 독맥을 통해 백회단전에 가득 채운다."라고 심법을 걸고 마음으로 바라본다. 또는 "백회단전에 원기를 가득 채우고 마음으로 바라본다."라고 해도 된다.
3	기운 모으고 돌리기 (기운명상)	• 백회단전을 바라보며 기운이 모이는 기감에 집중하면서 호흡을 통해 원기를 가득 채운다.

(2) 원액점류

원액점류는 머리끝에서 발끝까지 몸 전체를 마음으로 바라보면서 백회단전의 원액을 흘러내리게 해 차례로 온몸을 다 적시는 과정이다.

원액축기를 통해 만들어진 원액이 백회단전에 가득 고이게 되면 점차 정수리에서 흘러넘쳐 이마, 눈썹, 귀, 코, 입, 목, 어깨 순으로 흘러내리게 된다. 이렇게 온몸이 원액으로 적셔지면서 몸과 마음이 정화되는 환골탈태 현상이 나타난다. 특히 몸의 안 좋은 부분에 원액이 적셔지면 수련이 약간 정체되면서 호전반응이 나타난다.

호전반응은 아팠던 증상이 다시 나타나서 시간이 지남에 따라 완전히 회복되는 것을 말하는데, 통증, 발열, 발진, 기침, 구토, 몸살 등의 증상을 동반한다. 이때는 자연 치유 과정이라 양약을 먹어도 효과가 미미하다. 호전반응이 없는 경우 눈이 맑아지고 시력이 밝아지기도 하며, 입에 단침이 고여 삼켜 내리면 위장이 좋아지기도 한다. 머리가 상쾌하고 시원하며 때론 향긋한 향기가 나기도 한다. 원액이 가슴 부분을 적실 때는 심장이 답답하거나 먹먹하기도 하나 지나고 나면 편안해진다.

그리고 원액이 위장을 통과할 시 구토와 트림을 하거나 가스가 배출되기도 하고, 아랫배에 이르게 되면 설사, 가스배출 등의 증상이 나타나기도 한다. 이후 허벅지, 무릎, 발목, 발가락 순으로 진행이 되는데, 간혹 무릎이나 발목이 안 좋았던 수행자는 약간의 묵직함을 동반한 통증 이후 호전된다. 발가락 순환이 안 된 경우 가려움증이 나타나기도 하고, 갱년기 증상이 있던 경우 발바닥이 뜨겁다가 호전되어 정상으로 돌아온다. 팔, 팔목, 손목, 손바닥도 원액이 흐르는 과정에 따라 똑같은 현상이 나타난다.

목욕명상의 원액점류 과정에서 간혹 무의식에 잠재된 부정적 트라우마와 억눌린 감정(분노, 슬픔, 우울, 공포)들이 나타났다가 사라지면서 마음과 감정이 풀리고 좋아지기도 한다.

〈표 17〉 원액점류 수련방법

순서	구분	원액점류
1	몸 움직이기 (몸명상)	• 삼태극단공(인단공)을 하면서 몸 바라보기를 하며 긴장을 푼다. 그리고 호흡 바라보기를 하며 이완을 한다. • 체조, 기공, 삼태극무(태극무), 굴신단공은 기본 수련과 함께 실시한다. • 좌식 자세를 취하고 양손은 손바닥이 하늘로 가게 하여 무릎 위에 편안히 올려놓고 몸 전체를 바라보며 긴장을 내려놓는다.
2	마음 바라보기 (마음명상 :심법 걸기)	• 마음을 바라보며 편안하게 이완한다. • 눈을 감고 "백회단전에 가득 찬 원기가 넘쳐서 서서히 몸으로 흘러내린다."라고 심법을 걸고 마음으로 바라본다. • 머리, 이마, 어깨, 가슴, 배, 허리, 골반, 무릎, 종아리, 발목, 발끝 순으로 몸 전체를 단계적으로 편안하게 마음으로 바라본다.
3	기운 모으고 돌리기 (기운명상)	• 머리부터 적셔 내려오는 원액의 흐름을 몸으로 느끼면서 호흡을 통해 계속 백회단전에 원기를 강하게 모은다.

(3) 원액환주

원액점류의 과정이 완전히 끝나 몸 전체에 원액이 가득 차면 백회단 전에 순수한 순양과 순음의 조화 결정체인 태극명주太極明珠가 맺힌 다. 즉, 몸에 음양의 조화가 다 이루어져 원액이 작은 구슬로 바뀌어 태극명주가 형성되는 것이다. 이후 태극명주는 백회단전에서 인당단 전으로 흘러 들어가게 되는데 이 과정을 원액환주라고 한다.

간혹 원액이 발끝까지 흘러갔다고 해도 수행자가 마음을 조급히 먹어 마음 바라보기를 빨리 끝내 버리거나 급하게 한 경우에는 몸 전체 구석구석에 원액이 다 채워질 때까지 태극명주가 형성되지 않는다. 따라서 목욕명상 수련을 하는 수행자는 마음을 비우고 편안하고 여유롭게 몸을 바라보면서 흘러가는 원액의 흐름을 앞서가지 말고 천천히 함께 가야 한다.

또한 병의 뿌리가 깊어 치유에 원액이 많이 사용되는 경우 태극명주가 맺어지는 시간이 오래 걸릴 수가 있다. 건강한 부위에서는 빨리 흘러가고, 아픈 부위에서는 더디게 가는 것이 원액의 흐름이니, 자연 치유의 흐름에 맡겨야 할 것이다.

〈표 18〉 원액환주 수련방법

순서	구분	원액환주
1	몸 움직이기 (몸명상)	• 삼태극단공(인단공)을 하면서 몸 바라보기를 하며 긴장을 푼다. 그리고 호흡 바라보기를 하며 이완을 한다. • 체조, 기공, 삼태극무(태극무), 굴신단공은 기본 수련과 함께 실시한다. • 좌식 자세를 취하고 양손은 손바닥이 하늘로 가게 하여 무릎 위에 편안히 올려놓고 몸 전체를 바라보며 긴장을 내려놓는다.
2	마음 바라보기 (마음명상 :심법 걸기)	• 마음의 긴장을 풀고 편안하게 이완한다. • 눈을 감고 백회단전과 인당단전을 마음으로 바라본다. • "백회단전에 원기를 가득 채워 구슬을 얻는다."라고 심법을 걸고 마음으로 바라본다.
3	기운 모으고 돌리기 (기운명상)	• 백회단전과 인당단전에서 느껴지는 기운의 흐름을 바라보며 호흡을 통해 백회단전에 계속 원기를 강하게 가득 채운다.

태극명주가 완성되면 이제 음양의 원기가 조화를 이루어 몸에서 자동으로 원기가 생성된다. 또한 원기는 2시간 간격으로 임·독맥 원소주천 통로를 자전하면서 운행한다. 즉, 하루에 12번 저절로 운기가 되며 몸을 정화하는 것이다.

12번의 운기 시간은 자시子時(오후 11시 30분~ 오전 1시 30분) → 축시丑時(오전 1시 30분 ~ 오전 3시 30분) → 인시寅時(오전 3시 30분 ~ 오후 5시 30분) → 묘시卯時(오전 5시 30분 ~ 오전 7시 30분) → 진시辰時;(오전 7시 30분 ~ 오전 9시 30분) → 사시巳時(오전 9시 30분 ~ 오전 11시 30분) → 오시午時(오전 11시 30분 ~ 오후 1시 30분) → 미시未時(오후 1시 30분 ~ 오후 3시 30분) → 신시申時(오후 3시 30분 ~ 오후 5시 30분) → 유시酉時(오후 5시 30분 ~ 오후 7시 30분) → 술시戌時(오후 7시 30분 ~ 오후 9시 30분) → 해시亥時(오후 9시 30분 ~ 오후 11시 30분)이다.

<그림 26> 목욕명상도沐浴瞑想圖는 목욕명상을 알기 쉽게 이해하기 위해 나타내었다.

〈그림 26〉 목욕명상도

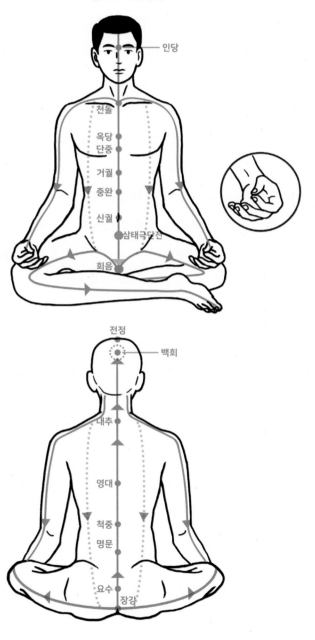

Ⅱ. 열기명상 단계

　열기명상이란 정을 태워서(연정鍊精) 기로 바꾼다(화기化氣)'라는 의미로 이 단계에서는 '정精'을 연마하여 '기氣'로 변화시킨다. 정은 정력으로 음식과 호흡을 통해 만들어진 에너지이다. 정을 호흡을 통해 태워 에너지로 바꾸는 것이다.

　정을 태워 기운으로 바꾸지 못하면 육체적 욕구를 충족하는 데 써버리게 된다. 정을 모두 소모하면 타고난 기가 소진되어 수명이 짧아진다. 정을 잘 보존해서 호흡을 통해 기운을 돌리면 정이 기로 변화해서 건강해지고 오래 살 수 있다.

　열기명상의 과정에 선행되어야 하는 밸런스 명상의 중요한 과정이 바로 '단전' 형성이다. 단전을 솥에 비유한다면, 솥에 있는 물이 '정'에 해당한다. 이 솥을 뜨겁게 달구는 풀무가 바로 '호흡'이라고 할 수 있다. 즉, 단전인 솥에 물을 넣고 풀무질인 호흡을 잘해서 오랜 시간이 지나면 솥의 물이 수증기로 올라가듯이 단전의 정이 '기'로 바뀌어 몸에 돌게 된다. 이것을 '주천화후周天火候'라고 한다.

열기명상에는 **구단전 축기, 구주천 운기, 오중맥대주천 운기와 외오단전 형성, 십일단전 축기, 십일주천 운기, 해·달·별 명상, 십삼단전 축기, 십삼주천 운기, 우주합일 명상, 전신경맥주천 운기, 천지인오행단 성단·주천 운기 과정**이 있다.

구단전 축기와 구주천을 이루고 나면, 몸 전체에 큰 대大 자 형태로 있는 5가지 경맥을 열어 오중맥대주천과 외오단전을 형성하는 단계로 각각 넘어가게 된다. 이 단계를 마치게 되면 천지의 기운과 소통하게 되고 전신의 기력이 아주 강하게 형성된다.

다음으로 십일단전 축기와 십일주천 운기가 이루어지고 이어서 해·달·별 명상 수련과정이 진행된다. 임·독맥 운기에 있어 십삼단전에 포함되지 않은 경혈은 나중에 전신경맥주천의 기경구맥주천과 천지인오행단 경혈 성단 과정에서 별도로 축기와 운기를 한다. 임·독맥에 대한 자세한 설명 또한 전신경맥주천 운기 부분을 참고하기 바란다.

1. 구단전 축기와 구주천 운기

1) 구단전 축기

구단전 축기 과정에서는 칠단전에 이어 추가로 천돌혈에 천돌단전을, 명문혈에 명문단전을 형성하는 것이다. 먼저 천돌단전(천돌혈)을 마음 바라보기 한 다음 원기를 가득 채운다. 천돌단전을 형성한 후 같

은 방법으로 명문단전(명문혈)을 바라보고 원기를 가득 채운다. 천돌단
전과 명문단전을 동시에 바라보며 원기를 채우는 수련을 진행해도 무
방하다. **(〈그림 27〉 참조)**

〈그림 27〉 구단전 축기도

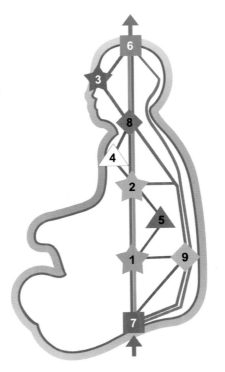

1. 삼태극단전 (석문·기해·관원)
2. 옥당단전
3. 인당단전
4. 중부단전 (남우, 여좌)
5. 일월단전 (남좌, 여우)
6. 백회단전
7. 회음단전
8. 천돌단전
9. 명문단전

순서	구분	구단전 축기
1	몸 움직이기 (몸명상)	• 삼태극단공(인단공)을 하면서 몸 바라보기를 하며 긴장을 푼다. 그리고 호흡 바라보기를 하며 이완을 한다. • 체조, 기공, 삼태극무(태극무), 굴신단공은 기본 수련과 함께 실시한다.
2	마음 바라보기 (마음명상 :심법 걸기)	• 좌식 자세를 취하고 호흡 바라보기를 하며 마음의 긴장을 내려놓는다. • 눈을 감고 천돌단전과 명문단전을 마음으로 바라보고 집중한다. • "우주의 원기를 호흡을 통해 천돌단전과 명문단전에 가득 채운다."라고 심법을 걸고 마음으로 바라본다.
3	기운 모으고 돌리기 (기운명상)	• 천돌단전과 명문단전에 기운을 느끼면서 원기를 가득 모은다.

2) 구주천 운기

구단전(삼태극단전, 옥당단전, 인당단전, 백회단전, 천돌단전, 중부단전, 일월단전, 회음단전, 명문단전)을 중심으로 임·독맥과 각 단전 간의 기운 통로로 동시에 운기한다. 이를 구주천 운기라고 부른다. 천돌단전과 명문단전을 비롯하여 구단전 전체를 축기하여 기운을 가득 채운 다음 구단전을 중심으로 구주천 운기를 진행한다.

구주천 운기는 임·독맥 통로를 기본으로 운기하되 천돌단전과 옥당단전에서 각각 두 갈래로 나누어 동시에 운기한다. 즉, 천돌단전과 명문단전이 추가되었을 뿐 기본적인 운기 통로와 방법은 칠주천과 같다.

※백회단전 → 인당단전 → 천돌단전 → 중부단전 → 옥당단전 → (거궐) → 일월단전 → (중완) → 삼태극단전 → 회음단전 → 명문단전

구주천 운기 속도가 평균 2분 이내가 되면, 다음 단계인 천지의 기운과 통하는 오중맥대주천 운기와 외오단전 형성 과정으로 넘어간다.

〈표 20〉 구주천 운기 수련방법

순서	구분	구주천 운기
1	몸 움직이기 (몸명상)	• 삼태극단공(인단공)을 하면서 몸 바라보기를 하며 긴장을 푼다. 그리고 호흡 바라보기를 하며 이완을 한다. • 체조, 기공, 삼태극무(태극무), 굴신단공은 기본 수련과 함께 실시한다.

2	마음 바라보기
	(마음명상
	:심법 걸기)
		• 좌식 자세를 취하고 호흡 바라보기를 하며 마음의 긴장을 내려놓는다.
		• 구단전(삼태극단전, 옥당단전, 인당단전, 백회단전, 천돌단전,
		  중부단전, 일월단전, 회음단전, 명문단전)과 원소주천 통로를 마음으로
		  바라본다.
		• "구단전을 원소주천 통로를 통하여 강하게 운기한다."라는 심법을
		  걸고 마음으로 바라본다.

3	기운 모으고 돌리기 (기운명상)	• 구단전과 원소주천 통로를 하나의 원처럼 연결하여 기운의 흐름을 느끼면서 강하게 운기 한다.

2. 오중맥대주천 운기와 외오단전 형성

1) 개요

오중맥대주천 운기는 몸에 있는 다섯 개의 외단전, 즉 외오단전을 통해 우주 자연의 기운과 소통하는 수련이다. 외오단전은 좌측 발바닥에 있는 용천단전, 우측 발바닥에 있는 용천단전, 그리고 왼쪽 손바닥에 있는 노궁단전, 오른쪽 손바닥에 있는 노궁단전, 그리고 머리 위에 있는 백회단전이다.

오중맥대주천 운기는 기존의 경맥인 십이정경맥과 기경팔맥을 사용하지 않고 새로운 5가지 경맥을 사용하는데, 이 경맥이 바로 오중맥五中脈이다. 오중맥은 기존 동양의학의 경락도나 해부도에 존재하지 않는, 저자가 개발한 새로운 경맥이다. 기존의 경맥보다 좀 더 깊이 위치한 것으로 우리 몸의 중심을 통과한다. 오중맥에는 ① 정중맥正中脈, ② 좌각중맥左脚中脈, ③ 우각중맥右脚中脈, ④ 좌비중맥左臂中脈, ⑤ 우비중맥右臂中脈이 있다. (**〈그림 28〉** 참조)

- 정중맥은 회음부터 백회까지 정 가운데로 형성된 경맥이다.
- 좌각중맥은 왼쪽 다리 가운데로 형성된 경맥이다.
- 우각중맥은 오른쪽 다리 가운데로 형성된 경맥이다.
- 좌비중맥은 왼쪽 팔 가운데로 형성된 경맥이다.
- 우비중맥은 오른쪽 팔 가운데로 형성된 경맥이다.

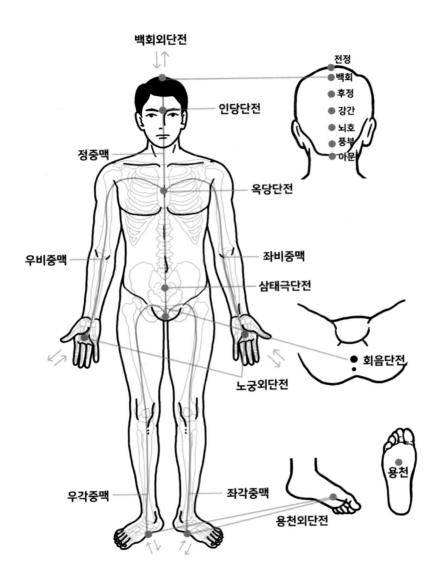

〈그림 28〉오중맥대주천 운기도

백회외단전

인당단전

전정
백회
후정
강간
뇌호
풍부
아문

정중맥

옥당단전

우비중맥

좌비중맥

삼태극단전

회음단전

노궁외단전

용천

우각중맥

좌각중맥

용천외단전

오중맥은 기존의 한의학 경락에는 존재하지 않지만, 태국 전통의학의 센Sen 또는 센 라인Sen Line에서 찾아볼 수 있다. '센'은 태국어로 '선'이라고 하는데 이는 사람 몸에 있는 관이나 맥 혹은 가락이라는 의미를 나타낸다. 이는 인도 전통의학의 나디, 한의학의 경락과 같은 인체의 에너지 통로Energy line이다. 태국 전통의학에서는 인체의 에너지가 흐르는 중요한 10가지 통로를 십센Sib Sen(10가지 에너지 라인 : 10 Energy lines)[22]이라고 한다. (<그림 29> 참조)

<그림 29> 태국 방콕의 와포 사원Wat Pho Temple에 그려진 센 라인 벽화[23]

22) 센 프라탄 십Sen Prathan Sip(10 main energy lines)이라고 부르기도 한다.
23) 사진 출처 : https://www.flickr.com/photos/87933807@N00/55390299(by Ryan Harvey)

태국 전통의학의 10가지 에너지 통로인 십센은 ① 이다Ida/Ittha, ② 핑갈라Pingala/Pingkhala, ③ 수마나Sumana, ④ 칼라트하리Kalatharee/Kalathari, ⑤ 사하트사랑시Sahatsarangsi, ⑥ 타와리Tawaree/Thawari, ⑦ 라우상Lawusang, ⑧ 울랑가Ulanga/Ulangka, ⑨ 난타카와트Nantakwat/Nanthakrawat, ⑩ 키트차Kitcha/Khitchanna이다. 모두 하단전이 있는 배꼽을 중심으로 경락이 펼쳐져 있는 점이 특이하다.

이 십센 가운데 오중맥대주천 통로인 오중맥과 연관된 것은 수마나 라인Sen Sumana과 칼라트하리 라인Sen Kalatharee, Kalathari이다. 수마나 라인은 오중맥 가운데 정중맥과 유사하며 그 경로는 배꼽에서 시작해 직선으로 올라가 목구멍 안으로 들어가 혀의 하단부에서 끝난다고 한다. 그리고 칼라트하리 라인은 오중맥 가운데 정중맥을 제외한 나머지 4중맥인 좌각중맥, 우각중맥, 좌비중맥, 우비중맥과 유사하다. 칼라트하리 라인의 경로는 배꼽에서 시작하여 네 개의 에너지 선으로 갈라진다.

두 에너지 선은 서혜부를 지나 넓적다리와 종아리 안쪽을 따라 주행하여 발가락에서 끝난다. 나머지 두 선은 배꼽에서 시작하여 가슴을 지나 어깨로 주행하고 위팔, 아래팔, 정중앙을 따라 손가락에서 끝난다.

오중맥은 하단전을 중심으로 양 발바닥의 좌우 용천단전과 양 손바닥의 좌우 노궁단전을 X자로, 하단전에서 머리 중앙 위의 백회단전을 직선으로 각각 연결하는데, 이 점은 태국 전통의학의 센 라인 경로와 비슷하다고 하겠다. **(<그림 30>** 참조**)**

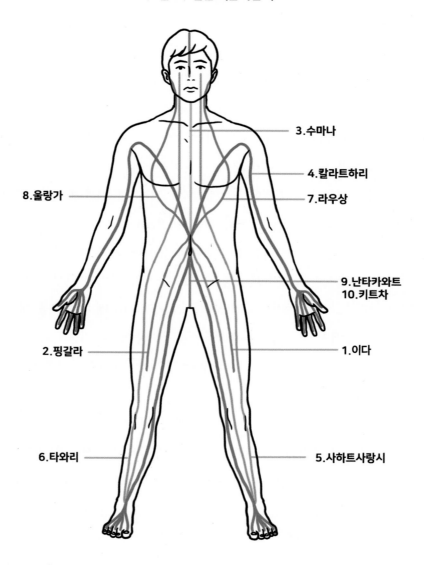

<그림 30> 십센도(센 라인도)

3. 수마나

4. 칼라트하리

8. 울랑가

7. 라우상

9. 난타카와트
10. 키트차

2. 핑갈라

1. 이다

6. 타와리

5. 사하트사랑시

2) 수련방법

(1) 좌각중맥주천 운기와 좌 용천외단전 형성

먼저 삼태극단전을 마음으로 바라보고 호흡을 통해 우주의 원기를 삼태극단전에 모은다. 삼태극단전에 원기가 가득 차면 이를 정중맥 통로를 따라서 회음단전으로 보낸다. 원기가 회음단전에 이르면 회음단전을 바라보고 원기를 가득 모은다. 회음단전에 기운이 가득 차면 좌각중맥 통로를 바라보면서 원기를 좌측 용천혈까지 보내어 통로를 열어간다.

원기가 좌측 용천혈까지 이르게 되면 용천혈을 마음으로 바라보면서 기운을 가득 모아 좌 용천외단전湧泉外丹田을 형성한다. 좌 용천외단전이 만들어지면 이를 마음으로 바라보면서 원기를 가득 채운 다음 발바닥 밖으로 10~30cm 정도의 길이로 내보낸다. 그러면 이제 좌각중맥 통로는 완전히 유통되고, 좌 용천외단전과 좌각중맥을 통해 몸 밖의 기운을 흡수할 수 있게 된다.

좌각중맥 유통 후 삼태극단전에서 회음단전, 좌각중맥, 좌 용천외단전까지 운기를 반복하면서 좌각중맥 통로를 강하게 뚫어 확장한다. 이때부터 왼쪽 다리는 밖의 기운과 소통되어 가벼워진다. 반면 유통되지 않은 오른쪽 다리는 상대적으로 무겁게 느껴질 수 있다.

〈표 21〉 좌각중맥주천 운기와 좌 용천외단전 형성 수련방법

순서	구분	좌각중맥주천 운기와 좌 용천외단전 형성
1	몸 움직이기 (몸명상)	• 삼태극단공(인단공)을 하면서 몸 바라보기를 하며 긴장을 푼다. 그리고 호흡 바라보기를 하며 이완을 한다. • 체조, 기공, 삼태극무(태극무), 굴신단공은 기본 수련과 함께 실시한다. • 좌식 자세를 취하고 양손은 손바닥이 하늘로 가게 하여 무릎 위에 편안히 올려놓고 왼쪽 다리 전체를 바라보면서 긴장을 내려놓는다.
2	마음 바라보기 (마음명상 :심법 걸기)	• 마음의 긴장을 풀고 편안하게 이완한다. • 눈을 감고 삼태극단전, 회음단전, 좌각중맥주천 통로를 따라 좌측 용천혈까지 마음으로 바라본다. • "삼태극단전에서 좌각중맥을 따라 용천혈까지 운기하고 좌용천외단전을 형성한다."라고 심법을 걸고 마음으로 바라본다.
3	기운 모으고 돌리기 (기운명상)	• 삼태극단전에서 좌각중맥 통로를 따라 원기를 보내며 기운의 느낌과 흐름을 감지하고 호흡을 통해 원기를 강하게 좌측 용천혈까지 운기한다. • 좌측 용천외단전에 원기가 모이는 것을 느끼면서 강하게 축기한다. • 좌측 용천외단전이 만들어지면, 좌 용천외단전을 통해 원기를 10~30cm 정도 밖으로 내보낸 후 회수한다.(의식 사용)

(2) 우각중맥주천 운기와 우 용천외단전 형성

우주의 원기를 좌 용천외단전을 통해 강하게 흡수한 후 좌각중맥 통로를 통해 삼태극단전에 가득 모은다. 삼태극단전에 원기가 가득 차면 이를 정중맥 통로를 따라서 회음단전으로 보낸다. 원기가 회음단전에 이르면 회음단전을 바라보고 원기를 가득 모은다. 회음단전에 기운이 가득 차면 우각중맥 통로를 바라보면서 원기를 우측 용천혈까지 보내 통로를 열어간다.

원기가 우측 용천혈에 이르면 용천혈을 마음으로 바라보며 기운을 가득 모아 우 용천외단전을 형성한다. 우 용천외단전이 만들어지면 이를 마음으로 바라보면서 원기를 가득 채운 다음 발바닥 밖으로 10~30cm 정도의 길이로 내보낸다. 그러면 이제 우각중맥 통로는 완전히 유통되고, 우 용천외단전과 우각중맥을 통해 몸 밖의 기운을 흡수할 수 있게 된다.

우각중맥 유통 후 삼태극단전에서 회음단전, 우각중맥, 우 용천외단전까지 운기를 반복하면서 우각중맥 통로를 강하게 뚫어 확장한다. 이때부터 오른쪽 다리도 밖의 기운과 소통되어 가벼워진다. 이제는 양쪽 다리의 중맥이 다 유통되었으므로 체력과 지구력이 더욱 강해져서 등산을 하거나 오래 걸어도 남들보다 덜 지친다. 기존에 코를 통해 삼태극단전으로 기운을 흡수하던 단계에서 이제는 양쪽 '용천외단전'을 통해 몸 밖의 기운을 강하게 흡수하게 되므로 공력도 훨씬 증진된다.

〈표 22〉 우각중맥주천 운기와 우 용외천단전 형성 수련방법

순서	구분	우각중맥주천 운기와 우 용천외단전 형성
1	몸 움직이기 (몸명상)	• 삼태극단공(인단공)을 하면서 몸 바라보기를 하며 긴장을 푼다. 그리고 호흡 바라보기를 하며 이완을 한다. • 체조, 기공, 삼태극무(태극무), 굴신단공은 기본 수련과 함께 실시한다. • 좌식 자세를 취하고 양손은 손바닥이 하늘로 가게 하여 무릎 위에 편안히 올려놓고 왼쪽 다리 전체를 바라보면서 긴장을 내려놓는다.
2	마음 바라보기 (마음명상 :심법 걸기)	• 마음의 긴장을 풀고 편안하게 이완한다. • 눈을 감고 삼태극단전, 회음단전, 우각중맥 통로를 따라 우측 용천혈까지 마음으로 바라본다. • "삼태극단전에서 우각중맥을 따라 용천혈까지 운기하고 우용천외단전을 형성한다."라고 심법을 걸고 마음으로 바라본다.
3	기운 모으고 돌리기 (기운명상)	• 삼태극단전에서 우각중맥 통로를 따라 원기를 보내며 기운의 느낌과 흐름을 감지하고 호흡을 통해 원기를 강하게 용천혈까지 운기한다. • 우측 용천외단전에 원기가 모이는 것을 느끼면서 강하게 축기한다. • 우측 용천외단전이 만들어지면 원기를 우 용천외단전을 통해 밖으로 10~30cm 정도 내보낸 후 회수한다.(의식 사용)

(3) 좌비중맥주천 운기와 좌 노궁외단전 형성

　우주의 원기를 좌우 용천외단전을 통해서 삼태극단전에 바로 축기를 한다. 삼태극단전에 기운이 가득 차면 정중맥과 옥당단전을 마음으로 바라보기 한 후 정중맥 통로를 뚫어 옥당단전으로 원기를 보내어 모은다. 옥당단전에 원기가 가득 차면 좌비중맥 통로를 바라보기 한 후 좌측 노궁혈까지 통로를 열어간다.

　원기가 좌측 노궁혈에 이르게 되면 노궁혈을 바라보면서 기운을 가득 채워 좌 노궁외단전勞宮外丹田을 형성한다. 좌 노궁외단전이 만들어지게 되면 이를 바라보면서 원기를 가득 채운 다음 손바닥 밖으로 10~30cm 정도의 길이로 내보낸다. 그러면 이제 왼쪽 팔의 좌비중맥 통로는 완전히 유통되고, 좌 노궁외단전과 좌비중맥을 통하여 몸 밖의 기운을 흡수할 수 있게 된다.

　유통 후 삼태극단전에서 옥당단전, 좌비중맥, 좌 노궁외단전까지 운기를 반복하면서 좌비중맥 통로를 강하게 뚫어 확장한다. 이때부터 왼쪽 팔은 밖의 기운과 소통되어 가벼워지게 된다. 반면 유통되지 않은 오른쪽 팔은 상대적으로 무겁게 느껴질 수 있다.

순서	구분	좌비중맥주천 운기와 좌 노궁외단전 형성
1	몸 움직이기 (몸명상)	• 삼태극단공(인단공)을 하면서 몸 바라보기를 하며 긴장을 푼다. 그리고 호흡 바라보기를 하며 이완을 한다. • 체조, 기공, 삼태극무(태극무), 굴신단공은 수련단계와 상관없이 기본 수련과 함께 실시한다. • 좌식 자세를 취하고 양손은 손바닥이 하늘로 가게 하여 무릎 위에 편안히 올려놓고 왼쪽 다리 전체를 바라보면서 긴장을 내려놓는다.
2	마음 바라보기 (마음명상 :심법 걸기)	• 마음의 긴장을 풀고 편안하게 이완한다. • 눈을 감고 삼태극단전, 중단전, 좌비중맥 통로를 따라 '좌측 노궁혈'까지 마음으로 바라본다. • "삼태극단전에서 중단전, 좌비중맥을 따라 좌측 노궁혈까지 운기하고 좌 노궁외단전을 형성한다."라고 심법을 걸고 마음으로 바라본다.
3	기운 모으고 돌리기 (기운명상)	• 삼태극단전에서 좌비중맥 통로를 따라 원기를 보내며 기운의 느낌과 흐름을 감지하고 호흡을 통해 원기를 강하게 좌측 노궁혈까지 운기한다. • 좌측 노궁외단전에 원기가 모이는 것을 느끼면서 강하게 축기한다. • 좌측 노궁외단전이 만들어지면 원기를 좌 노궁외단전을 통해 밖으로 10~30cm 정도 내보낸 후 회수한다.(의식 사용)

(4) 우비중맥주천 운기와 우 노궁외단전 형성

우주의 원기를 좌 노궁외단전을 통하여 강하게 흡수한 후 좌비중맥 통로를 통해 옥당단전에 가득 채운다. 옥당단전에 원기가 가득 차면 우비중맥 통로를 마음으로 바라본 후 우측 노궁혈까지 통로를 열어간다.

원기가 우측 노궁혈에 이르게 되면 노궁혈을 바라보면서 기운을 가득 채워 우 노궁외단전을 형성한다. 우 노궁외단전이 만들어지게 되면 이를 바라보면서 원기를 가득 채운 다음 손바닥 밖으로 10~30cm 정도의 길이로 내보낸다. 그러면 이제 오른팔의 우비중맥 통로는 완전히 유통되고, 우 노궁외단전과 우비중맥을 통하여 몸 밖의 기운을 흡수할 수 있게 된다. 유통 후 양쪽 다리의 좌우 용천외단전과 양쪽 팔의 좌우 노궁외단전을 통하여 엄청난 기운이 유입된다. 그에 따라 다리와 팔이 솜털처럼 가벼워짐을 느끼고 기력과 체력 또한 증진된다.

<표 24> 우비중맥주천 운기와 우 노궁외단전 형성 수련방법

순서	구분	우비중맥주천 운기와 우 노궁외단전 형성
1	몸 움직이기 (몸명상)	• 삼태극단공(인단공)을 하면서 몸 바라보기를 하며 긴장을 푼다. 그리고 호흡 바라보기를 하며 이완을 한다. • 체조, 기공, 삼태극무(태극무), 굴신단공은 기본 수련과 함께 실시한다. • 좌식 자세를 취하고 양손은 손바닥이 하늘로 가게 하여 무릎 위에 편안히 올려놓고 왼쪽 다리 전체를 바라보면서 긴장을 내려놓는다.
2	마음 바라보기 (마음명상 :심법 걸기)	• 마음의 긴장을 풀고 편안하게 이완한다. • 눈을 감고 삼태극단전, 중단전, 우비중맥 통로를 따라 우측 노궁혈까지 마음으로 바라본다. • "삼태극단전에서 우비중맥을 따라 우측 노궁혈까지 운기하고 우 노궁외단전을 형성한다."라고 심법을 걸고 마음으로 바라본다.
3	기운 모으고 돌리기 (기운명상)	• 삼태극단전에서 우비중맥 통로를 따라 원기를 보내며 기운의 느낌과 흐름을 감지하고 호흡을 통해 원기를 강하게 우측 노궁혈까지 운기한다. • 우측 노궁외단전에 원기가 모이는 것을 느끼면서 강하게 축기한다. • 우측 노궁외단전이 만들어지면 원기를 우 노궁외단전을 통해 밖으로 10~30cm 정도 내보낸 후 회수한다.(의식 사용)

(5) 정중맥주천 운기와 백회외단전 형성

양쪽 다리의 좌·우각중맥과 양쪽 발바닥의 좌우 용천외단전, 그리고 양쪽 팔의 좌·우비중맥과 양쪽 손바닥의 좌우 노궁외단전을 통해서 삼태극단전과 옥당단전에 각각 빠르고 강하게 기운이 채워지면, 정중맥 운기와 백회외단전 형성 단계로 넘어간다.

인당단전을 마음으로 바라보면서 원기를 정중맥 통로를 통해 인당단전으로 보내 가득 채운다. 인당단전에 원기가 가득 차면 상주대맥을 마음으로 바라보면서 원기를 좌측에서 우측으로 한 바퀴 돌게 한다. 원기가 다시 인당단전에 이르면 정중맥 통로를 마음으로 바라본 후 정중맥 통로를 통하여 백회혈로 보낸다.

원기가 백회혈에 이르면 백회혈을 마음으로 바라보면서 기운을 가득 채워 백회외단전百會外丹田을 형성한다. 백회단전은 내단전인 십삼단전의 하나이면서, 동시에 우주 자연의 기를 끌어들이는 외단전의 역할도 함께한다. 이렇듯 백회단전은 태극숨명상 수련에서 아주 중요한 위치를 차지한다.

백회외단전이 형성되면 이를 바라보면서 원기를 가득 채운 다음 머리 위 밖으로 10~30cm 정도 길이로 기운을 내보낸다. 이때 비로소 오중맥대주천 운기가 완성된다.

⟨표 25⟩ 정중맥주천 운기와 백회외단전 형성 수련방법

순서	구분	정중맥주천 운기와 백회외단전 형성
1	몸 움직이기 (몸명상)	• 삼태극단공(인단공)을 하면서 몸 바라보기를 하며 긴장을 푼다. 그리고 호흡 바라보기를 하며 이완을 한다. • 체조, 기공, 삼태극무(태극무), 굴신단공은 기본 수련과 함께 실시한다. • 좌식 자세를 취하고 양손은 손바닥이 하늘로 가게 하여 무릎 위에 편안히 올려놓고 왼쪽 다리 전체를 바라보면서 긴장을 내려놓는다.
2	마음 바라보기 (마음명상 :심법 걸기)	• 마음의 긴장을 풀고 편안하게 이완한다. • 눈을 감고 삼태극단전, 중단전, 상단전, 상주대맥을 좌측으로 한 바퀴 돈 다음 정중맥 통로를 따라 백회까지 마음으로 바라본다. • "삼태극단전에서 상단전, 상주대맥을 좌측으로 한 바퀴 돈 다음 정중맥을 따라 백회혈까지 운기하고 백회외단전을 형성한다."라고 심법을 걸고 마음으로 바라본다.
3	기운 모으고 돌리기 (기운명상)	• 삼태극단전에서 상단전, 상주대맥, 정중맥 통로를 따라 원기를 보내며 기운의 느낌과 흐름을 감지하고 호흡을 통해 원기를 강하게 백회혈까지 운기한다. • 백회외단전에 원기가 모이는 것을 느끼면서 강하게 축기한다. • 백회외단전이 만들어지면 원기를 백회외단전을 통해 밖으로 10~30cm 정도 내보낸 후 회수한다.(의식 사용)

오중맥대주천이 완성되면 오중맥과 백회외단전, 좌 노궁외단전, 우 노궁외단전, 좌 용천외단전, 우 용천외단전으로 이루어진 외오단전을 통해 외부의 기운이 많이 유입된다. 오중맥 다섯 군데 전체 통로의 운기 속도가 평균 2분 이내에 이르게 되면 오중맥대주천이 비로소 완성되어 다음 단계인 십일단전 축기와 십일주천 운기과정으로 넘어간다.

이때부터는 외부의 기운을 흡수하여 자신이나 타인의 아픈 부위에 보낼 수 있다. 기치유 또한 가능하게 되나 이를 위해서는 부단한 노력과 연습이 필요하다.

오중맥대주천을 이루면, 하늘의 기운(천기天氣), 공간의 기운(인기人

氣), 땅의 기운(지기地氣)을 흡수할 수 있다. 하늘의 기운은 목, 화, 토, 금, 수 오행의 천기天氣이다. 이는 백회외단전을 통해 흡수하는데, 흡수한 오행의 천기는 뇌의 기능을 활성화시킨다.

군이 나누어 살펴보면 목기木氣는 측두엽을 활성화해 감정을 순화시키고, 화기火氣는 전두엽을 활성화해 이성적 판단과 분별력을 강화하며, 토기土氣는 두정엽을 활성화해 감각을 발달시킨다. 금기金氣는 후두엽을 발달시켜 인체의 생체활동을 활성화하고, 수기水氣는 뇌 가운데 있는 간뇌, 시상을 활성화해 내분비계의 순환을 강화한다.

이처럼 백회외단전을 통해 들어온 오행의 천기는 인간의 두뇌를 활성화하고, 시냅스Synapse를 강화해 건강한 심신을 유지하게 한다.

공간의 기운은 목, 화, 토, 금, 수 오행의 인기人氣이다. 이는 사람의 감정과 관련된 기운으로 양쪽 손의 노궁외단전을 통하여 흡수한다. 목기는 분노의 감정을 조절하고, 화기는 기쁨의 감정을 조절하며, 토기는 감정을 편안하고 안정되게 유지한다. 금기는 슬픔과 우울의 감정을 조절하고, 수기는 즐거움과 쾌락의 감정을 조절한다. 그러므로 노궁외단전을 통해 들어온 오행의 인기는 중단전 옥당단전에 머물면서 감정을 조절하고 조화롭게 한다.

땅의 기운은 목, 화, 토, 금, 수 오행의 지기地氣이다. 이는 사람의 몸과 관련된 기운으로 양쪽 발바닥 용천외단전을 통해 흡수한다.

목기는 인체의 간과 담의 기능을 활성화하고, 화기는 인체의 심장과 소장의 기능을 활성화하며, 토기는 인체의 비장과 위장의 기능을 활성화한다. 금기는 인체의 폐와 대장의 기능을 활성화하고, 수기는 인체의 신장과 방광의 기능을 활성화한다. 따라서 용천외단전을 통해 몸에 들어온 오행의 지기는 삼태극단전과 육장육부에 머물면서 신체의 기능을 더욱 건강하게 유지한다.

<표 26> 외오단전과 천지인 오행의 기운 그리고 인체 내 활성화 부분

구분			목기	화기	토기	금기	수기
상	백회외단전	천기	두뇌	측두엽	전두엽	두정엽	후두엽	간뇌·시상
중	노궁외단전 (좌·우)	인기	감정	분노	기쁨	안정	슬픔	즐거움
하	용천외단전 (좌·우)	지기	장부	간·담	심장·소장	비·위장	폐·대장	신장·방광

위의 과정처럼 오중맥대주천이 다 이루어지고 나면 다섯 군데의 단전으로 천·지·인 오행의 원기를 몸 안으로 유입하거나 보낼 수 있다. 특히 머리와 가슴, 육장육부에 이르기까지 다 채우게 되면 건강하게 달라진 심신의 변화를 스스로 체험할 수 있다. 이러한 자기 변화를 이룬 다음에는 우주의 기운을 흡수하여 가족이나 주위 가까운 사람을 치료할 수 있는 능력을 갖추게 된다.

하지만 가족 외 일반 사람의 치료는 삼가는 것이 좋다. 무리하게 기운을 남용하면 오중맥대주천을 이루었다고 하더라고 본인은 기운 소모가 많아 무기력해지거나 심하면 단전들의 에너지가 손상될 수도 있기 때문이다. 그리고 치료과정에서 다른 사람의 병적인 사기, 탁한 기운, 음습한 기운이 팔을 통해 타고 들어와 치료자 본인이 힘든 고통을 겪을 수 있다.

3. 기치유의 원리와 방법

1) 기치유의 원리

수행자가 기운을 이용하여 자신 또는 남을 치유하는 경우 항상 마음가짐을 맑고 밝게 가지며 정성을 다해야 한다. 남이 나를 알아주기를 바라지 말고, 우주와 하나 된 마음으로 행하여야 한다.

기치유는 9차원 우주계인 본질삼광계의 원리에 따른 것이다. 이 우주는 영·기·질로 이루어져 있고, 영은 영혼, 기는 기운, 질은 물질을 말한다. 살아 있는 인간과 동물의 영혼은 물질인 육체나 광물과 서로 기운의 파장을 통해 교감하고 교류한다. 우리는 옥이나 맥반석, 게르마늄, 마그네틱 등의 광물의 기운을 이용하여 건강유지의 도움을 받기도 하고 동물들의 간, 콩팥, 위장, 대장 등의 장기를 섭취하여 건강을 회복하기도 한다. 하지만 수련이 어느 정도 고수의 반열에 올라서 기운이 강해지면 이런 광물이나 동물의 기운이 아닌 자신의 기운을 다른 사람에게 보내는 파동의 기치유 방법을 통해 건강을 회복하게 도울 수 있다.

물론 기치유가 가능한 단계는 태극숨명상 과정 가운데 십삼단전 축기 완성 이후 십삼주천를 마친 후부터 가능하다. 하지만 본격적인 기치유 공부는 오중맥대주천이 완성된 이후 외오단전이 만들어져서 외기와 소통하는 단계부터 하는 것이 좋다. 물론 기경삼맥주천인 하주대맥 운기와 원소주천 운기가 끝난 후부터 자신이나 가족, 혹은 친한 지인을 대상으로 조금씩 기치유 연습을 하는 것도 어느 정도 공부에 도움이 된다.

2) 기치유의 방법

기운으로 치유하는 방법에는 양손을 이용한 치유법 양 손가락을 이용한 치유법, 염력과 뇌파를 이용한 치유법, 양신을 이용한 치유법 등이 있다. 낮은 단계에서는 양쪽 손바닥과 손가락을 주로 사용하는데, 좀 더 높은 단계에서는 손바닥의 기 파장인 장파掌波와 손가락의 기 파장인 지파指波를 사용하기도 한다. 아주 높은 단계에는 의념이나 생각으로 치료하는 염력 치유, 뇌파 치유, 양신 치유 같은 원격치유 등이 있다.

(1) 먼저 양손을 이용한 치유법에는 손바닥의 장심掌心을 이용한 치유법, 손바닥 파장인 장파를 이용한 치유법, 노궁외단전을 이용한 치유법이 있다.

〈표 27〉 양손을 이용한 치유법

대상	양손을 이용한 치유법
손바닥 **(장심)**	손바닥 전체를 상대편의 치료할 환부나 몸 일부분에 대고 기운을 넣는다. 직접 닿아서 치유하면 상대편의 사기나 탁기가 손바닥을 통해 나에게 전이되기도 한다. 이때 좌우 손바닥을 바꾸거나 중간에 사기나 탁기를 빼고 치유를 계속한다.
손바닥 파장 **(장파)**	장파는 손바닥 기운의 파장을 형성하여 치유하는 것이다. 손바닥에 기운을 응집하여 20~30cm 정도 기운의 파장을 만들어 상대편을 치유한다. 공력에 따라 그 파장의 길이는 더 늘어날 수 있다. 파장을 통해 치유하면 상대편의 탁기와 사기의 침범을 거의 받지 않는다.
노궁외단전	손바닥 가운데 있는 노궁외단전을 통하여 파장을 만들어 상대편을 치유하는 것이다. 손바닥 파장인 장파와 비슷하나 오중맥대주천의 나머지 단전혈인 백회외단전, 반대쪽 노궁외단전, 용천외단전을 통해 기운을 흡수하면서 치료하므로 기운의 소모가 아주 적어 오랜 시간 치료를 할 수 있는 장점이 있다.

(2) 양 손가락을 이용한 치유법에는 왼손의 다섯 손가락을 이용한 치유법, 오른손의 다섯 손가락을 이용한 치유법, 손가락 지파를 이용한 방법이 있다. 이 손가락 치유법은 저자가 한당 선생님에게서 직접 전수받은 치유법이다. (**<그림 31>** 참조)

(3) 염력과 뇌파를 이용한 치유법은 수행자의 염력과 뇌파를 통한 정신력으로 원격치유하는 방법으로 아주 높은 수행을 이루어야 가능하다. 단계가 높을수록 공간을 초월하여 치유할 수 있다.

(4) 양신을 이용한 치유법은 양신을 상대의 환부나 치료 부위에 보내어 치유하는 최상위 치유법이다. 이 치유법은 양신을 이루고 출신 한 이후 가능하다. 양신은 빛보다 빠르고, 숙달되면 크기를 마음대로 조절할 수 있기에 줄여서 세포 속으로 들어가거나 키워서 몸 전체를 감싸거나 더 크게는 공간 전체를 감쌀 수도 있다. 또한 여러 개의 양신으로 분화하여 다발적으로 동시에 치유하는 것도 가능하다. 하지만 양신을 이용한 치유는 주로 빙의된 영가나 귀신들을 제령하고 천도하는 데 많이 사용한다.

⟨표 28⟩ 양 손가락을 이용한 기치유 방법

대상		양 손가락을 이용한 기치유 방법
왼손	**엄지**	회오리처럼 회전하는 기능이 강하므로 상대편 환부에 대면 탁한 기운을 제거하는 데 도움이 된다.
	검지	온도조절의 기능이 있어 상대편 환부의 열병과 냉병을 조절하는 데 도움이 된다.
	중지	대나무 이슬 성분처럼 뚫어서 통하는 기능이 강하므로 상대편의 막힌 혈과 통로를 뚫고 통하게 하는 데 탁월하다.
	약지	병의 근원을 추적하는 기능이 강하므로 상대편 환부의 병의 근원지를 찾아 치료하는 데 탁월하다.
	소지	회복의 기능이 있으므로, 치료의 마무리에 사용한다.
오른손	**엄지**	몸을 보호하는 호신강기의 기능이 있으므로 치료를 마무리한 후 사용한다.
	검지	기운의 속도가 빠르고 힘이 강하므로 상대편의 환부를 빠르고 강하게 치료할 때 사용한다.
	중지	약성의 기운이 강하므로 허약한 부분을 보할 때 사용한다.
	약지	안정, 진정의 기능이 강하므로 환자나 환부를 안정시키거나 진정시킬 때 사용한다.
	소지	병의 독성을 해독하는 기능이 강하므로 환자 병의 독성을 해독할 때 사용한다.
손가락 파동 (지파)		열 손가락의 파동을 형성하여 치유하는 것으로 환부에 닿지 않고 멀리서 원격치유가 가능하다. 특히 천지인오행단을 만드는 과정이 끝난 후에 열 손가락에 천지인오행단을 각각 만들어서 연발로 원격치유를 하면 효능이 뛰어나다.

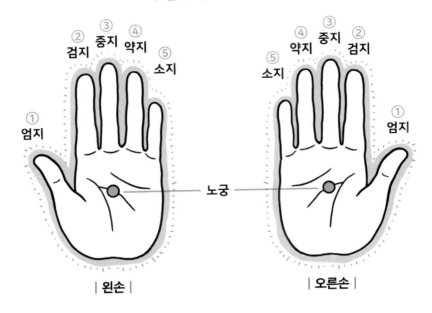

〈그림 31〉 양 손가락과 기치유

② 검지 ③ 중지 ④ 약지 ⑤ 소지 ① 엄지

⑤ 소지 ④ 약지 ③ 중지 ② 검지 ① 엄지

노궁

| 왼손 | | 오른손 |

4. 십일단전 축기와 십일주천 운기

1) 십일단전 축기

십일단전 축기 과정에서는 구단전에 이어 장강혈에 장강단전을, 영대혈에 영대단전을 형성한다. 먼저 장강단전(장강혈)을 마음 바라보기한 다음 원기를 가득 채운다. 장강단전을 형성한 후에는 같은 방법으로 영대단전(영대혈)을 바라보고 원기를 가득 채운다. 장강단전과 영대단전을 동시에 바라보고 원기를 채우는 수련을 진행해도 무방하다.(〈그림 32〉 참조)

〈그림 32〉 십일단전 축기도

1. 삼태극단전 (석문·기해·관원)
2. 옥당단전
3. 인당단전
4. 중부단전 (남우, 여좌)
5. 일월단전 (남좌, 여우)
6. 백회단전
7. 회음단전
8. 천돌단전
9. 명문단전
10. 장강단전
11. 영대단전

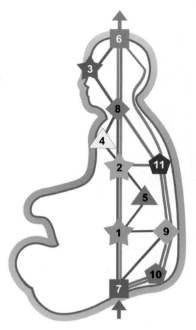

〈표 29〉 십일단전 축기 수련방법

순서	구분	십일단전 축기
1	몸 움직이기 (몸명상)	• 삼태극단공(인단공)을 하면서 몸 바라보기를 하며 긴장을 푼다. 그리고 호흡 바라보기를 하며 이완을 한다. • 체조, 기공, 삼태극무(태극무), 굴신단공은 기본 수련과 함께 실시한다.
2	마음 바라보기 (마음명상 :심법 걸기)	• 좌식 자세를 취하고 호흡 바라보기를 하며 마음의 긴장을 내려놓는다. • 눈을 감고 장강단전과 영대단전을 마음으로 바라보고 집중한다. • "우주의 원기를 호흡을 통해 장강단전과 영대단전에 가득 채운다."라고 심법을 걸고 마음으로 바라본다.
3	기운 모으고 돌리기 (기운명상)	• 장강단전과 영대단전에 기운을 느끼면서 원기를 가득 모은다.

2) 십일주천 운기

십일단전(삼태극단전, 옥당단전, 인당단전, 백회단전, 천돌단전, 중부단전, 일월단전, 회음단전, 장강단전, 명문단전, 영대단전)을 중심으로 임·독맥과 각 단전 간의 기운 통로로 동시에 운기를 한다. 이를 십일주천 운기라고 부른다. 장강단전과 영대단전을 비롯하여 십일단전 전체를 축기하여 기운을 가득 채운 다음 십일단전을 중심으로 십일주천 운기를 진행한다.

십일주천 운기는 임·독맥 통로를 기본으로 운기하되 천돌단전과 옥당단전에서 각각 두 갈래로 나누어 동시에 운기한다. 즉, 장강단전과 영대단전이 추가되었을 뿐 기본적인 운기 통로와 방법은 구주천과 같다. 십일단전 운기 속도가 평균 2분 이내가 되면 다음 단계인 해·달·별 명상 과정으로 넘어간다.

※백회단전 → 인당단전 → 천돌단전 → 중부단전 → 옥당단전 → (거궐) → 일월단전 → (중완) → 삼태극단전 → 회음단전 → 장강단전 → 명문단전 → 영대단전

순서	구분	십일주천 운기
1	몸 움직이기 (몸명상)	• 삼태극단공(인단공)을 하면서 몸 바라보기를 하며 긴장을 푼다. 그리고 호흡 바라보기를 하며 이완을 한다. • 체조, 기공, 삼태극무(태극무), 굴신단공은 기본 수련과 함께 실시한다.
2	마음 바라보기 (마음명상 :심법 걸기)	• 좌식 자세를 취하고 호흡 바라보기를 하며 마음의 긴장을 내려놓는다. • 십일단전(삼태극단전, 옥당단전, 인당단전, 백회단전, 천돌단전, 중부단전, 일월단전, 회음단전, 장강단전, 명문단전, 영대단전)과 원소주천 통로를 마음으로 바라본다. • "십일단전을 원소주천 통로를 통하여 강하게 운기한다."라는 심법을 걸고 마음으로 바라본다.
3	기운 모으고 돌리기 (기운명상)	• 십일단전과 원소주천 통로를 하나의 원처럼 연결하여 기운의 흐름을 느끼면서 강하게 운기한다.

5. 해·달·별 명상

1) 개요

해·달·별(日·月·星) 명상은 우주의 해와 달과 별을 바라보고 기운을 강하게 끌어당겨 몸에 흡수하는 수련이다. 태양의 강한 양기陽氣를 백회단전을 통하여 명문단전에 응축시키는 해 명상, 달의 강한 음기陰氣를 옥당단전으로 끌어당겨 회음단전에 응축시키는 달 명상, 별의 순수하고 맑은 정기精氣을 인당단전으로 끌어당겨 삼태극단전에 응축시키는 별 명상의 3가지로 나누어진다. 해·달·별 명상이 완성되면, 우주의 기운과 합일하여 기운이 극도로 강해지고 호신강기(몸을 보호하는 기운 또는 파장)가 형성된다.

〈그림 33〉은 해 명상, 달 명상, 별 명상의 수행과정을 그림으로 알기 쉽게 나타내었다.

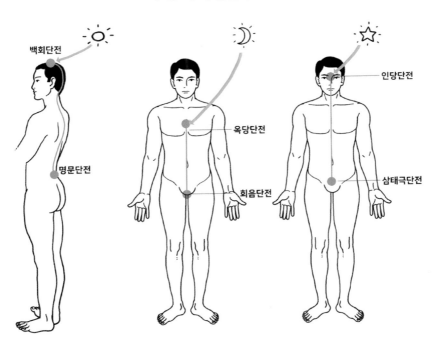

〈그림 33〉 해·달·별 명상도

2) 수련방법

(1) 해 명상

해 명상은 태양을 명상하며 태양의 뜨겁고 순수한 자연의 양기를 흡수하는 수련이다. 그 방법은 먼저 태양이 떠오르는 아침에 태양을 가만히 바라본다. 그리고 백회외단전을 바라보면서 호흡을 통해 태양의 양기를 흡수하여 독맥 경락을 따라 명문단전을 바라보며 태양의 양기를 강하게 모은다. 명문단전에 태양의 기운을 축기하는 것은 명문이 양을 상징하는 곳이고 인체의 양의 기운을 조절하는 곳이기 때문이다.

한낮에는 태양의 양기가 너무 강하므로 한낮에 해 명상을 하면 어지러움과 나른함을 경험할 수 있으므로 새벽, 아침, 저녁에 하는 것이 좋다. 저녁이나 밤에 태양이 보이지 않는 경우, 마음으로 태양을 떠올리고 바라보며 양기를 끌어오면 끌려오게 된다. 해 명상 수련이 오래 거듭될수록 끌려오는 기운과 속도는 더 강하고 빨라진다.

〈표 31〉해 명상 수련방법

순서	구분	해 명상
1	몸 움직이기 (몸명상)	• 삼태극단공(인단공)을 하면서 몸 바라보기를 하며 긴장을 푼다. 그리고 호흡 바라보기를 하며 이완을 한다. • 체조, 기공, 삼태극무(태극무), 굴신단공은 기본 수련과 함께 실시한다.
2	마음 바라보기 (마음명상 :심법 걸기)	• 마음의 긴장을 풀고 편안하게 이완한다. • 편안하게 선 상태에서 태양을 바라본다(새벽, 아침, 저녁). • 백회외단전에서 독맥을 통해 명문단전까지 마음으로 바라본다. • 태양을 보면서 "태양의 순수한 양기를 백회외단전으로 끌어당겨 독맥을 통해 명문단전에 가득 채운다."라고 심법을 걸고 마음으로 바라본다.
3	기운 모으고 돌리기 (기운명상)	• 백회외단전에서 독맥을 통해 명문단전에 태양의 양기가 흘러들어오는 것을 느끼면서 호흡을 통해 강하게 명문단전에 축기한다.

명문단전에 태양의 순수한 양기가 가득 차면 몸의 기운 순환이 더욱 강해지고 손과 발이 따뜻해지며, 심장과 소장 기능이 좋아지고 교감신경이 활성화되어 몸에 활력이 샘솟는다. 결과적으로 피로를 덜 느끼고 늘 자신감이 충만해진다. 태양의 중심은 차가운 냉구체라서 양 가운데 음이 속한 우주의 원리에 따라 태양의 기운을 깊이 강하게 오래 끌어오게 되면 차갑고 서늘한 기운을 함께 느끼기도 한다.

(2) 달 명상

달 명상은 달을 명상하며 달의 차갑고 순순한 자연의 음기를 흡수하는 수련이다. 그 방법은 먼저 달이 떠오르는 저녁과 밤에 달을 가만히 바라본다. 그리고 옥당단전을 바라보면서 호흡을 통해 달의 음기를 흡수한다. 그리고 흡수한 음기를 회음단전을 바라보면서 임맥 경락을 따라 회음단전에 강하게 모은다. 회음단전에 달 기운을 모으는 것은 회음이 음을 상징하는 곳이고 인체의 음의 기운을 조절하는 곳이기 때문이다.

달 명상은 주로 저녁과 밤에 하는 것이 좋지만, 낮에 하여도 무방하다. 낮에 달이 보이지 않는 경우, 마음으로 달을 떠올리고 바라보면서 음기를 끌어오면 끌려오게 된다. 달 명상 수련이 오래 거듭될수록 끌려오는 기운과 속도는 더 강하고 빨라진다. 달의 기운 또한 음 가운데 양이 속한 우주의 원리에 따라 깊이 강하게 오래 끌어오면 따뜻하고 포근한 기운을 함께 느끼기도 한다.

순서	구분	달 명상
1	몸 움직이기 (몸명상)	• 삼태극단공(인단공)을 하면서 몸 바라보기를 하며 긴장을 푼다. 그리고 호흡 바라보기를 하며 이완을 한다. • 체조, 기공, 삼태극무(태극무), 굴신단공은 기본 수련과 함께 실시한다.
2	마음 바라보기 (마음명상 :심법 걸기)	• 마음의 긴장을 풀고 편안하게 이완한다. • 편안하게 선 상태에서 달을 바라본다.(저녁, 밤) • 옥당단전에서 임맥을 통해 회음단전까지 마음으로 바라본다. • 달을 보면서 "달의 순수한 음기를 옥당단전으로 끌어당겨 임맥을 통해 회음단전에 가득 채운다."라고 심법을 걸고 마음으로 바라본다.
3	기운 모으고 돌리기 (기운명상)	• 옥당단전에서 임맥을 통해 회음단전으로 달의 음기가 흘러들어오는 것을 느끼면서 호흡을 통해 강하게 회음단전에 축기한다.

　　회음단전에 달의 순수한 음기가 가득 차면 몸의 기운 순환이 더욱 강해지고, 신장과 방광의 기능이 좋아진다. 또한 부교감신경이 활성화되어 몸과 마음이 잘 이완되어 활력이 샘솟는다. 특히 달 명상은 중단전인 옥당단전을 통해서 들어오기 때문에 감정이 차분하게 안정되어 마음의 힘(심력心力)이 강해진다.

(3) 별 명상

　　별 명상은 별의 순수하고 맑은 자연의 정기를 흡수하는 수행이다. 그 방법은 먼저 별이 떠오르는 저녁과 밤에 별을 가만히 바라본다. 그리고 인당단전을 바라보면서 별의 정기를 흡수해 임맥 경락을 따라서 삼태극단전에 가득 모은다. 별 명상은 주로 저녁과 밤에 하는 것이 좋지만, 낮에 하여도 무방하다. 마음으로 별을 떠올리고 바라보면서 그 정기를 끌어오면 된다.

〈표 33〉 별 명상 수련방법

순서	구분	별 명상
1	몸 움직이기 (몸명상)	• 삼태극단공(인단공)을 하면서 몸 바라보기를 하며 긴장을 푼다. 그리고 호흡 바라보기를 하며 이완을 한다. • 체조, 기공, 삼태극무(태극무), 굴신단공은 기본 수련과 함께 실시한다.
2	마음 바라보기 (마음명상 :심법 걸기)	• 마음의 긴장을 풀고 편안하게 이완한다. • 편안하게 선 상태에서 별을 바라본다.(저녁, 밤) • 인당단전에서 임맥을 통해 삼태극단전까지 마음으로 바라본다. • 별을 보면서 "별의 정기를 인당단전으로 끌어당겨 임맥을 통해 삼태극단전에 가득 채운다."라고 심법을 걸고 마음으로 바라본다.
3	기운 모으고 돌리기 (기운명상)	• 인당단전에서 임맥을 통해 삼태극단전으로 별의 영기가 흘러들어오는 것을 느끼면서 호흡을 통해 강하게 삼태극단전에 축기한다.

별 명상 수련이 오래 거듭될수록 끌려오는 기운과 속도는 더 강하고 빨라진다. 별의 기운인 정기는 인간이 태어날 때 받는 원천적인 영적 에너지이므로 별의 정기를 깊이 강하게 오래 끌어오게 되면 맑고 밝은 영성의 에너지가 함께 느껴지기도 한다.

삼태극단전에 별의 영적인 정기가 가득 차면 뇌의 기능이 발달하고, 정신력이 강해지며 스트레스에 대한 적응력이 높아진다. 또한, 몸의 기운 순환도 강해지고 간과 담, 폐와 대장, 위와 비장의 기능이 좋아지며, 활력도 샘솟는다. 특히 별 명상의 과정에서 상단전인 인당단전을 통해서 별의 기운이 들어오기 때문에 정신이 맑아지며 집중력이 강해진다.

6. 십삼단전 축기와 십삼주천 운기

1) 십삼단전 축기

십삼단전 축기 과정에서는 십일단전에 이어 추가로 옥침혈에 옥침단전을, 송과체에 송과체단전을 형성한다. 먼저 옥침단전(옥침혈)을 마음 바라보기 한 다음 원기를 가득 채운다. 옥침단전을 형성한 후 같은 방법으로 송과체단전(송과체)을 형성하고 원기를 가득 채운다. 백회단전과 송과체단전을 동시에 마음으로 바라보고 원기를 채우는 수련을 진행해도 무방하다.

이렇게 되면 십삼단전 축기는 완성이 되는 것이며 전체적인 순서는 ① 삼태극단전 → ② 옥당단전 → ③ 인당단전 → ④ 중부단전 → ⑤ 일월단전 → ⑥ 백회단전 → ⑦ 회음단전 → ⑧ 천돌단전 → ⑨ 명문단전 → ⑩ 장강단전 → ⑪ 영대단전 → ⑫ 옥침단전 → ⑬ 송과체단전 순으로 이루어진다. **(〈그림 34〉 참조)**

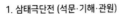

〈그림 34〉 십삼단전 축기도

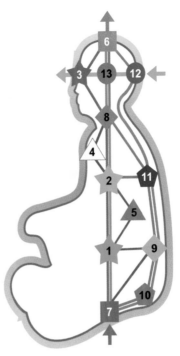

1. 삼태극단전 (석문·기해·관원)
2. 옥당단전
3. 인당단전
4. 중부단전 (남우, 여좌)
5. 일월단전 (남좌, 여우)
6. 백회단전
7. 회음단전
8. 천돌단전
9. 명문단전
10. 장강단전
11. 영대단전
12. 옥침단전
13. 송과체단전

〈표 34〉 십삼단전 축기 수련방법

순서	구분	십삼단전 축기
1	몸 움직이기 (몸명상)	• 삼태극단공(인단공)을 하면서 몸 바라보기를 하며 긴장을 푼다. 그리고 호흡 바라보기를 하며 이완을 한다. • 체조, 기공, 삼태극무(태극무), 굴신단공은 기본 수련과 함께 실시한다.
2	마음 바라보기 (마음명상 :심법 걸기)	• 좌식 자세를 취하고 호흡 바라보기를 하며 마음의 긴장을 내려놓는다. • 눈을 감고 옥침단전과 송과체단전을 마음으로 바라보고 집중한다. • "우주의 원기를 호흡을 통해 옥침단전과 송과체단전에 가득 채운다."라고 심법을 걸고 마음으로 바라본다.
3	기운 모으고 돌리기 (기운명상)	• 옥침단전과 송과체단전에 기운을 느끼면서 원기를 가득 모은다.

마지막 송과체단전까지 형성되어 십삼단전 전체에 기운이 모두 채워지면 우주의 북두칠성과 남두육성의 기운이 13개의 단전에 가득 차고 서로 연결된다. 그러면 충만함이 밀려오고, 몸과 마음과 정신이 더욱 강하게 형성된다. 십삼단전 바라보기와 원기 축기가 다 이루어지면 십삼단전이 하나로 연결되고 십삼주천 운기 과정으로 넘어간다.

2) 십삼주천 운기

십삼단전(삼태극단전, 회음단전, 장강단전, 명문단전, 영대단전, 옥침단전, 송과체단전, 인당단전, 천돌단전, 중부단전, 옥당단전, 일월단전, 삼태극단전)을 중심으로 임·독맥과 각 단전 간의 기운 통로로 동시에 운기를 한다. 이를 십삼주천 운기라고 부른다. 옥침단전과 송과체단전을 비롯하여 십삼단전 전체를 축기하여 기운을 가득 채운 다음 십삼주천 운기를 진행한다.

십삼주천 운기는 임·독맥 통로를 기본으로 운기하되 그 순서는 ① 삼태극단전 → ② 회음단전 → ③ 장강단전 → ④ 명문단전 → ⑤ 영대단전 → ⑥ 옥침단전 → ⑦ 백회단전 → ⑧ 송과체단전 → ⑨ 인당단전 → ⑩ 천돌단전 → ⑪ 중부단전 → ⑫ 옥당단전 → ⑬ 일월단전을 거쳐 다시 삼태극단전으로 돌아오면 십삼주천 운기가 끝나게 되는 것이다. (**<그림 35>** 참조)

<그림 35> 십삼주천 운기도

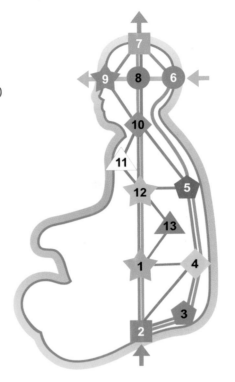

1. 삼태극단전 (석문·기해·관원)
2. 회음단전
3. 장강단전
4. 명문단전
5. 영대단전
6. 옥침단전
7. 백회단전
8. 송과체단전
9. 인당단전
10. 천돌단전
11. 중부단전 (남우, 여좌)
12. 옥당단전
13. 일월단전 (남좌, 여우)

십삼주천 운기는 십삼단전 전체를 하나로 연결하여 운기하기에 각 단전을 이어서 운기하는 십삼단전주천十三丹田周天의 완성이라 할 수 있다. 십삼주천 운기 속도가 평균 2분 이내가 되면 다음 단계인 우주 합일 명상 단계로 넘어간다.

〈표 35〉 십삼주천 운기 수련방법

순서	구분	십삼주천 운기
1	몸 움직이기 (몸명상)	• 삼태극단공(인단공)을 하면서 몸 바라보기를 하며 긴장을 푼다. 그리고 호흡 바라보기를 하며 이완을 한다. • 체조, 기공, 삼태극무(태극무), 굴신단공은 기본 수련과 함께 실시한다.

2	마음 바라보기
	(마음명상
	:심법 걸기)
		• 좌식 자세를 취하고 호흡 바라보기를 하며 마음의 긴장을 내려놓는다.
		• 십삼단전(삼태극단전, 회음단전, 장강단전, 명문단전, 영대단전,
		  옥침단전, 송과체단전, 인당단전, 천돌단전, 중부단전, 옥당단전,
		  일월단전, 삼태극단전)과 원소주천 통로를 마음으로 바라본다.
		• "십삼단전을 원소주천 통로를 통하여 강하게 운기한다."라는 심법을
		  걸고 마음으로 바라본다.

3	기운 모으고 돌리기 (기운명상)	• 십삼단전과 원소주천 통로를 하나의 원처럼 연결하여 기운의 흐름을 느끼면서 강하게 운기한다.

7. 우주합일 명상

1) 개요

우주합일 명상은 우주의 기운과 완전히 하나가 되는 수행이다. 해·
달·별 명상을 통한 우주의 해와 달과 별을 바라보며 명상하고 그 기운
을 몸 안에 가득 채우고 나면 우리의 몸이 우주의 기운과 소통되고 우
주의 에너지가 몸 안에 충만하게 된다. 하지만 완전히 우주의 기운과
하나가 된 것은 아니기에 우주의 원기를 몸 안에 가득 채우는 우주합일
명상을 수행한다. (〈그림 36〉 참조)

2) 수련방법

우주합일 명상 단계부터 몸 전체로 호흡하는 피부호흡이 시작된다. 우선 몸 전체를 가만히 바라본 다음 피부 전체의 모공을 바라본다. 이후 피부호흡을 하며 전신의 모공을 통해 우주의 원기를 받아들여 몸 전체에 모은다. 우주합일 명상 수련이 진행됨에 따라 피부 모공이 열리고 이를 통해 우주의 원기가 쏟아져 들어와 삼태극단전을 중심으로 몸 전체에 쌓인다. 처음에 피부 모공을 열어갈 때는 피부가 가렵고 따끔 거리기도 하며, 또 다른 피부막이 있는 것 같은 느낌이 들기도 한다.

〈표 36〉 우주합일 명상 수련방법

순서	구분	우주합일 명상
1	몸 움직이기 (몸명상)	• 삼태극단공(인단공)을 하면서 몸 바라보기를 하며 긴장을 푼다. 그리고 호흡 바라보기를 하며 이완을 한다. • 체조, 기공, 삼태극무(태극무), 굴신단공은 기본 수련과 함께 실시한다.
2	마음 바라보기 (마음명상 :심법 걸기)	• 몸과 마음의 긴장을 풀고 편안하게 이완한다. • 좌식 자세를 취하고 양손은 손바닥이 하늘을 향하거나 아래로 향하도록 하여 무릎 위에 편안히 올려놓는다. • 눈을 감고 몸 전체와 피부 전체의 모공을 마음으로 바라본다. • "온몸의 피부 모공을 통하여 우주에 가득 찬 모든 원기를 다 받아들여 우주와 하나 된다."라고 심법을 걸고 마음으로 바라본다.
3	기운 모으고 돌리기 (기운명상)	• 온몸의 피부를 통해 원기가 들어오는 것을 느끼면서 호흡을 통해 그것을 강하게 끌어당겨 몸에 쌓는다.

우주합일 명상에서는 몸 전체가 하나의 단전이라고 생각하면 된다. 기운이 쌓여서 몸 전체에 가득 차면 피부막과 우주가 하나의 경계선이 된다. 그 경계선을 제거하고 온전히 우주와 하나가 되기 위해서는 몸에 기운을 채우는 것뿐만 아니라, 마음과 생각의 고정된 틀을 제거해야 한다.

그동안 가지고 있던 관념과 신념, 그리고 자신과 타인, 세상을 바라보는 관점들을 다 내려놓고 있는 그대로 사물과 사람을 보아야 한다. 따라서 기운적인 측면에서 온몸에 우주의 원기가 다 찼다 할지라도 마음이 비워지지 않으면 우주합일 명상은 끝나지 않는다. 몸에 기운이 가득 차고 마음의 분별이 비워지고 놓일 때 우주와 몸의 경계선인 피부막이 사라지고 우주와 내가 하나의 상태인 우주합일의 경지에 이르게 된다.

이 경지에 이르면, 모든 사물이 있는 그대로 아름답게 보이고, 세상 모든 사람이 존재 그 자체만으로도 사랑스럽고 존경스럽게 느껴진다. 우주에 존재하는 풀 한 포기, 꽃 한 송이, 나약한 어린아이 하나까지 고귀한 생명의 존재 가치는 다 같은 것이다.

이때부터 우주심이 생겨나고, 자연스럽게 지금 이 순간에 감사하고 즐기면서 머물게 된다. 또한 의식을 넘어 무의식의 경지에 이르게 되므로 수행이 물 흐르듯 자연스럽고 편안하게 진행된다.

8. 전신경맥주천 운기

1) 개요

전신경맥주천 운기는 온몸의 경혈에 원기를 채우고 경락을 여는 수행이다. 이전 수련을 통해 십삼단전을 인체 내에 형성하고 연결하는 십삼주천 운기과정을 완성하였다. 그 과정에서 대맥, 임맥, 독맥의 기경삼맥주천 운기를 진행하였고 인체의 관절을 중심으로 형성된 비경십일맥주천 운기도 완성하였다. 해·달·별 명상과 우주합일 명상을 통해서는 우주와 하나가 되어 무無로 돌아갔다.

하지만 우주가 무에서 유有로 탄생하여 그 속에 수많은 별과 행성이 존재하고 자전과 공전에 의해 운행을 거듭하듯, 우리도 십이경맥과 기경육맥을 유통하고 인체에 미세하게 존재하는 760개 이상의 경혈에 기운을 모아 이들을 하나로 연결하는 전신경맥주천 운기 수련을 진행하여야 한다.

전신경맥주천 운기는 12가지 정경맥을 중심으로 운기하는 십이정경맥주천十二正經脈周天 운기와 기경팔맥에 뇌맥을 더한 기경구맥奇經九脈 중 대맥, 임맥, 독맥을 제외한 6가지 기경맥을 운기하는 기경육맥주천奇經六脈周天 운기로 나누어진다.

(1) 경락과 경혈

경락은 인체 내에서 기氣와 혈血, 진액津液(액체화된 비타민, 미네랄, 아미노산, 포도당 등)이 흐르는 통로이다. 한의학상 경락은 경맥經脈과 낙맥絡脈으로 나뉜다. **경맥**은 인체 깊이 세로 라인인 종으로 흐르는 기운 통로로서 장부와 밀접하게 연결되어 있다. 크고 빠르게 흘러가는 고속도로라고 생각하면 된다. 『난경』에서는 "경맥은 혈과 기를 운행하고 음양을 통하게 하며 전신에 영양을 공급한다(經脈者, 行血氣, 通陰陽, 以營于身者也)"라고 하였다. 이에 반해 **낙맥**은 인체의 피부 아래로 얕게 흐르는 기운과 피가 흐르는 통로이다. 마치 지방도로와 같이 여러 갈래로 미세하게 흐른다. 따라서 피부와 각 관절 등과 밀접한 연관이 있다. 낙맥은 아주 세분화하면 모세혈관까지 포함한다. **경혈**은 경맥의 작용점이다. 일반적으로 경맥보다는 경락이라는 말이 더 익숙하다. 태극숨명상에서 수련하고자 하는 십이정경맥과 기경구맥은 경맥에 속한다.

동양의학과 선도의 내단 수행에서 주장하는 경맥과 경혈은 현대과학으로 증명하기 쉽지 않다. 그 개념과 대상이 물리학이나 생물학에는 존재하지 않기 때문이다. 그러나 근간에 서울대학교 차세대융합기술 연구원 소광섭 교수는 2016년 4월 29일 "원불교 100주년 원광대학교 개교 70주년 기념 학술대회"에서 「경락-프리모 순환계에 바탕 한 새로운 생명관 및 의학」이라는 제목으로 동양의 경혈과 경락을 현대 과학적 입장에서 서술하기도 하였다.

소광섭 교수는 위 연구논문의 근거를 북한 평양의대 김봉한 교수의 봉한학설을 통해 제시한다. 김봉한 교수는 이미 1963년에 심혈계(영양을 공급하는 혈액순환계)나 림프계(외부 미생물의 침입으로부터 인체를 방어하는 면역세포의 순환계)와 다른 제3의 순환계이자 경락순환계인 봉한관Bonghan duct과 봉한관을 따라 도는 액체인 봉한액Bonghan liquor, 봉한관이 뻗어 나가는 특정 지점인 봉한소체Bonghan corpuscles의 존재를 주장하였다. 봉한관과 봉한소체는 각각 한의학상의 경락과 경혈에 상응하였기에 국제적 관심을 끈 바 있다.

이 발표 후 2002년 서울대 물리학부 연구팀에서 봉한학설의 재현이 시작되었고, 2007년 소광섭 교수 연구팀은 특수 형광염색법을 개발해 토끼와 쥐의 큰 혈관 속에서 거미줄처럼 가늘고 투명한 줄인 봉한관 경락에 해당하는 프리모관Primo-vessel을 찾아냈다. 프리모관에는 봉한액에 해당하는 프리모액이 흐르는데, 그 속에 아드레날린 호르몬을 생성하는 세포와 DNA를 담고 있는 산알Primo-microcell(생명의 알, 살아있는 알)이 있음이 확인되었다고 밝혔다.

소광섭 교수는 한의학에서 말하는 '기氣'는 경락을 흐르는 산알의 DNA가 갖는 생명 정보와 산알이 방출 흡수하는 빛(Biophoton)의 복합체, 즉 'DNA의 생명 정보와 빛 에너지'라고 했다. 그리고 신경은 전기로 신호전달을 하지만 경락은 빛을 통해 신호를 전달하는 몸 안의 '광통신 네트워크'로 볼 수 있으며, 전신의 일체성을 유지하는 체계로 볼 수 있다고 밝혔다.

프리모관 경락은 내장의 일정 장기에 약물을 전달하는 수송로로 응용하여 쓸 수 있다는 점에서 의학적 의의가 있다. 피부의 특정 경혈과 문제가 있는 장기를 이어주는 프리모관이 확립되면, 이 경혈에 약물을 주입함으로써 직접적이고 효율적으로 치료함을 물론 당뇨병이나 암 등 현대 의학이 풀지 못하는 질병 치료에 더욱 효과적인 접근을 제공할 것이라고 한다.

이러한 경락체계에 관한 연구는 2010년 국제학술대회를 통하여 '프리모 순환계' 내지 '프리모 시스템Primo Vascular System'이라는 국제 용어로 재탄생했다.

프리모 순환체계가 피부를 비롯하여 혈관, 림프관 내외와 신경 등 전신에 두루 퍼져 있기에, 소광섭 교수는 경락도 피부에 분포한 프리모 순환계의 일부라고 주장한다. 하지만 앞서 살펴본 바와 같이 한의학상 경락은 경맥과 낙맥으로 구성되어 있는데, 피부를 중심으로 흐르는 경맥과 달리 낙맥은 피부 깊이 흐르고 있으며, 혈관, 모세혈관, 림프관, 신경, 장기, 뇌에까지 연결되어 있기에 프리모 순환계와 경락, 봉한관은 같은 용어, 같은 체계이지 하나가 다른 하나를 포함하는 개념이 아니다.

　이러한 경락에 해당하는 프리모 순환계는 혈관조직과는 다르게 뇌 조직과 연결되어 있으므로, 이를 이용하여 새로 개발된 약물을 주입함으로써 치매, 파킨슨병 같은 노인성 질환이나 정신증 질환을 치료하는 데 효과적일 수 있다고 한다. 따라서 전신경맥주천 수련이 갖는 수행적인, 양방과 한방의학적인 가치와 의미는 참으로 크다고 하겠다.

　이러한 경락에 관한 연구는 서양의 정골의학과 정형의학에서도 이루어지고 있다. 최근 뼈와 근육, 근막에 관한 연구가 미국에서 활발하게 이루어지면서 경락의 존재에 대한 새로운 근거를 제시하고 있다. 그 대표적 인물이 미국 마사지 치료사인 토마스 마이어스이다.

　그는 근육근막 치료의 창시자인 아이다 롤프 박사와 새로운 신체 치료법을 개발한 모세 휠든크라이스Moshe Feldenkrais 박사의 영향을 받아 2001년에 『근막경선 해부학Anatomy Trains: Myofascial Meridians for Manual and Movement Therapists』이라는 저서를 출간했다. 이 책에서 마이어스는 인체의 근막이 서로 연결된 12개의 '근막경선'을 발견했다고 밝히는데, 여기서 근막Meridian이란 인체를 세로로 가로지르는 선을 의미한다. 그는 경선이 한의학의 십이경맥과 같은 흐름을 가지고 있음을 십이경맥과 십이근막경선을 비교한 그림을 위의 책에 나타냈다.

　그러므로 서양의학의 근막경선과 동양의학의 십이경맥은 서로 상통된다고 볼 수 있다. 근육을 싸고 있는 근막은 피하지방에 있는 혈관, 신경과 근육 사이에 존재하며 근막 속에 있는 경선인 경락의 원활한 흐름은 혈액의 산소공급과 림프액 순환, 신경의 흐름에 영향을 주고 근육에 축적된 피로물질인 젖산의 분해에 기여한다. 따라서 몸의 건강을 유지하는 데 크게 기여한다.(**〈그림 37〉** 참조)

〈그림 37〉 근막 해부도

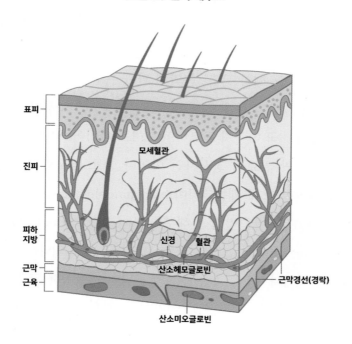

또한 우리 몸의 수많은 근막과 경락 속에는 수많은 정보인 DNA가 함께 존재하는데 특히 우리들의 부정적 무의식 에너지도 함께 존재하고 있다. 따라서 태극숨명상에서 제시하는 십이경맥과 기경팔맥을 열어가는 전신주천경맥 운기 수련은 몸의 치유와 함께 긴장되고 막힌 근막과 경선인 경락 속에 숨어 있는 부정적 감정, 즉 불안, 공포, 두려

움, 긴장, 우울 등을 함께 치유하는 것이다. 열린 마음으로 진정한 깨달음과 자기완성을 이루기 위해서는 몸의 근막에 미세하게 있는 근막 경선인 경락을 풀고 소통시켜야 한다. 사실 경락은 단순히 침을 놓고 뜸을 뜨는 한의학만의 전유물이 아니다. 경락은 고대부터 내단 수행자들이 기운을 배꼽 아래 단전에 모아 머리나 뇌의 송과체 부분에 보내 깨달음과 자기완성을 추구하던 길이자 통로였다. 그 후 오랜 시간이 지나 내단 수행과 동양의학으로 나누어지면서 동양의학인 한의학에서 많이 알려지고 이용됐던 것이다. 과거 동양의 수행자들은 수행자이면서 사람을 치료하는 의사, 마음을 상담하는 상담가의 역할을 함께 해왔다.

태극숨명상의 전신경맥주천 수행을 하면 깊은 무의식 속의 부정적 감정이 사라지고, 진정한 깨달음과 해탈의 경지로 한 단계씩 나아가게 된다. 전신경맥주천 수련은 동양 의학적인 경혈과 경락 시스템에 마음 바라보기 명상과 기운 모으고 돌리기의 기운명상을 함께 한다.

전신경맥주천 수련은 원기를 단전에 모아서 각 경락과 경혈, 그리고 세포핵까지 전달하여 첫째, 몸의 순환계, 림프계, 심혈관계, 내분비계를 활성화하고, 둘째, 몸의 항상성과 면역체계를 유지하고, 셋째, 마음과 정신의 안정과 발전을 돕는다. 몸은 마음과 연결되어 있어서 몸이 건강하지 않으면, 정신의 깨달음, 마음의 평화도 존재하지 않기 때문이다.

그러므로 프리모 순환계를 이용하는 전신경맥주천은 동양의 기운명상과 마음명상에서는 아주 중요한 과정이다. 전신경맥주천 수련은 낙맥을 제외한 경맥을 중심으로 운기 수행을 진행하나, 전신경맥주천이 다 이루어지면 인체의 낙맥에 해당하는 부분도 자연히 소통되고 열리게 되므로 낙맥 운기수련은 별도로 하지 않아도 된다.

(2) 요가 수행의 나디와 경락

요가 수행에서는 대자연의 기운인 프라나를 10가지 종류의 호흡으로 나누어서 정화해 나간다. 요가 수행 중 '쿤달리니 요가'는 일반적 기운인 프라나의 차원을 넘어서 인간 내면에 내재된 큰 에너지인 쿤달리니 기운을 깨우고 각성한다. 동양의 내단 수행과 유사한 수행으로, 단전에 해당하는 7개의 차크라와 그 사이를 연결하는 경락과 같은 개념인 '나디'라는 것이 존재한다. 나디는 음경락인 '이다 나디Ida Nadi'와 양경락인 '핑갈라 나디Pingala Nadi' 그리고 임맥처럼 가운데를 통과하는 중앙의 '슈슘나 나디Sushumna Nadi'가 있다. 혹자는 내단 수행과 비교해서 이다 나디는 임맥, 핑갈라 나디는 독맥, 슈슘나 나디는 충맥과 같다고 주장하지만, 그 위치에는 약간의 차이가 있다.

(3) 태국 전통의학의 센 라인과 경락

앞서 비경십일맥 편에서 살펴본 바와 같이 태국 전통의학에는 한의학의 경락과 비슷한 '센 라인'이 있다. 센 라인은 10가지(십센)로 구성되며, 몸의 좌측과 우측으로 나누어지고 기운의 흐름이 경락과 비슷하다.

특히 모든 경락이 하단전 배꼽을 중심으로 하며, 센 라인 대부분이 기경팔맥의 흐름과 유사하게 형성되어 있다.(〈그림 30〉 센십도(센 라인도) 참조)

〈표 37〉는 센 라인의 종류와 내용, 연관된 한의학 경락을 알기 쉽게 나타낸 것이다.

〈표 37〉 태국 전통의학 센 라인의 종류와 내용

순서	센 라인(십센)		유주 방향		연관 질환	연관 경락
1	이다	좌(음)	배꼽(단전) → 왼쪽(오른쪽) 허벅지 앞쪽 → 무릎 허벅지 뒤쪽 → 등 왼쪽(오른쪽) → 머리 위 → 왼쪽(오른쪽) 코		두통, 목의 경직, 어깨통증, 인후통, 눈 질환, 오한	독맥 · 충맥
2	핑갈라	우(양)				
3	수마나		배꼽(단전) → 목구멍 안 → 혀 하단부		가슴의 통증, 심장질환, 경련, 발작, 폐 질환, 감기, 기침, 상복부의 통증	임맥
4	칼라트하리		배꼽에서 4개의 X자 형태로 상하로 나누어짐. ▶하체 2선: 배꼽(단전) → 양쪽 서혜부 → 대퇴 → 하퇴 → 양쪽 발가락 ▶상체 2선: 배꼽(단전) → 양쪽 가슴 → 어깨 → 양쪽 손가락		소화기 질환, 관절 이상, 다리 마비, 무릎 통증, 심장질환, 손가락 이상, 정신질환, 팔다리 통증	오중맥
5	사하트사랑시	좌(음)	배꼽(단전) → 왼쪽(오른쪽) 넓적다리 → 하퇴 안쪽 → 발목 → 외 측면 → 복부 → 가슴 좌측(우측)면 → 목 → 왼쪽(오른쪽) 눈		안면 마비, 치통, 인후통, 눈 충혈, 가슴 통증, 우울증, 다리의 마비, 무릎 관절염, 발 통증	음교맥
6	타와리	우(양)				
7	라우상	좌(음)	배꼽(단전) → 유두 → 목의 측면 → 왼쪽(오른쪽) 귀		중이염, 감기, 안면 마비, 치통, 인후통, 소화기 질환, 가슴 통증	충맥
8	울랑가	우(양)				
9	난타카와트	음	시키니	배꼽(단전) → 방광	복부마사지에 많이 이용되며 자궁 이상, 발기부전, 월경불순, 설사, 복통, 하복부와 관련	임맥
		양	스쿠망	배꼽(단전) → 항문		
10	키트차	음	키트차나	배꼽(단전) → 음핵	소변 자주 보는 증세, 자궁 이상, 발기부전, 설사, 복통, 기타 하복부와 관련	임맥
		양	피트타쿤	배꼽(단전) → 음경		

(4) 티베트 불교의 밀교 수행과 단전호흡

티베트 불교의 밀교密敎 수행에서도 경락과 비슷한 '맥관脈管, Rtsa'이라 불리는 통로가 존재한다. 티베트 밀교 수행의 마지막 수행단계인 '무상요가 탄트라'는 몸에 흐르는 생체에너지를 이용하는 고도의 명상수행으로 경락 같은 기의 흐름과 단전이나 차크라 같은 에너지체 Energy body를 밝히고 있다. 요가에서는 인간의 몸(샤리라, Sarira)을 '거친 몸(스툴라-샤리라, Sthûlâ-Sarîra, 물질요소들로 구성된 육체)'과 '미세한 몸(수크슈마-샤리라, Sûksmâ-Sarîra, 생기로 이루어진 몸인 기체氣體와 의근意根과 식식識으로 이루어진 몸인 심체心體, 윤회의 주체가 되는 몸)', '원인적인 몸(카라나-샤리라, Kârana-Sarira, 거친 몸과 미세한 몸이 나타나는 근원적 토대이자 이를 지탱하는 몸)'으로 구분한다. 생체에너지에 해당하는 맥관脈管(경락)·풍風(기운)·맥륜脈輪(단전)·명점明點은 미세한 몸에 해당한다.

맥관은 생명을 유지하는 경락으로 좌맥左脈·우맥右脈·중맥中脈의 삼맥三脈으로 나누어진다. 좌·우맥은 동양의학 경락 가운데 충맥衝脈과 연관되며, 중맥은 임·독맥과 연관된다. 풍은 맥관을 통해 흐르는 기운이라 할 수 있다.

맥륜은 좌·우맥과 중맥이 몸에서 서로 만나는 지점에 형성된 원형의 중추로 맥관과 명점이 모이는 곳이라고도 한다. 요가의 차크라, 태극숨명상의 단전과 같은 의미이다. 삼맥은 서로 나란히 운행되어 백회나 회음, 배꼽 부위, 가슴 사이, 인후, 정수리에서 만나게 된다. 특히 몸의 중요한 부분인 배꼽, 가슴 사이, 인후, 정수리에 있는 맥륜을 사륜 四輪이라고 한다. 이는 배꼽 아래에 있는 제륜臍輪, 가슴 사이에 있는 심륜心輪, 목 부분에 있는 후륜喉輪, 머리 정수리에 있는 정륜頂輪이다. 사륜은 태극숨명상의 하단전, 중단전, 천돌단전, 백회단전에 각각 해당한다고 하겠다.

명점은 산스크리트어인 빈두Bindu(물방울, 점)를 번역한 것으로, 배꼽과 정수리에 있는 음양 에너지의 정수精髓를 의미한다.[24] 명점에는 정수리에 있는 음 기운을 나타내는 백색명점白色明點과 배꼽 부위에 있는, 양의 기운을 나타내는 적색명점赤色明點, 가슴 부위에 위치하며 음양의 기운 조화를 나타내는 불멸명점不滅明點의 3가지가 있으며 이를 삼명점이라 한다.

따라서 밀교 수행의 과정은 기운인 풍이 호흡으로 좌·우맥에 나누어져 있다가 단전에 열을 발생시키는 뚬모수행(단전호흡)을 통하여 뜨거운 열기가 중맥으로 유입되면 음의 백색명점과 양의 적색명점이 조화를 이루어 가슴에 있는 불멸명점이 크게 열리는 것으로 귀결한다. 이때 큰 깨달음의 경지에 이르게 되는데 이를 보리심菩提心, Bodhicitta 이라고 한다.

밀교 수행의 삼맥이론과 선도의 단전호흡의 차이는 단전호흡이 임·독맥 유통을 강조한다면, 밀교 수행은 좌우의 충맥 유통을 강조한다는 점이 다르다. (**〈그림 10〉** 임맥도, **〈그림 11〉** 독맥도, **〈그림 54〉** 충맥도 참조)

---

24) 지산 스님, 「티베트 불교」, '4. 체계적이고 강력한 밀교의 수행 방법(上)', 『월간불광』, 불광미디어, 2010. 1. 29. 참조.

〈표 38〉은 단전호흡·요가 수행·밀교 수행의 유사한 구조와 차이를 알기 쉽게 나타낸 것이다.

〈표 38〉 단전호흡 · 요가 수행 · 밀교 수행 비교표

순서	구분	에너지체			에너지			통로		
1	단전호흡 (내단 수행)	단전	머리	상단전	기	음기	경락	음	임맥	
			가슴	중단전		양기		충맥		
			배	하단전				양	독맥	
2	요가 수행 (쿤달리니요가)	차크라	머리	사하스라라	프라나	쿤달리니	나디	음	이다	
				아주나						
			가슴	비슈다				슈숨나		
				아나하타						
				마니푸라						
			배	스바디스타나				양	핑갈라	
				무라다라						
3	티벳 밀교 (뚬모수행)	맥륜	머리	정륜	풍	뚬모 (단전열)	맥	음	좌맥	
			목	후륜				중맥		
			가슴	심륜						
			배	제륜				양	우맥	

(5) 경락주천과 선도 수행원리

선도의 내단 수행에서는 인간의 탄생 과정을 신神 → 기氣 → 정精의 과정으로 나타낸다. 그러나 수행은 역의 순으로 정을 연마하여 기운으로 승화시키고, 더 나아가 정신으로 향하는 정 → 기 → 신의 과정으로 진행된다. 이 과정을 풀어서 설명하면 열기명상·연기화신·연신환허이다. 정에서 기운으로, 기운에서 정신으로 변화하는 원리를 『주역』에서는 음양론에 바탕을 두어 감리교구, 취감전리取坎顚離, 음양승강陰陽昇降, 수승화강水昇火降이라고 한다.

또한 단전에서 만들어진 불을 상징하는 양기운과 물을 상징하는 음기운이 서로 돌고 돌아 순환하면서 공부가 이루어지는 과정이 경락 운기이다. 일차적인 경락 운기는 하단전, 중단전, 상단전을 임·독맥을 통해서 연결하는 과정이고, 이차적인 운기 과정이 바로 전신경맥주천이다. 송나라 시기의 도사 소남所南 정사초鄭思肖(1241~1318)는 임·독맥은 서로 표리관계가 되며, 온몸의 조화는 모든 경맥의 근원인 양신장 사이의 단전을 통해 이루어진다고 그의 저서 『태극제련내법太極祭鍊內法』에서 밝히고 있다.

한의학적 관점에서는 십이정경맥과 기경팔맥의 성격과 역할이 조금씩 다르다. 단전을 큰 호수에 비유한다면 십이정경맥은 큰 호수로 이르는 12가지의 큰 수로를 말하는 것이며, 기경팔맥은 12가지의 수로가 막히거나 문제가 생길 때 따로 통할 수 있는 8가지의 비상 수로이다.

이는 큰 하천이 있어도 도랑과 개천을 따로 만들어 하천의 범람에 대비해 조절하는 것과 같다. 즉, 인체에서 정경의 맥이 막히고 흘러넘치면 오묘하고 신비롭게도 기경팔맥이 운행하여 그 경락을 소통시킨다.

기경팔맥에는 3가지 기능이 있다. 첫째, 십이정경 사이에서 종횡으로 연결되어 상호 경락 간의 관계를 더욱 밀접하게 하고, 둘째, 십이정경 기혈의 강약을 조절한다. 즉, 십이정경 기혈이 왕성하여 너무 강하게 흐르면 기경으로 흘러들어가 압력을 줄이고, 반대로 기혈이 부족하면 기경에서 흘러나가 압력을 보충해 준다. 그리고 셋째, 간, 신장 및 어떤 장부와도 일정한 연계를 하는데, 특히 자궁, 뇌수 같은 중요한 기관은 주로 기경을 통해서 직접 연결되어 상호 간에 생리적, 병리적 영향을 미친다. [25]

기경팔맥 가운데 내단 사상에서 가장 중요하게 다루는 맥은 임맥과 독맥이다. 임맥과 독맥의 운행에 관해 처음 밝힌 것은 중국 고대 의학 서적인 『황제내경黃帝內經』의 「소문」과 「영추」이다. 그리고 선도 남종의 창시자인 도사 장백단張伯端은 그의 저서 『팔맥경八脈經』에서 기경팔맥의 하나인 임맥과 독맥은 생사현관이라며 아주 중요하다고 밝혔는데, 그 이유는 임·독맥이 열려야 진정한 원정元精과 원신元神을 회복하여 도를 이루거나 신선의 경지에 이를 수 있기 때문이다. 장백단은 또한 기경팔맥이 음기로 닫혀 있다 하였는데, 그것은 오직 내단 수련을 통해 만들어진 뜨거운 양기로만 열 수 있고, 그것이 열리면 도를 통할 수 있으니 기경팔맥이야말로 선천 대도의 근본이 된다고 주장하였다.

---

25) 『본초강목本草綱目』의 저자로 알려진 중국 명나라 때의 의약학자 이시진李時珍(1518~1593)은 그의 저서 『기경팔맥고奇經八脈考』에서 기경의 역할에 대해서 "십이정경에서 흐르는 기운이 넘치면 기경으로 들어가 돌게 되어 안으로 장부를 따뜻하게 하고 밖으로 피부 속을 부드럽게 하고 또한 독자적인 노선을 추구하며 표리의 배합이 없으며, 만약 십이정경 경락의 기운이 약해져 부족하게 된다면 기경에서 역으로 흘러 들어가는 보완 역할을 담당하는 것"이라고 밝히고 있다.
그리고 그는 기경팔맥이 가지는 내단 수행의 중요성을 "양유맥과 음유맥은 몸의 겉과 속이 되고, 하늘과 땅이 되며, 양교맥과 음교맥은 좌우와 동서가 된다. 그리고 임맥과 독맥, 충맥은 서로 남북이 되고 대맥은 횡으로 묶는다"라고 하여 천지와 인체가 서로 연결되어 통함을 밝혔다. 즉, "기경팔맥을 알면 용과 호랑이가 오르내리는 현상인 감리교구의 이치를 알아 단전에서 현빈일규玄牝一竅를 열어 득도하는 것"이라고 했다.

2) 십이정경맥주천 운기

(1) 개요

십이정경맥주천은 12가지 정경맥을 중심으로 원기를 운기하는 수련이다. 십이정경맥은 폐, 대장, 위장, 비장, 심장, 소장, 방광, 신장, 심포, 삼초, 담, 간, 열두 개 장부와 연관된 경맥으로 ① 폐경맥肺經脈, ② 대장경맥大腸經脈, ③ 위장경맥胃腸經脈, ④ 비장경맥脾臟經脈, ⑤ 심장경맥心臟經脈, ⑥ 소장경맥少腸經脈, ⑦ 방광경맥膀胱經脈, ⑧ 신장경맥腎臟經脈, ⑨ 심포경맥心包經脈, ⑩ 삼초경맥三焦經脈, ⑪ 담경맥膽經脈, ⑫ 간경맥肝經脈이 있다.

이 십이경맥은 다시 차가운 성질을 지닌 음경맥陰經脈과 뜨거운 성질을 지닌 양경맥陽經脈으로 나누어진다. 차가운 성질의 음경맥은 다시 습한 성질의 태음경맥太陰經脈, 풍한 성질의 궐음경맥厥陰經脈, 따뜻한 열성의 소음경맥少陰經脈으로 나누어진다.

태음경맥에는 손에 있는 수태음폐경맥手太陰肺經脈과 발에 있는 족태음비장경맥足太陰脾臟經脈이 있다. 궐음경맥에는 손에 있는 수궐음심포경맥手厥陰心包經脈과 발에 있는 족궐음간경맥足厥陰肝經脈이 있다. 그리고 소음경맥에는 손에 있는 수소음심장경맥手少陰心臟經脈과 발에 있는 족소음신장경맥足少陰腎臟經脈이 있다.

그리고 뜨거운 성질의 양경맥은 차고 냉한 성질의 태양경맥太陽經脈, 건조한 성질의 양명경맥陽明經脈, 뜨거운 불의 성질을 지닌 소양경맥少陽經脈으로 나뉜다. 태양경맥에 속한 것은 손에 있는 수태양소장경맥手太陽少腸經脈, 발에 있는 족태양방광경맥足太陽膀胱經脈이다,

그리고 양명경맥에는 손에 있는 수양명대장경맥手陽明大腸經脈과 발에 있는 족양명위장경맥足陽明胃腸經脈이 있고, 소양경맥에는 손에 있는 수소양삼초경맥手少陽三焦經脈, 발에 있는 족소양담경맥足少陽膽經脈이 있다.

십이경맥의 성격과 감정, 혈수穴數, 시혈始穴, 종혈終穴, 모혈, 원혈原穴[26]은 **〈표 39〉**와 같다.

〈표 39〉 십이경맥의 성격과 감정 그리고 중요 혈

성격·성질		위치	십이경맥	감정	혈수	시혈	종혈	모혈	원혈
음경 (-)	태음 습	수	폐경	슬픔·무기력	11개	중부	소상	중부	태연
		족	비경	짜증·예민	21개	은백	대포	장문	태백
	궐음 풍	수	심포경	울화·답답	9개	천지	중충	단중	대릉
		족	간경	욕망·열정	14개	대돈	기문	기문	태충
	소음 열	수	심경	기쁨	9개	극천	소충	거궐	신문
		족	신경	쾌락	27개	용천	수부	경문	태계
양경 (+)	태양 한	수	소장경	증오	19개	소택	청궁	관원	완골
		족	방광경	두려움·공포	67개	정명	지음	중극	경골
	양명 조	수	대장경	우울·고집	20개	상양	영향	천추	합곡
		족	위경	안정·여유	45개	승읍	여태	중완	충양
	소양 화	수	삼초경	소통·포용	23개	관충	사죽공	석문	양지
		족	담경	분노	44개	동자료	족규음	일월	구허

＊習濕 : 습함, 풍風 : 시원함, 열熱 : 따뜻함, 한寒 : 차가움, 조燥 : 건조함, 화火 : 뜨거움

---

[26] 장부臟腑의 원기原氣가 강물이 흐르듯 끊이지 않고 지나가는 혈穴. 주로 손목, 발목, 관절 부근에 있다. (출처 : 표준국어대사전)

십이경맥의 좌측 혈을 다 합치면 309혈, 우측까지 합하면 618혈이 된다. 여기에 겹치지 않는 기경팔맥의 임맥 24혈, 독맥 29혈까지 합하면 모두 671혈이다. 전신경맥주천을 하여 모든 경맥과 경혈이 다 통하고 열리면 몸의 기혈순환이 잘 이루어지고, 건강한 몸을 유지할 수 있다.

〈표 40〉 십이정경맥주천 운기 수련방법

순서	구분	십이정경맥주천 운기
1	몸 움직이기 (몸명상)	• 삼태극단공(인단공)을 하면서 몸 바라보기를 하며 긴장을 푼다. 그리고 호흡 바라보기를 하며 이완을 한다. • 체조, 기공, 삼태극무(태극무), 굴신단공은 기본 수련과 함께 실시한다. • 좌식 자세를 취하고 양손은 손바닥이 하늘로 가게 하여 무릎 위에 편안히 올려놓는다.
2	마음 바라보기 (마음명상 :심법 걸기)	• 마음의 긴장을 풀고 편안하게 이완한다. • 좌측 경맥주천 심법 걸고 마음으로 바라보기 좌측 정경맥을 마음으로 바라보면서 "( )혈에 축기하여, ( )혈까지 좌측 ( )경락을 운기한다."라고 심법을 걸고 마음으로 바라본다.(예 : 좌측 폐경맥을 마음으로 바라보면서 '중부혈'에 축기하여, '소상혈'까지 운기한다.) • 우측 경맥주천 심법 걸기 우측 정경맥을 마음으로 바라보면서 "( )혈에 축기하여, ( )혈까지 우측 ( )경락을 운기한다."라고 심법을 건다.(예 : 우측 폐경맥을 마음으로 바라보면서 '중부혈'에 축기하여, '소상혈'까지 우측 폐경맥을 운기한다.)
3	기운 모으고 돌리기 (기운명상)	• 운기하려는 정경맥을 마음으로 바라보고 시혈에 축기하면서 기운을 감지한다. • 정경맥을 따라서 흘러가는 원기의 흐름을 느끼면서 종혈에 다다를 때까지 호흡을 통해 강하게 운기한다.

십이정경맥 좌측 혈 309혈 가운데 중요한 혈은 5가지 오행혈五行穴이다. 오행혈은 경맥의 흐름을 관장하고, 장부의 치료에 중요한 혈이므로, 꼭 알아두어야 한다.

〈표 41〉 십이정경맥 중 음경맥의 오행혈

음경맥(6)	목	화	토	금	수
수태음폐경	소상	어제	태연	경거	척택
족태음비경	은백	대도	태백	상구	음릉천
수궐음심포경	중충	노궁	대릉	간사	곡택
족궐음간경	대돈	행간	태충	중봉	곡천
수소음심경	소충	소부	신문	영도	소해
족소음신경	용천	연곡	태계	복류	음곡

〈표 42〉 십이정경맥 중 양경맥의 오행혈

양경맥(6)	금	수	목	화	토
수태양소장경	소택	전곡	후계	양곡	소해
족태양방광경	지음	족통곡	속골	곤륜	위중
수양명대장경	상양	이간	삼간	양계	곡지
족양명위경	여태	내정	함곡	해계	족삼리
수소양삼초경	관충	액문	중저	지구	천정
족소양담경	족규음	협계	족임읍	양보	양릉천

음경맥의 오행혈은 '목' 오행에서 시작하는 반면, 양경맥은 '금' 오행에서 시작한다. 음경맥의 원혈은 토혈과 같지만, 양경맥의 원혈은 별

도로 존재한다. 그리고 십이정경맥의 오행혈 60혈 외에도 십이정경맥의 근원적 핵심인 원혈 12혈은 장부가 허해 활력을 불어넣고자 할 때 기운을 모아 쏘면 효과적이다. 음경맥의 토혈과 원혈은 서로 일치한다. 또한, 가슴과 복부에 있는, 장부의 기가 흘러들어가는 모혈 12혈은 해당 장부가 급하게 병이 났을 때 모혈에 기운을 모아 쏘면 효과적이다.

오행혈로 장부의 병을 효과적으로 치료하고자 하면 오행상생의 이치와 오행상극의 이치를 활용한다. 오행상생의 이치는 목생화木生火, 화생토火生土, 토생금土生金, 금생수金生水, 수생목水生木으로 앞에 있는 것이 어머니에 해당하고, 뒤에 있는 것이 자식에 해당한다. 예를 들어 심장이 약하면 간의 목혈인 대돈혈에 기를 쏘아 치료하고, 비장이 약하면 심장의 화혈인 소부혈에 기를 쏘아 치료하며, 폐가 약하면 비장의 토혈인 태백혈에 기를 쏘아 치료한다.

오행상극의 이치는 목극토木克土, 토극수土克水, 수극화水克火, 화극금火克金, 금극목金克木이다. 앞에 있는 것이 뒤에 있는 것을 제압하므로 위장이 너무 강해서 병이 생기면 담의 목혈인 족임읍혈에 기를 보내 치료를 하고, 방광이 너무 강해서 병이 생기면 위장의 토혈인 족삼리혈에 기를 보내 치료하며, 심장이 너무 강하면 신장의 수혈인 음곡혈에 기를 보내 치료를 하는 것이다.

전신경맥주천의 십이경맥 운기는 기운의 소통만 이루는 것이 아니라, 십이경맥 속에 숨겨진 부정적 감정을 정화해서 긍정적 감정으로 바꾸는 역할도 한다. 십이경맥 속에 숨겨진 감정들은 슬픔과 무기력,

우울과 고집, 안정과 여유, 짜증과 예민함, 기쁨, 증오, 두려움과 공포, 즐거움과 쾌락, 울화와 답답함, 소통과 포용, 분노, 열정과 욕망이다.

경맥과 감정 간의 상관관계를 보여주는 예를 몇 가지 들어보자면, 흔히 말하는 마음의 감기인 우울증은 폐와 대장과 관련이 있다. 폐와 대장은 오행에서 금에 해당하고, 서로 음과 양의 표리관계에 있다.

즉, 폐가 안 좋으면 대장도 안 좋아지고, 대장이 안 좋으면 폐도 나빠진다. 폐가 약하면 산소공급이 줄고, 산소공급이 줄면 에너지를 생산하는 미토콘드리아 세포가 저하되어, 빈혈과 무기력, 슬픔이 밀려온다. 거기에 대장에 독소나 가스가 많이 차게 되면, 대장에서 분비되는 행복 호르몬인 세로토닌 저하를 가져와서 우울과 감정 기복을 초래하게 된다. 특히 대장과 뇌는 연결된 장뇌 시스템이므로 대장의 건강과 유산균 활동은 우울증 예방과 치료에 큰 영향을 미친다. 따라서 폐경맥과 대장경맥 경혈 운기 수행은 이러한 감정과 질병 치료에 많은 도움이 된다고 볼 수 있다.

또한 스트레스를 받으면 위장과 비장에 영향을 주어 위장이 경직되고 비장에는 열이 나서 심하게 건조해지므로 짜증이 나게 된다. 이때 사탕이나 초콜릿, 주스 같은 단 음식이 들어가면 경직된 위가 늘어나고 확장되며, 비장은 촉촉해지면서 짜증이 사라지고 안정과 여유를 느끼게 된다.

아기들이 울거나 보챌 때 사탕을 주면 신기하게도 울음을 그치고 보채지 않게 되는 것도 바로 이런 원리에 따른 것이다. 어린아이들이 노란색을 좋아하는 것도 노란색이 오행 중에서 안정감을 느끼게 하는 토의 색이기 때문이다. 따라서 노란색 음식이 위와 비장에 좋은 음식이다. 위장경맥과 경혈, 비장경맥과 경혈 운기수련이 되어 있는 수행자들은 스트레스를 쉽게 극복할 수 있다.

한 가지 더 예를 들자면, 사람들은 공포영화를 보면 요의를 느끼고, 심지어 극한의 공포상황에 마주치면 자신도 모르게 이뇨 증상이 나타나기도 한다. 이는 방광과 두려움, 공포가 서로 연관되어 있기 때문이다. 방광과 음양 관계에 있는 장부인 신장은 즐거움과 연관이 있다. 따라서 신장의 기능이 강하면 공포의 상황에서도 즐거움이 두려움을 담담하게 극복할 수 있게 해준다.

하지만 신장 기능이 떨어지면 즐거움에서 벗어나 술과 도박, 게임의 중독적 쾌락에 빠질 수 있는데, 이는 방광경맥과 신장경맥 경혈 운기수행을 통해 예방하고 치유할 수 있다. 신장은 이완과 진정 기능이 있는 부교감신경과 아주 밀접하므로 신장 기능을 강화하는 것은 긴장된 삶을 이완하는 데 많은 도움이 된다.

위의 예처럼 전신경맥주천의 십이경맥주천 수련은 심신 모두에 많은 도움이 되어 삶을 더욱 행복하고 여유롭게 영위할 수 있도록 해주므로 한 과정씩 정성스럽게 밟아 나아가기를 바란다.

(2) 수련방법

① 수태음폐경주천 운기

수태음폐경은 인체의 모든 기를 주관하고 조절하며 피부를 주관한다. 폐와 연관되며 팔과 손에 걸쳐 위치한 경락이다. 그 성질은 습하므로 너무 냉하거나 건조하거나 뜨거우면 병이 날 수 있다. 소속 경혈은 11개로 좌우 22혈이 있다. 수태음폐경주천은 어깨에 있는 중부혈中府穴에서 시작하여 손가락 엄지 끝부분인 소상혈少商穴에서 끝난다.(<그림 38> 참조)

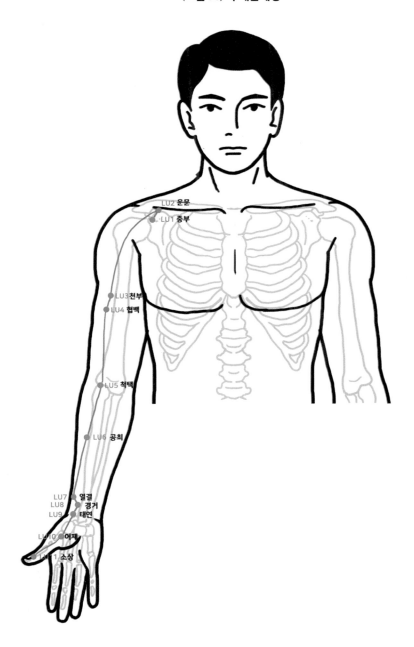

LU2 운문
LU1 중부

LU3 천부
LU4 협백

LU5 척택

LU6 공최

LU7 열결
LU8 경거
LU9 태연

LU10 어제

LU11 소상

운기혈 순서는 (1) 중부(모혈) → (2) 운문 → (3) 천부 → (4) 협백 → (5)척택(수혈) → (6) 공최 → (7) 열결 → (8) 경거(금혈) → (9) 태연(토혈/원혈) → (10) 어제(화혈) → (11) 소상(목혈) 이다.

먼저 중부혈을 마음으로 바라보면서 호흡을 통해 원기를 모은다. 중부혈에 원기가 가득 차면 서서히 폐경락을 따라 운기를 시작한다. 11혈을 차례대로 마음 바라보기와 기운 모으기를 하면서 다음 혈로 진행한다. 마지막 혈인 소상혈에서 마음 바라보기와 기운 모으기를 하면 수련이 끝난다.

왼쪽 경맥의 운기가 끝나면 지도자의 점검을 받아 오른쪽 경맥 운기 수련으로 넘어간다. 좌우 폐경맥이 유통된 후 운기 속도가 2분 이내로 이루어지면 다음 경맥 단계로 넘어간다. 경락 운기는 유통이 된 후에도 지속해서 복습하여 경락 통로의 확장과 속도증강에 힘써야 그 효과가 더욱 커진다.

② 수양명대장경주천 운기

수양명대장경은 대장과 연관되며 손과 얼굴에까지 위치한 경락이다. 그 성질은 건조하므로 너무 차거나, 습하거나, 뜨거우면 병이 발생할 수 있다. 소속 경혈은 20개로 좌우 40혈이 있다. 수양명대장경 주천은 손가락 검지 끝부분에 있는 상양혈商陽穴에서 시작하여 코 옆부분인 영향혈迎香穴에서 끝난다. (**<그림 39>** 참조)

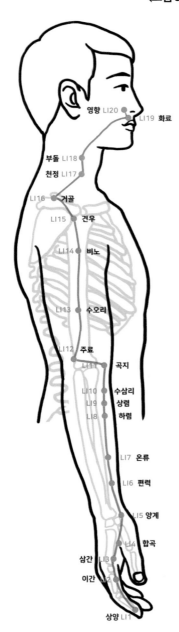

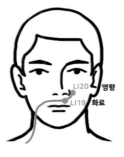

운기혈 순서는 (1) 상양(금혈) → (2) 이간(수혈) → (3) 삼간(목혈) → (4) 합곡(원혈) → (5) 양계(화혈) → (6) 편력 → (7) 온류 → (8) 하렴 → (9) 상렴→ (10) 수삼리 → (11) 곡지(토혈) → (12) 주료 → (13) 수오리 → (14) 비노 → (15) 견우 → (16) 거골 → (17) 천정 → (18) 부돌→ (19) 화료 → (20) 영향이다.

먼저 상양혈을 마음으로 바라보면서 호흡을 통해 원기를 모은다. 상양혈에 원기가 가득 차면 서서히 대장경락을 따라 운기를 시작한다. 20혈을 차례대로 마음 바라보기와 기운 모으기를 하면서 다음 혈로 진행한다. 마지막 혈인 영향혈에서 마음 바라보기와 기운 모으기를 하면 수련이 끝난다.

왼쪽 경맥의 운기가 끝나면 지도인의 점검을 받아 오른쪽 경맥 운기 수련으로 넘어간다. 좌우 대장경맥이 유통된 후 운기 속도가 2분 이내로 이루어지면 다음 경맥 단계로 넘어간다.

③ 족양명위경주천 운기

족양명위경은 축축한 걸 좋아하고 마른 것을 좋아하지 않는다. 위와 연관되며 눈 밑에서 발끝까지 이어지는 경락이다. 그 성질은 건조하므로 너무 차거나 습하거나 뜨거우면 병이 날 수 있다. 소속 경혈은 45개로 좌우 90혈이 있다. 족양명위경주천은 눈 밑에 있는 승읍혈承泣穴에서 시작하여 발가락 중지 끝부분인 여태혈厲兌穴에서 끝난다.(〈그림 40〉 참조)

운기혈 순서는 (1) 승읍 → (2) 사백 → (3) 거료 → (4) 지창 → (5) 대영 → (6) 협거 → (7) 하관 → (8) 두유 → (9) 인영 → (10) 수돌 → (11) 기사 → (12) 결분 → (13) 기

호 → (14) 고방 → (15) 옥예 → (16) 응창 → (17) 유중 → (18) 유근 → (19) 불용 → (20) 승만 → (21) 양문 → (22) 관문 → (23) 태을 → (24) 활육문 → (25) 천추 → (26) 외릉 → (27) 대거 → (28) 수도 → (29) 귀래 → (30) 기충 → (31) 비관 → (32) 복토 → (33) 음시 → (34) 양구 → (35) 독비 → (36) 족삼리(토혈) → (37) 상거허 → (38) 조구 → (39) 하거허 → (40) 풍륭 → (41) 해계(화혈) → (42) 충양(원혈) → (43) 함곡(목혈) → (44) 내정(수혈) → (45) 여태(금혈)이다.

먼저 승읍혈을 마음으로 바라보면서 호흡을 통해 원기를 모은다. 승읍혈에 원기가 가득 차면 서서히 위경경락을 따라 운기를 시작한다. 45혈을 차례대로 마음 바라보기와 기운 모으기를 하면서 다음 혈로 진행한다. 마지막 혈인 여태혈에서 마음 바라보기와 기운 모으기를 하면 수련이 끝난다.

왼쪽 경맥의 운기가 끝나면 지도인의 점검을 받아 오른쪽 경맥 운기 수련으로 넘어간다. 좌우 위경맥이 유통된 후 운기 속도가 2분 이내가 되면 다음 경맥 단계로 넘어간다.

〈그림 40〉 족양명위경

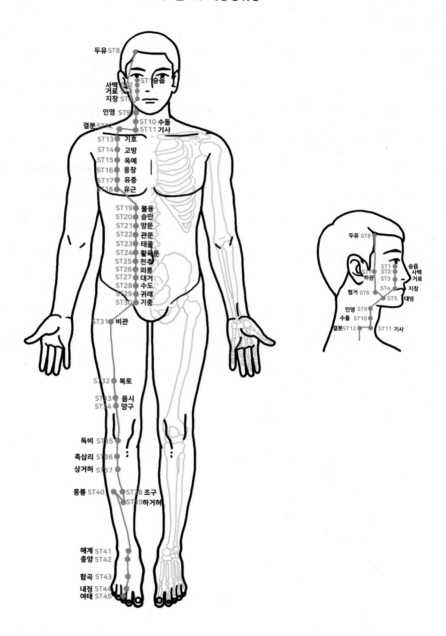

두유 ST8
사백 ST2　ST1 승읍
거료 ST3
지창 ST4
인영 ST9
결분 ST12　ST10 수돌
ST11 기사
ST13 기호
ST14 고방
ST15 옥예
ST16 응창
ST17 유중
ST18 유근
ST19 불용
ST20 승만
ST21 양문
ST22 관문
ST23 태을
ST24 활육문
ST25 천추
ST26 외릉
ST27 대거
ST28 수도
ST29 귀래
ST30 기충
ST31 비관
ST32 복토
ST33 음시
ST34 양구
독비 ST35
족삼리 ST36
상거허 ST37
풍륭 ST40　ST38 조구
ST39 하거허
해계 ST41
충양 ST42
함곡 ST43
내정 ST44
여태 ST45

두유 ST8
ST7　ST1 승읍
하관　ST2 사백
ST3
협거 ST6　ST4 거료
ST5 지창
대영
인영 ST9
수돌 ST10
결분 ST12　ST11 기사

④ 족태음비경주천 운기

족태음비경은 비장과 연관되며 발에서 가슴 늑골까지 이어지는 경락이다. 그 성질은 습하므로 너무 냉하거나 건조하거나 뜨거우면 병이 날 수 있다. 소속 경혈은 21개로 좌우 42혈이 있다. 족태음비경주천은 발끝에 있는 은백혈隱白穴에서 시작하여 가슴 늑골 아랫부분인 대포혈大包穴에서 끝난다. (**〈그림 41〉** 참조)

운기혈 순서는 (1) 은백(목혈) → (2) 대도(화혈) → (3) 태백(토혈/원혈) → (4) 공손 → (5) 상구(금혈) → (6) 삼음교 → (7) 누곡 → (8) 지기 → (9) 음릉천(수혈) → (10) 혈해 → (11) 기문 → (12) 충문 → (13) 부사 → (14) 복결 → (15) 대횡 → (16) 복애 → (17) 식두 → (18) 천계 → (19) 흉향 → (20) 주영 → (21) 대포이다.

먼저 은백혈을 마음으로 바라보면서 호흡을 통해 원기를 모은다. 은백혈에 원기가 가득 차면 서서히 비장경락을 따라 운기를 시작한다. 21혈을 차례대로 마음 바라보기와 기운 모으기를 하면서 다음 혈로 진행한다. 마지막 혈인 대포혈에 마음 바라보기와 기운 모으기를 하면 수련이 끝난다.

왼쪽 경맥의 운기가 끝나면 지도인의 점검을 받아 오른쪽 경맥 운기 수련으로 넘어간다. 좌우 비경맥이 유통된 후 운기 속도가 2분 이내가 되면 다음 경맥 단계로 넘어간다.

<그림 41> 족태음비경

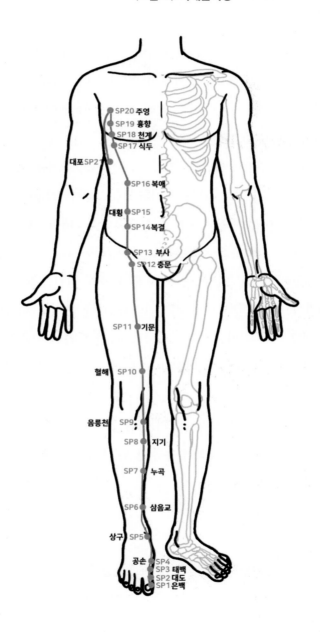

SP20 주영
SP19 흉향
SP18 천계
SP17 식두
대포 SP21
SP16 복애
대횡 SP15
SP14 복결
SP13 부사
SP12 충문
SP11 기문
혈해 SP10
음릉천 SP9
SP8 지기
SP7 누곡
SP6 삼음교
상구 SP5
공손 SP4
SP3 태백
SP2 대도
SP1 은백

⑤ 수소음심경주천 운기

수소음심경은 인체에서 가장 중심이 되는 것으로 혈관, 심장과 연관되며 겨드랑에서부터 손끝에 이르는 경락이다. 그 성질은 따뜻한 열성이므로 너무 차고 냉하거나 뜨거우면 병이 날 수 있다. 소속 경혈은 9개로 좌우 18혈이 있다. 수소음심경주천은 겨드랑이에 있는 극천혈極泉穴에서 시작하여 손가락 소지 끝부분인 소충혈少沖穴에서 끝난다.

〈그림 42〉 참조〉

운기혈 순서는 (1) 극천 → (2) 청령 → (3) 소해(수혈) → (4) 영도(금혈) → (5) 통리 → (6) 음극 → (7) 신문(토혈/원혈) → (8) 소부(화혈) → (9) 소충(목혈)이다.

먼저 극천혈을 마음으로 바라보면서 호흡을 통해 원기를 모은다. 극천혈에 원기가 가득 차면 서서히 심장경락을 따라 운기를 시작한다. 9혈을 차례대로 마음 바라보기와 기운 모으기를 하면서 다음 혈로 진행한다. 마지막 혈인 소충혈에서 마음 바라보기와 기운 모으기를 하면 수련이 끝난다.

왼쪽 경맥의 운기가 끝나면 지도인의 점검을 받아 오른쪽 경맥 운기 수련으로 넘어간다. 좌우 심경맥이 유통된 후 운기 속도가 2분 이내가 되면 다음 경맥 단계로 넘어간다.

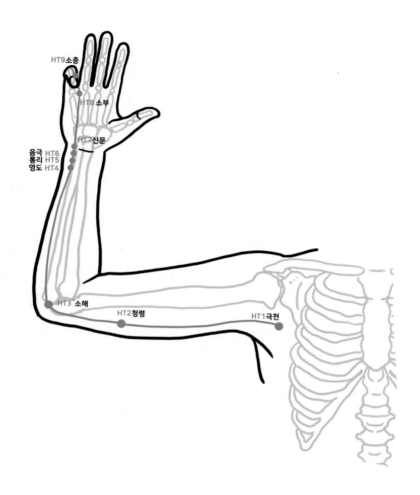

〈그림 42〉 수소음심경

⑥ 수태양소장경주천 운기

　수태양소장경은 소장과 연관되며 손끝에서 얼굴까지 이어지는 경락
이다. 그 성질은 차고 냉하므로 너무 건조하거나 뜨거우면 병이 날 수
있다. 소속 경혈은 19개로 좌우 38혈이 있다. 소태양소장경주천은 손

끝에 있는 소택혈小澤穴에서 시작하여 귀 옆 부분인 청궁혈聽宮穴에서 끝난다. (**〈그림 43〉 참조)**

운기혈 순서는 (1) 소택(금혈) → (2) 전곡(수혈) → (3) 후계(목혈) → (4) 완골(원혈) → (5) 양곡(화혈) → (6) 양로 → (7) 지정 → (8) 소해(토혈) → (9) 견정 → (10) 노수 → (11) 천종 → (12) 병풍 → (13) 곡원 → (14) 견외수 → (15) 견중수 → (16) 천창 → (17) 천용 → (18) 권료 → (19) 청궁이다.

먼저 소택혈을 마음으로 바라보면서 호흡을 통해 원기를 모은다. 소택혈에 원기가 가득 차면 서서히 소장경락을 따라 운기를 시작한다. 19혈을 차례대로 바라보기와 기운 모으기를 하면서 다음 혈로 진행한다. 마지막 혈인 청궁혈에 마음 바라보기와 기운 모으기를 하면 수련이 끝난다.

왼쪽 경맥의 운기가 끝나면 지도인의 점검을 받아 오른쪽 경맥 운기 수련으로 넘어간다. 좌우 소장경맥이 유통된 후 운기 속도가 2분 이내가 되면 다음 경맥 단계로 넘어간다.

〈그림 43〉 수태양소장경

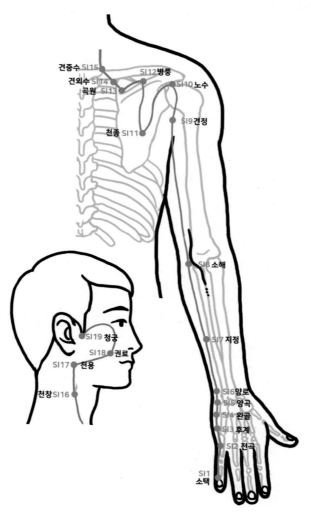

견중수 SI15
견외수 SI14
곡원 SI13
SI12병풍
SI10 노수
SI9견정
천종 SI11
SI8 소해
SI7 지정
SI19 청궁
SI18 권료
SI17 천용
천창 SI16
SI6양로
SI5 양곡
SI4 완골
SI3 후계
SI2 전곡
SI1 소택

⑦ 족태양방광경주천 운기

족태양방광경은 방광과 연관되며 머리부터 발끝까지 몸 전체에 있
는 경락이다. 그 성질은 차고 냉하므로 너무 건조하거나 뜨거우면 병

김수인 기철학박사의 **태극숨명상 1**

244

이 날 수 있다. 소속 경혈은 67개로 좌우 134혈이 있다. 족태양방광
경주천은 눈 밑에 있는 정명혈晴明穴에서 시작하여 새끼발가락 끝부분
인 지음혈至陰穴에서 끝난다.(**〈그림 44〉** 참조)

운기혈 순서는 (1) 정명 → (2) 찬죽 → (3) 미충 → (4) 곡차 → (5) 오처 → (6) 승광
→ (7) 통천 → (8) 낙각 → (9) 옥침 → (10) 천주 → (11) 대저 → (12) 풍문 → (13) 폐
수 → (14) 궐음수 → (15) 심수 → (16) 독수 → (17) 격수 → (18) 간수 → (19) 담수 →
(20) 비수 → (21) 위수 → (22) 삼초수 → (23) 신수 → (24) 기해수 → (25) 대장수 →
(26) 관원수 → (27) 소장수 → (28) 방광수 → (29) 중려수 → (30) 백환수 → (31) 상
료 → (32) 차료 → (33) 중료 → (34) 하료 → (35) 회양 → (36) 승부 → (37) 은문 →
(38) 부극 → (39) 위양 → (40) 위중(토혈) → (41)부분 → (42) 백호 → (43) 고황 →
(44) 신당 → (45) 의희 → (46) 격관 → (47) 혼문 → (48) 양강 → (49) 의사→ (50)
위창 → (51) 황문 → (52) 지실 → (53) 포항 → (54) 질변 →(55) 합양 → (56) 승근
→ (57) 승산 → (58) 비양 → (59) 부양 → (60) 곤륜(화혈) → (61) 복삼 → (62) 신맥
→ (63) 금문 → (64) 경골(원혈) → (65) 속골(목혈) → (66) 족통곡(수혈) → (67) 지
음(금혈)이다.

먼저 정명혈을 마음으로 바라보면서 호흡을 통해 원기를 모은다. 정
명혈에 원기가 가득 차면 서서히 방광경락을 따라 운기를 시작한다.
67혈을 차례대로 마음 바라보기와 기운 모으기를 하면서 다음 혈로 진
행한다. 마지막 혈인 지음혈에서 마음 바라보기와 기운 모으기를 하
면 수련이 끝난다. 왼쪽 경맥의 운기가 끝나면 지도인의 점검을 받아
오른쪽 경맥 운기수련으로 넘어간다. 좌우 방광경맥이 유통된 후 운기
속도가 2분 이내가 되면 다음 경맥 단계로 넘어간다.

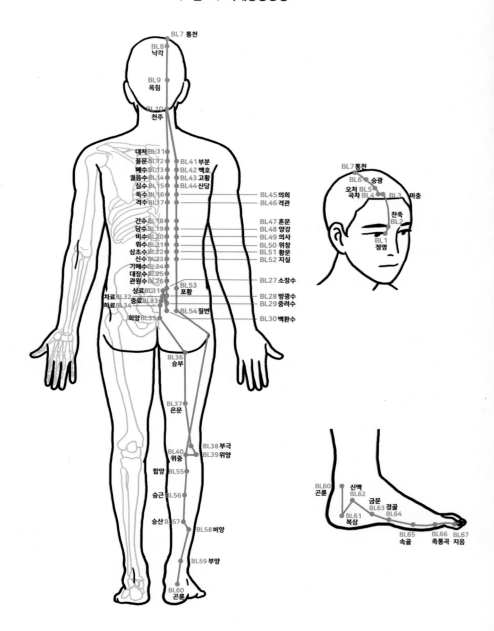

〈그림 44〉 족태양방광경

BL7 통천
BL8 낙각
BL9 옥침
BL 10 천주

대저 BL11
풍문 BL12   BL41 부분
폐수 BL13   BL42 백호
궐음수 BL14   BL43 고황
심수 BL15   BL44 신당
독수 BL16   BL45 의희
격수 BL17   BL46 격관

간수 BL18   BL47 혼문
담수 BL19   BL48 양강
비수 BL20   BL49 의사
위수 BL21   BL50 위창
삼초수 BL22   BL51 황문
신수 BL23   BL52 지실
기해수 BL24
대장수 BL25
관원수 BL26   BL27 소장수
상료 BL31
차료 BL32   BL53 포황
종료 BL33   BL28 방광수
하료 BL34   BL29 중려수
회양 BL35   BL54 질변   BL30 백환수

BL36 승부

BL37 은문

BL38 부극
BL40 위중   BL39 위양
합양 BL55

승근 BL56

승산 BL57   BL58 비양

BL59 부양

BL60 곤륜

BL7 통천
BL6 승광
오처 BL5
곡차 BL4   BL3 미충
찬죽 BL2
BL1 정명

BL60 곤륜   신맥 BL62
금문   BL63 경골
BL61 복삼   BL64
BL65 속골   BL66 족통곡   BL67 지음

⑧ 족소음신경주천 운기

족소음신경은 신장과 연관되며 발에서 가슴 쇄골까지 이어지는 경락이다. 그 성질은 따뜻한 열성이므로 너무 차고 냉하거나 뜨거우면 병이 날 수 있다. 소속 경혈은 27개로 좌우 54혈이 있다. 족소음신경주천은 발바닥에 있는 용천혈湧泉穴에서 시작하여 가슴 쇄골 부분인 수부혈俞府穴에서 끝난다.(〈그림 45〉 참조)

운기혈 순서는 (1) 용천(목혈) → (2) 연곡(화혈) → (3) 태계(토혈/원혈) → (4) 대종 → (5) 수천 → (6) 조해 → (7) 부류(금혈) → (8) 교신 → (9) 축빈 → (10) 음곡(수혈) → (11) 횡골 → (12) 대혁 → (13) 기혈 → (14) 사만 → (15) 중주 → (16) 황수 → (17) 상곡 → (18) 석관 → (19) 음도 → (20) 복통곡 → (21) 유문 → (22) 보랑 → (23) 신봉 → (24) 영허 → (25) 신장 → (26) 욱중 → (27) 수부이다.

먼저 용천혈을 마음으로 바라보면서 호흡을 통해 원기를 모은다. 용천혈에 원기가 가득 차면 서서히 신장경락을 따라 운기를 시작한다. 27혈을 차례대로 바라보기와 기운 모으기를 하면서 다음 혈로 진행한다. 마지막 혈인 수부혈에서 마음 바라보기와 기운 모으기를 하면 수련이 끝난다.

왼쪽 경맥의 운기가 끝나면 지도인의 점검을 받아 오른쪽 경맥 운기 수련으로 넘어간다. 좌우 신장경맥이 유통된 후 운기 속도가 2분 이내가 되면 다음 경맥 단계로 넘어간다.

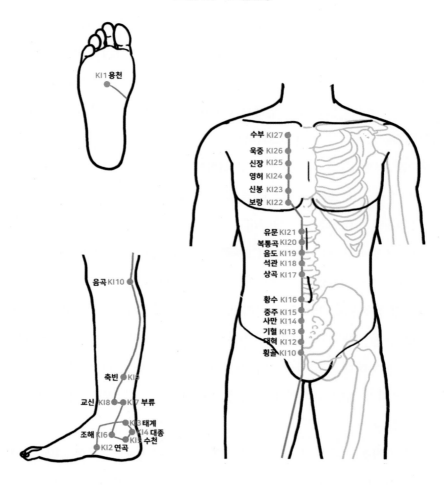

KI1 용천

수부 KI27
욱중 KI26
신장 KI25
영허 KI24
신봉 KI23
보랑 KI22

유문 KI21
복통곡 KI20
음도 KI19
석관 KI18
상곡 KI17

황수 KI16
중주 KI15
사만 KI14
기혈 KI13
대혁 KI12
횡골 KI10

음곡 KI10

축빈 KI9
교신 KI8
조해 KI6
KI2 연곡
KI7 부류
KI3 태계
KI4 대종
KI5 수천

⑨ 수궐음심포경주천 운기

수궐음심포경은 심포와 연관되며 가슴 부위에서 손끝으로 이어지는 경락이다. 성질이 풍하여 너무 냉하거나 건조하거나 뜨거우면 병이 날 수 있다. 소속 경혈은 9개로 좌우 18혈이 있다. 수궐음심포경주천은 가슴 옆에 있는 천지혈天地穴에서 시작하여 가운뎃손가락 끝부분인 중 충혈中冲穴에서 끝난다. (**〈그림 46〉** 참조)

운기혈 순서는 (1) 천지 → (2) 천천 → (3) 곡택(수혈) → (4) 극문 → (5) 간사(금혈) → (6) 내관 → (7) 대릉(토혈/원혈) → (8) 노궁(화혈) → (9) 중충(목혈)이다.

먼저 천지혈을 마음으로 바라보면서 호흡을 통해 원기를 모은다. 천지혈에 원기가 가득 차면 서서히 심포경락을 따라 운기를 시작한다. 9혈을 차례대로 마음 바라보기와 기운 모으기를 하면서 다음 혈로 진행한다. 마지막 혈인 중충혈에서 마음 바라보기와 기운 모으기를 하면 수련이 끝난다.

왼쪽 경맥의 운기가 끝나면 지도인의 점검을 받아 오른쪽 경맥 운기 수련으로 넘어간다. 좌우 심포경맥이 유통된 후 운기 속도가 2분 이내가 되면 다음 경맥 단계로 넘어간다.

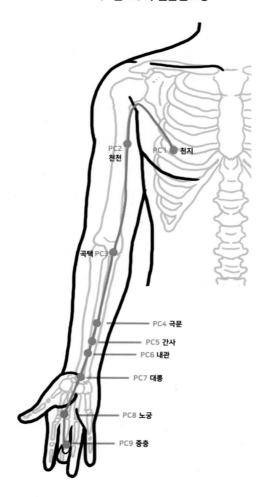

〈그림 46〉 수궐음심포경

PC2
천천

PC1 ● 천지

곡택 PC3

PC4 극문

PC5 간사

PC6 내관

PC7 대릉

PC8 노궁

PC9 중충

⑩ 수소양삼초경주천 운기

수소양삼초경은 삼초와 연관되며 손에 있는 경락이다. 성질은 뜨거
운 불과 같아서 너무 냉하거나 습하면 병이 날 수 있다. 소속 경혈은
23개로 좌우 46혈이 있다. 수소양삼초경주천은 약지 끝에 있는 관충

혈關冲穴에서 시작하여 눈썹 옆 끝부분인 사죽공혈絲竹空穴에서 끝난다. (**<그림 47>** 참조)

운기혈 순서는 (1) 관충(금혈) → (2) 액문(수혈) → (3) 중저(목혈) → (4) 양지(원혈) → (5) 외관 → (6) 지구(화혈) → (7) 회종 → (8) 삼양락 → (9) 사독 → (10) 천정(토혈) → (11) 청냉연 → (12) 소락 → (13) 노회 → (14) 견료 → (15) 천료 → (16) 천유 → (17) 예풍 → (18) 계맥 → (19) 노식 → (20) 각손 → (21) 이문 → (22) 화료 → (23) 사죽공이다.

먼저 관충혈을 마음으로 바라보면서 호흡을 통해 원기를 모은다. 관충혈에 원기가 가득 차면 서서히 삼초경락을 따라 운기를 시작한다. 23혈을 차례대로 마음 바라보기와 기운 모으기를 하면서 다음 혈로 진행한다. 마지막 혈인 사죽공혈에서 마음 바라보기와 기운 모으기를 하면 수련이 끝난다.

왼쪽 경맥의 운기가 끝나면 지도인의 점검을 받아 오른쪽 경맥 운기 수련으로 넘어간다. 좌우 삼초경맥이 유통된 후 운기 속도가 2분 이내가 되면 다음 경맥 단계로 넘어간다.

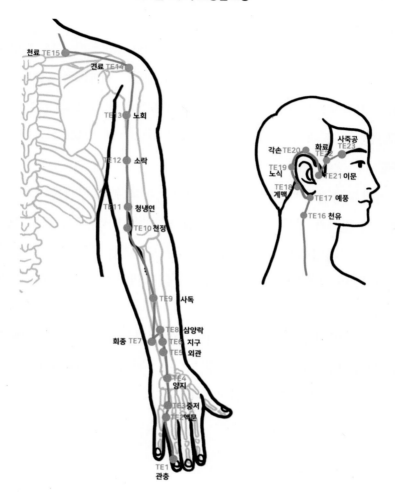

<그림 47> 수소양삼초경

천료 TE15
견료 TE14
TE13 노회
TE12 소락
TE11 청냉연
TE10 천정
TE9 사독
TE8 삼양락
회종 TE7
TE6 지구
TE5 외관
TE4 양지
TE3 중저
TE2 액문
TE1 관충

각손 TE20
화료 TE22
사죽공 TE23
TE19 노식
TE21 이문
TE18 계맥
TE17 예풍
TE16 천유

⑪ 족소양담경주천 운기

족소양담경은 담과 연관되며 머리 눈동자 옆에서 발끝에 이르는 경락이다. 성질은 뜨거운 불과도 같아 너무 냉하거나 습하면 병이 날 수 있다. 소속 경혈은 44개로 좌우 88혈이 있다. 족소양담경주천은 눈동자 옆에 있는 동자료혈瞳子髎穴에서 시작하여 발가락 끝부분인 족규음 혈足竅陰穴에서 끝난다. **(〈그림 48〉 참조)**

운기혈 순서는 (1) 동자료 → (2) 청회 → (3) 상관 → (4) 함염 → (5) 현로 → (6) 현리 → (7) 곡빈 → (8) 솔곡 → (9) 천충 → (10) 부백 → (11) 두규음 → (12) 완골 → (13) 본신 → (14) 양백 → (15) 두임읍 → (16) 목창 → (17) 정영 → (18) 승령 → (19) 뇌공 → (20) 풍지 → (21) 견정 → (22) 연액 → (23) 첩근 → (24) 일월 → (25) 경문 → (26) 대백 → (27) 오추 → (28) 유도 → (29) 거료 → (30) 환도 → (31) 풍시 → (32) 중독 → (33) 슬양관 → (34) 양릉천(토혈) → (35) 양교 → (36) 외구 → (37) 광명 → (38) 양보(화혈) → (39) 현종 → (40) 구허(원혈) → (41) 족임읍(목혈) → (42) 지호회 → (43) 협계(수혈) → (44) 족규음(금혈)이다.

먼저 동자료혈을 마음으로 바라보면서 호흡을 통해 원기를 모은다. 동자료혈에 원기가 가득 차면 서서히 담경락을 따라 운기를 시작한다. 44혈을 차례대로 마음 바라보기와 기운 모으기를 하면서 다음 혈로 진행한다. 마지막 혈인 족규음혈에서 마음 바라보기와 기운 모으기를 하면 수련이 끝난다.

왼쪽 경맥의 운기가 끝나면 지도인의 점검을 받아 오른쪽 경맥 운기 수련으로 넘어간다. 좌우 담경맥이 유통된 후 운기 속도가 2분 이내가 되면 다음 경맥 단계로 넘어간다.

<그림 48> 족소양담경

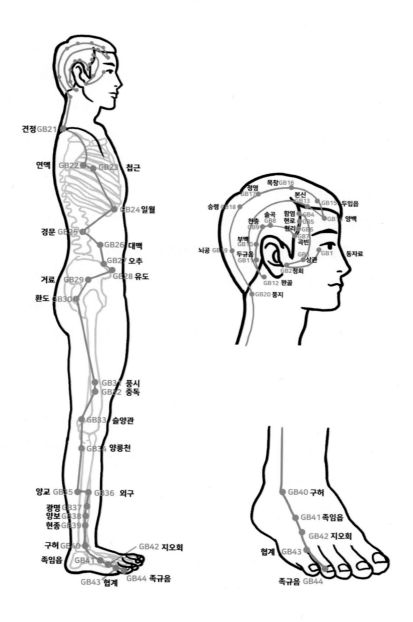

⑫ 족궐음간경주천 운기

족궐음간경은 간과 연관되며 엄지 발끝에서 가슴까지 이어지는 경락이다. 성질은 풍하기에 너무 차고 건조하거나 뜨거우면 병이 날 수 있다. 소속 경혈은 14개로 좌우 28혈이 있다. 족궐음간경주천은 엄지발가락 끝에 있는 대돈혈大敦穴에서 시작하여 가슴 늑골 횡격막 옆부분인 기문혈期門穴에서 끝난다. **(〈그림 49〉** 참조)

운기혈 순서는 (1) 대돈(목혈) → (2) 행간(화혈) → (3) 태충(토혈/원혈) → (4) 중봉(금혈) → (5) 여구 → (6) 중도 → (7) 슬관 → (8) 곡천(수혈)→ (9) 음포 → (10) 족오리 → (11) 음렴 → (12) 급맥 → (13) 장문→ (14) 기문이다.

먼저 대돈혈을 마음으로 바라보면서 호흡을 통해 원기를 모은다. 대돈혈에 원기가 가득 차면 서서히 간경락을 따라 운기를 시작한다. 14혈을 차례대로 마음 바라보기와 기운 모으기를 하면서 다음 혈로 진행한다. 마지막 혈인 기문혈에 마음 바라보기와 기운 모으기를 하면 수련이 끝난다.

왼쪽 경맥의 운기가 끝나면 지도인의 점검을 받아 오른쪽 경맥 운기 수련으로 넘어간다. 좌우 간경맥이 유통된 후 운기 속도가 2분 이내가 되면 다음 경맥 단계로 넘어간다.

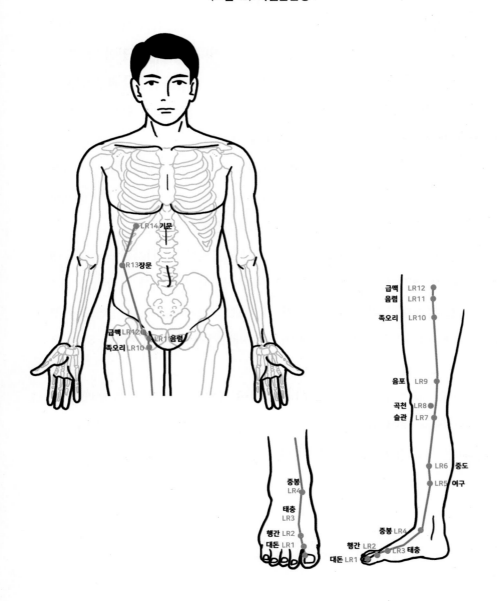

〈그림 49〉 족궐음간경

⑬ 십이정경맥 전체 운기(십이정경맥주천 완성)

전신경맥주천 가운데 십이정경맥주천이 전부 유통이 되면, 십이정경맥 전체를 운기한다.

운기경맥 순서는 (1) 폐경맥 → (2) 대장경맥 → (3) 위장경맥 → (4) 비장경맥 → (5) 심장경맥 → (6) 소장경맥 → (7) 방광경맥 → (8) 신장경맥 → (9) 심포경맥 → (10) 삼초경맥 → (11) 담경맥 → (12) 간경맥이다.

폐경맥의 시혈 중부혈에서 간경맥의 종혈 기문혈까지 십이정경맥 전체 운기 속도가 평균 2분 이내가 되어야 십이정경맥주천이 비로소 완성된다. 십이정경맥주천이 완성되면, 다음 단계인 기경육맥주천으로 넘어가게 된다.

3) 기경육맥주천 운기

(1) 개요

태극숨명상에서는 기존 한의학의 기경팔맥에 뇌맥을 추가하여 기경구맥을 수련한다. 뇌맥은 기존 한의학에 존재하지 않는, 저자가 발견한 경맥이다. 기경구맥은 삼음맥三陰脈, 삼양맥三陽脈, 삼중맥三中脈으로 구성되어 있다. 삼음맥은 임맥任脈·음교맥陰蹻脈·음유맥陰維脈이고, 삼양맥은 독맥督脈·양교맥陽蹻脈·양유맥陽維脈이며 삼중맥은 대맥帶脈·충맥衝脈·뇌맥腦脈이다.

기경육맥은 기경구맥 가운데 앞선 기경삼맥주천 운기에서는 이미 운기를 끝낸 대맥, 임맥, 독맥을 뺀 나머지 경맥인 음교맥, 양교맥, 음유맥, 양유맥, 충맥, 뇌맥을 말하며, 이 6가지 경맥을 운기하는 것을 **기경육맥주천 운기**라고 한다.

〈표 43〉에서는 기경구맥과 각 맥의 시작 경혈과 마치는 경혈을 보기 쉽게 나타내었다. 기경구맥의 전체 총 혈자리 갯수는 119개이다.

〈표 43〉 기경구맥의 성격과 혈자리

순서	구분	기경구맥	혈수	시혈	종혈
1	삼음맥	임맥	24개	회음	승장
2		음교맥	5개	조해	정명
3		음유맥	8개	축빈	염천
4	삼양맥	독맥	28개	장강	은교
5		양교맥	12개	신맥	풍지
7		양유맥	14개	금문	아문
7	삼중맥	대맥	7개	석문	석문
8		충맥	14개	공손	유문
9		뇌맥	7개	송과체	장강

(2) 수련방법

〈표 44〉 기경육맥주천 수련방법

순서	구분	기경육맥주천
1	몸 움직이기 (몸명상)	• 삼태극단공(인단공)을 하면서 몸 바라보기를 하며 긴장을 푼다. 그리고 호흡 바라보기를 하며 이완을 한다. • 체조, 기공, 삼태극무(태극무), 굴신단공은 기본 수련과 함께 실시한다. • 좌식 자세를 취하고 양손은 손바닥이 하늘로 가게 하여 무릎 위에 편안히 올려놓는다.
2	마음 바라보기 (마음명상 :심법 걸기)	• 마음의 긴장을 풀고 편안하게 이완한다. • 좌측 경맥주천 심법 걸기 좌측 기경맥을 마음으로 바라보면서 "(　　)혈에 축기하여, (　　)혈까지 좌측 (　　)경락을 운기한다."라고 심법을 건다.(예 : 좌측 음교맥을 마음으로 바라보면서 '조해혈'에 축기하여, '정명혈'까지 운기한다.) • 우측 경맥주천 심법 걸기 우측 기경맥을 마음으로 바라보면서 "(　　)혈에 축기하여, (　　)혈까지 우측 (　　)경락을 운기한다."라고 심법을 건다.(예 : 우측 음교맥을 마음으로 바라보면서 '조해혈'에 축기하여 '정명혈'까지 운기한다.)
3	기운 모으고 돌리기 (기운명상)	• 운기하려는 기경맥을 마음으로 바라보고 시혈에 축기하면서 기운을 감지한다. • 기경맥을 따라 흘러가는 원기의 흐름을 느끼면서 종혈에 다다를 때까지 호흡을 통해 강하게 운기 한다.

① 음교맥주천 운기

음교맥은 신경, 위경, 방광경과 연관되어 있으며 그 성질은 차가운 음맥에 속한다. 소속 경혈은 4개로 좌우 8혈이 있다. 음교맥주천은 발 안쪽에 있는 조해혈照海穴에서 시작하여 양쪽 눈과 코 사이의 작게 파인 곳에 있는 방광경의 정명혈睛明穴에서 끝난다. (**〈그림 50〉** 참조)

운기혈 순서는 (1) 조해(신경) → (2) 교신(신경) → (3) 결분(위경) → (4) 인영(위경) → (5) 정명(방광경)이다.

먼저 조해혈을 마음으로 바라보면서 호흡을 통해 원기를 모은다. 조해혈에 원기가 가득 차면 경맥 운기 통로를 바라보면서 운기를 시작한다. 5혈을 차례대로 마음 바라보기와 기운 모으기를 하면서 다음 혈로 진행한다. 마지막 혈인 정명혈에서 마음 바라보기와 기운 모으기를 하면 수련이 끝난다.

좌측 음교맥주천 운기가 끝나면 지도인의 점검을 받아 우측 음교맥주천 운기수련으로 넘어간다. 음교맥이 유통된 후 운기 속도가 2분 이내가 되면 다음 경맥 단계로 넘어간다.

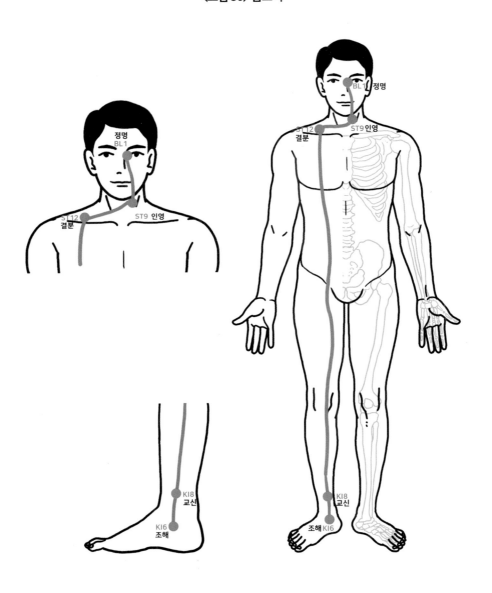

〈그림 50〉 음교맥

② 양교맥주천 운기

양교맥은 방광경, 담경, 소장경, 대장경, 위경과 연관되어 있으며 그 성질은 따뜻한 양맥陽脈에 속한다. 소속 경혈은 12개로 좌우 24혈이 있다. 양교맥주천은 발 바깥쪽 위치한 방광경의 신맥혈申脈穴에서 시작하여 뒷머리 아랫부분인 담경락의 풍지혈風池穴에서 끝난다.(**〈그림 51〉** 참조)

운기혈 순서는 (1) 신맥(방광경) → (2) 복삼(방광경) → (3) 부양(방광경) → (4) 거료(담경) → (5) 노수(소장경) → (6) 거골(대장경) → (7) 견우(대장경) → (8) 지창(위경) → (9) 사백(위경) → (10) 승읍(위경) → (11) 정명(방광경) → (12) 풍지(담경)이다.

먼저 신맥혈을 마음으로 바라보면서 호흡을 통해 원기를 모은다. 신맥혈에 원기가 가득 차면 경맥 운기 통로를 바라보면서 운기를 시작한다. 12혈을 차례대로 마음 바라보기와 기운 모으기를 하면서 다음 혈로 진행한다. 마지막 혈인 풍지혈에 마음 바라보기와 기운 모으기를 하면 수련이 끝난다.

좌측 양교맥의 운기가 끝나면 지도인의 점검을 받아 우측 양교맥 운기수련으로 넘어간다. 좌우 양교맥이 유통된 후 운기 속도가 2분 이내가 되면 다음 경맥 단계로 넘어간다.

<그림 51> 양교맥

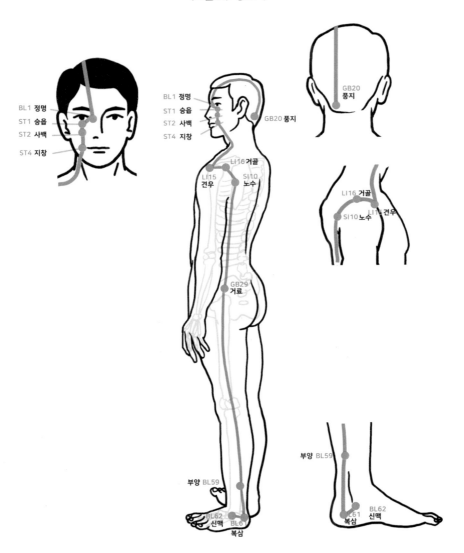

BL1 정명
ST1 승읍
ST2 사백
ST4 지창

BL1 정명
ST1 승읍
ST2 사백
ST4 지창

GB20 풍지

GB20
풍지

LI16 거골
LI15
견우
SI10
노수

LI16 거골
SI10 노수
LI15 견우

GB29
거료

부양 BL59

부양 BL59

BL62
신맥
복삼
BL61

BL61
복삼
BL62
신맥

③ 음유맥주천 운기

음유맥은 신경, 비경, 간경, 임맥과 연관되어 있으며 그 성질은 차가운 음맥陰脈에 속한다. 소속 경혈은 8개로 좌우 16혈이 있다. 음유맥주천은 발 안쪽에 있는 신경의 축빈혈築賓穴에서 시작하여 목 아랫부분인 임맥의 염천혈廉泉穴에서 끝난다. **(〈그림 52〉 참조)**

운기혈 순서는 (1) 축빈(신경) → (2) 충문(비경) → (3) 부사(비경) → (4) 대횡(비경) → (5) 복애(비경) → (6) 기문(간경) → (7) 천돌(임맥) → (8) 염천(임맥)이다.

먼저 축빈혈을 마음으로 바라보면서 호흡을 통해 원기를 모은다. 축빈혈에 원기가 가득 차면 경맥 운기 통로를 바라보면서 운기를 시작한다. 8혈을 차례대로 마음 바라보기와 기운 모으기를 하면서 다음 혈로 진행한다. 마지막 혈인 염천혈에서 마음 바라보기와 기운 모으기를 하면 수련이 끝난다.

좌측 음유맥 운기가 끝나면 지도인의 점검을 받아 우측 음유맥 운기 수련으로 넘어간다. 좌우 음유맥이 유통된 후 운기 속도가 2분 이내가 되면 다음 경맥 단계로 넘어간다.

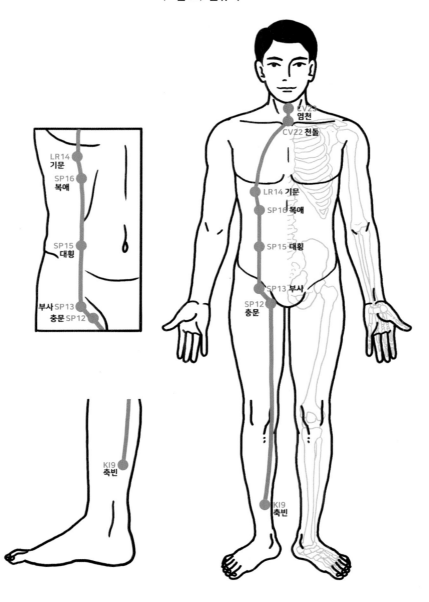

<그림 52> 음유맥

④ 양유맥주천 운기

양유맥은 방광경, 독맥과 연관되어 있으며 그 성질은 따뜻한 양경에 속한다. 소속 경혈은 14개로 좌우 28혈이 있다. 양유맥주천은 발 바깥쪽에 위치한 방광경의 금문혈金門穴에서 시작하여 뒷머리 아랫부분인 독맥의 아문혈啞門穴에서 끝난다.**(〈그림 53〉 참조)**

운기혈 순서는 (1) 금문(방광경) → (2) 양교(담경) → (3) 노수(소장경)→ (4) 천료(삼초경) → (5) 견정(담경) → (6) 양백(담경) → (7) 두임읍(담경) → (8) 목창(담경) → (9) 정영(담경) → (10) 승령(담경) → (11) 뇌공(담경) → (12) 풍지(담경) → (13) 풍부(독맥) → (14) 아문(독맥)이다.

먼저 금문혈을 마음으로 바라보면서 호흡을 통해 원기를 모은다. 금문혈에 원기가 가득 차면 경맥 운기 통로를 바라보면서 운기를 시작한다. 14혈을 차례대로 마음 바라보기와 기운 모으기를 하면서 다음 혈로 진행한다. 마지막 혈인 아문혈에서 마음 바라보기와 기운 모으기를 하면 수련이 끝난다.

좌측 양유맥 운기가 끝나면 지도인의 점검을 받아 우측 양유맥 운기 수련으로 넘어간다. 좌우 양유맥이 유통된 후 운기 속도가 2분 이내가 되면 다음 경맥 단계로 넘어간다.

〈그림 53〉 양유맥

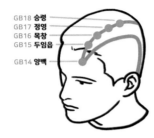

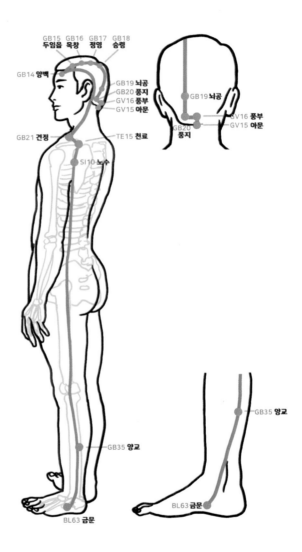

⑤ 충맥주천 운기

충맥은 비경, 위경, 임맥, 신경과 연관된 경맥으로 음맥陰脈도 양맥陽脈도 아닌 중맥中脈에 속한다. 충은 중요한 길목이라는 의미로 비경의 공손혈에서 시작하여 신경을 따라 위로 올라와 임맥의 음교혈에서 반대편 가슴 아래 유문혈에서 끝난다. 소속 경혈은 14개로 좌우 28혈이 있다. (**〈그림 54〉** 참조)

☞ 좌충맥 운기혈 순서는 (1) 좌공손(비경) → (2) 좌기충(위경) → (3) 좌횡골(신경) → (4) 좌대혁(신경) → (5) 좌기혈(신경) → (6) 좌사만(신경) → (7) 좌중주(신경) → (8) 음교(임맥) → (9) 우황수(신경) → (10) 우상곡(신경) → (11) 우석관(신경) → (12) 우음도(신경) → (13) 우복통곡(신경) → (14) 우유문(신경)

☞ 우충맥 운기혈 순서는 (1) 우공손(비경) → (2) 우기충(위경) → (3) 우횡골(신경) → (4) 우대혁(신경) → (5) 우기혈(신경) → (6) 우사만(신경) → (7) 우중주(신경) → (8) 음교(임맥) → (9) 좌황수(신경) → (10) 좌상곡(신경) → (11) 좌석관(신경) → (12) 좌음도(신경) → (13) 좌복통곡(신경) → (14) 좌유문(신경)

우선 좌측 공손혈을 마음으로 바라보면서 원기를 모은다. 공손혈에 원기가 가득 차면 경맥 운기 통로를 마음으로 바라보면서 운기를 시작한다. 14혈을 차례대로 마음 바라보기와 기운 모으기를 하면서 다음 혈로 진행한다. 마지막 혈인 우측 유문혈에서 마음 바라보기와 기운 모으기를 하면 수련은 끝난다.

좌측 공손혈에서 우측 유문혈까지 먼저 운기한 후 우측 공손혈에서 좌측 유문혈까지 운기한다. 충맥이 유통된 후 운기 속도가 2분 이내가 되면 다음 경맥 단계로 넘어간다.

<그림 54> 충맥

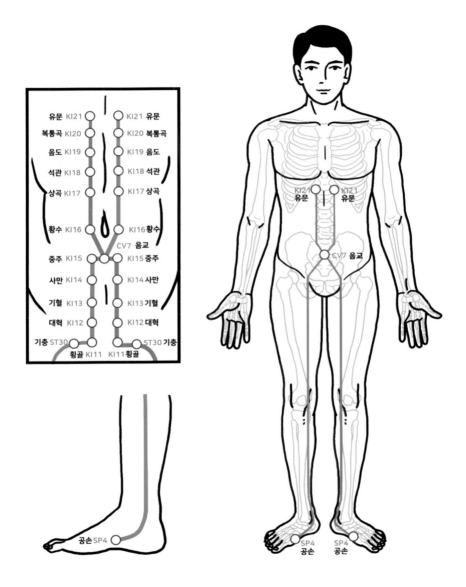

⑥ 뇌맥주천 운기

뇌맥은 뇌와 연관된 경맥으로 음맥陰脈도 양맥陽脈도 아닌 중맥中脈에 속한다. 뇌맥주천은 뇌 안쪽의 송과체단전(송과체)에서 시작하여 척추의 척수를 따라 꼬리뼈의 장강단전(장강혈)으로 갔다가 다시 송과체단전으로 순환해서 돌아온다. **(〈그림 55〉 참조)**

운기혈 순서는 (1) 송과체단전 → (2) 시상하부 → (3) 중뇌 → (4) 교뇌 → (5) 연수 → (6) 척수 → (7) 장강단전 → (8) 척수 → (9) 연수 → (10) 교뇌 → (11) 중뇌 → (12) 시상하부 → (13) 송과체단전이다.

먼저 송과체단전을 마음으로 바라보면서 원기를 모은다. 송과체단전에 원기가 가득 차면 뇌맥 통로를 마음으로 바라보면서 운기를 시작한다. 뇌 안에 있는 뇌맥혈과 척수, 장강단전을 차례대로 마음 바라보기와 기운 모으기를 하면서 다음 혈로 진행한다. 장강단전까지 축기 및 운기를 끝마치면 다시 장강단전에서 송과체단전까지 순환하여 운기한다. 마지막 혈인 송과체단전에서 마음 바라보기와 기운 모으기를 하면 뇌맥주천 수련은 끝난다.

뇌맥이 유통된 후 운기 속도가 2분 이내가 되면 다음 경맥 단계로 넘어간다.

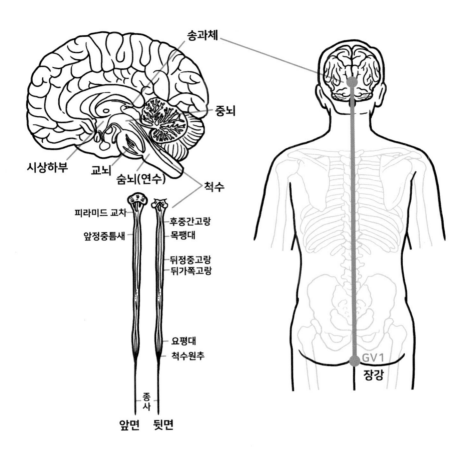

〈그림 55〉 뇌맥

⑦ 기경구맥 전체 운기(기경구맥주천 완성)

기경육맥이 모두 유통되면 이전에 운기하였던 기경삼맥을 더해 기경

구맥 전체를 운기한다.

운기경맥 순서는 (1) 하주대맥 → (2) 임맥 → (3) 독맥 → (4) 양교맥 → (5) 음교맥 →

(6) 양유맥 → (7) 음유맥 → (8) 충맥 → (9) 뇌맥이다.

하주대맥에서 뇌맥까지 기경구맥 전체 운기 속도가 평균 2분 이내에 이르러야 비로소 기경구맥주천이 완성된다. 기경구맥주천이 완성되면 전체 전신경맥주천이 완성되고 다음 과정으로 넘어간다.

9. 천지인오행단 성단과 주천 운기

1) 개요

태극숨명상 수련과정인 십삼단전 형성과 십삼주천부터 전신경맥주천에 이르는 과정을 완성하면 온몸 구석구석이 원기로 가득 차고 기운의 순환과 운행이 원활해진다. 하지만 이 원기를 좀 더 강하게 응집하기 위해서는 '천지인오행단 성단' 과정을 진행해야 한다.

성단은 '단丹을 이룬다'는 의미이다. 천지인오행단 성단은 9차원 우주계에 존재하는 순수한 양의 원기인 천기天氣(영靈), 순수한 음의 원기인 지기地氣(질質), 순수한 조화의 원기인 인기人氣(기氣), 이 3가지 기운과 5차원 행성계에 존재하는 목·화·토·금·수 오행의 기운을 모아서 강하게 응집해 밀도를 높여 구슬이나 방울같이 고체화시키는 수련이다.

천지인오행단 성단은 총 7단계로 나누어지며 세부 단계 내용은 **〈표 45〉**와 같다.

〈표 45〉 천지인오행단 성단

구분	천지인오행단 수련 단계
1단계	십삼단전 천지인오행단 성단과 십삼주천 운기
2단계	육장육부 및 십일뇌 천지인오행단 성단과 주천 운기
3단계	비경십일맥 경혈 천지인오행단 성단과 주천 운기
4단계	십이정경 경혈 천지인오행단 성단과 주천 운기
5단계	기경구맥 경혈 천지인오행단 성단과 주천 운기
6단계	전신세포 천지인오행단 성단
7단계	천지인오행단 체외 운기 및 치료

2) 수련방법

(1) 십삼단전 천지인오행단 성단과 십삼주천 운기

① 십삼단전 천지인오행단 성단과 십삼주천 운기

'십삼단전 천지인오행단 성단'은 원기로 형성된 십삼단전을 마음으로 바라보며 호흡을 통해 천지인오행의 원기를 끌어 새롭게 밀도가 강한 단전으로 만드는 과정이다. 천지인오행단을 만드는 데는 원기를 모으는 축기 과정에서보다 더 많은 시간과 노력이 소요된다. 십삼단전이 천지인오행단을 이루게 되면 단전에서 딱딱한 고체의 느낌이 나거나 압축된 고강도의 기감을 느낄 수 있다.

〈표 46〉 십삼단전 천지인오행단 성단 수련방법

순서	구분	십삼단전 천지인오행단 성단
1	몸 움직이기 (몸명상)	• 삼태극단공(인단공)을 하면서 몸 바라보기를 하며 긴장을 푼다. 그리고 호흡 바라보기를 하며 이완을 한다. • 체조, 기공, 삼태극무(태극무), 굴신단공은 기본 수련과 함께 실시한다.
2	마음 바라보기 (마음명상 :심법 걸기)	• 마음의 긴장을 풀고 편안하게 이완한다. • 좌식 자세를 취하고 양손은 펴서 손바닥이 하늘이나 바닥을 향하게 하여 무릎 위에 편안히 올려놓는다. • 눈을 감고 십삼단전(수련 단계에 해당하는 단전)을 마음으로 바라본다. • "우주에 가득 찬 천지인 기운과 오행의 원기를 끌어서 ( )단전을 천지인오행단으로 만든다."라고 심법을 걸고 마음으로 바라본다.
3	기운 모으고 돌리기 (기운명상)	• 십삼단전에 천지인오행단이 형성되는 것을 느끼면서 호흡을 통해 강하게 단을 만든다.

수련은 십삼단전을 각각 마음으로 바라보며 각 단계에 해당하는 단전의 성단 수련 심법을 걸고 기운 모으기를 하면서 진행하는데 그 순서는 아래와 같다.

(1) 삼태극단전 → (2) 옥당단전 → (3) 인당단전 → (4) 중부단전 → (5) 일월단전 → (6) 백회단전 → (7) 회음단전 → (8) 천돌단전 → (9) 명문단전 → (10) 장강단전 → (11) 영대단전 → (12) 옥침단전 → (13) 송과체단전

② 천지인오행단 십삼주천 운기

십삼단전을 모두 천지인오행단으로 성단한 후, 천지인오행단으로 십삼주천을 운기하면 강력한 파장이 느껴진다. 따라서 임·독맥 통로를 따라 십삼주천 시 수련인의 기감에 따라 약간의 통증이나 껄끄러움

을 느낄 수 있는데 여러 번 운기를 하다 보면 그러한 느낌이 사라진다. 또한 끈적끈적한 액체가 도는 느낌이 들 수가 있는데, 이 또한 성단 형성 후 나타나는 반응이니 그냥 넘어가면 된다.

〈표 47〉 천지인오행단 십삼주천 운기 수련방법

순서	구분	천지인오행단 십삼주천 운기
1	몸 움직이기 (몸명상)	• 삼태극단공(인단공)을 하면서 몸 바라보기를 하며 긴장을 푼다. 그리고 호흡 바라보기를 하며 이완을 한다. • 체조, 기공, 삼태극무(태극무), 굴신단공은 기본 수련과 함께 실시한다.
2	마음 바라보기 (마음명상 :심법 걸기)	• 마음의 긴장을 풀고 편안하게 이완한다. • 좌식 자세를 취하고 양손은 펴서 손바닥이 하늘이나 바닥을 향하게 하여 무릎 위에 편안히 올려놓는다. • 눈을 감고 원소주천 통로에 있는 십삼단전을 하나로 연결 지어 마음으로 바라본다. • "천지인오행단으로 형성된 십삼단전을 원소주천 통로를 중심으로 십삼주천한다."라고 심법을 걸고 마음으로 바라본다.
3	기운 모으고 돌리기 (기운명상)	• 천지인오행단으로 형성된 십삼단전이 원소주천 통로로 십삼주천 하는 기운을 느끼면서 호흡을 통해 강하게 운기한다.

천지인오행단 십삼주천 운기 순서는 기본 십삼주천 운기과정과 같다.

(1) 삼태극단전 → (2) 회음단전 → (3) 장강단전 → (4) 명문단전 → (5) 영대단전 → (6) 옥침단전 → (7) 백회단전 → (8) 송과체단전 → (9) 인당단전 → (10) 천돌단전 → (11) 중부단전 → (12) 옥당단전 → (13) 일월단전 → (14) 삼태극단전

십삼단전을 천지인오행단으로 성단하여 십삼주천 운기를 계속하게

되면 강한 파장과 함께 몸을 보호하는 호신강기가 형성된다. 그와 함께 몸의 기감이 예민해지고 발달한다. 천지인오행단 십삼주천의 운기 속도가 2분 이내가 되면 다음 단계로 넘어간다.

(2) 육장육부와 십일뇌 천지인오행단 성단과 주천 운기

'육장육부 및 십일뇌 천지인오행단 성단 및 운기' 과정은 우리 몸의 육장인 폐·비장·심장·신장·심포·간과 육부인 대장·위장·소장·방광·삼초·담을 천지인오행단으로 변화시키는 것이다. 수련과정은 각 육장육부를 바라보며 수련단계에 해당하는 부위의 천지인오행단 성단 심법을 걸고 호흡을 통해 기운 모으기를 진행한다.

〈표 48〉 육장육부와 십일뇌 천지인오행단 성단 수련방법

순서	구분	육장육부와 십일뇌 천지인오행단 성단
1	몸 움직이기 (몸명상)	• 삼태극단공(인단공)을 하면서 몸 바라보기를 하며 긴장을 푼다. 그리고 호흡 바라보기를 하며 이완을 한다. • 체조, 기공, 삼태극무(태극무), 굴신단공은 기본 수련과 함께 실시한다.
2	마음 바라보기 (마음명상 :심법 걸기)	• 마음의 긴장을 풀고 편안하게 이완한다. • 좌식 자세를 취하고 양손은 펴서 손바닥이 하늘이나 바닥을 향하게 하여 무릎 위에 편안히 올려놓는다. • 눈을 감고 육장육부·십일뇌 가운데 천지인오행단 성단을 진행하는 부분을 마음으로 바라본다. • "우주에 가득 찬 천지인 기운과 오행의 원기를 끌어서 (　　　) 장부(혹은 (　　　)뇌)를 천지인오행단으로 만든다."라고 심법을 걸고 마음으로 바라본다.
3	기운 모으고 돌리기 (기운명상)	• 육장육부와 십일뇌에 천지인오행단 성단을 하면서 기감을 느끼고 호흡을 통해 강하게 성단을 진행한다.

성단 수련 순서는 (1) 폐 → (2) 대장 → (3) 위장 → (4) 비장 → (5) 심장 → (6) 소장 → (7) 방광 → (8) 신장 → (9) 심포 → (10) 삼초 → (11) 담 → (12) 간이다.

육장육부가 천지인오행단으로 만들어지면 더욱 건강해지고 순환도 활발해진다.

특히 '십일뇌 천지인오행단 성단'은 우리 뇌 전체를 천지인오행단으로 만들어가는 과정이다. 수많은 신경 다발인 시냅스로 이루어진 뇌는 인체의 가장 중요한 부분으로 크게 세 영역으로 나뉜다. 뇌의 윗부분과 바깥 피질에 있는 상위뇌(Higher Brain), 중간 부분에 있는 중위뇌(Intermediate Brain), 아랫부분에 있는 하위뇌(Lower Brain)이다. **(〈그림 56〉** 참조)

〈그림 56〉 11뇌의 구조

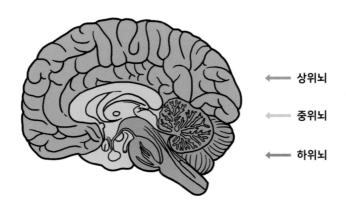

상위뇌

중위뇌

하위뇌

상위뇌는 주로 뇌의 바깥 부분에 네 부분으로 나뉘어 존재하는데, 살펴보면 머리 위의 앞에 위치하는 전두엽(Frontal Lobe), 머리 옆 관자놀이 부분에 위치하는 측두엽(Temporal Lobe), 머리 위 중앙부위에 위치하는 두정엽(Parietal Lobe), 머리 뒷부분에 위치하는 후두엽(Occipital Lobe) 등이다. **(〈그림 57〉 참조)**

● 전두엽은 기억, 생각, 창조 등 고도의 지적능력을 수행하고 주의를 집중하는 데 관여한다.

● 두정엽은 운동과 미각, 촉각, 통각 등의 신체감각에 관여한다.

● 측두엽은 기억, 청각, 언어, 그리고 감정과 정서에도 관여한다.

● 후두엽은 시각의 중추로 시각 인식에 주로 관여한다.

성단 수행은 (1) 전두엽 → (2) 두정엽 → (3) 측두엽 → (4) 후두엽 순으로 진행하며, 상위뇌 부분에 천지인오행단을 채우면 기능이 더욱 활성화되고 강해진다.

〈그림 57〉 상위뇌의 구조

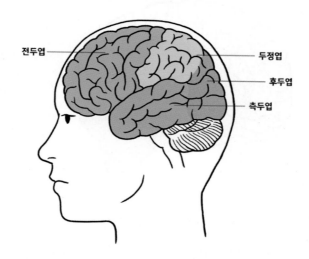

중위뇌는 감정과 운동을 주관하는 곳으로 생물학적으로는 기저핵(Basal Ganglia), 간뇌(Diencephalon), 변연계(Limbic System)로 구성되어 있다. 여기서 간뇌는 시상(Thalamus)과 시상하부(Hypothalamus)로 이루어져 있고, 변연계는 해마(Hippocampus)와 편도체(Amygdala)로 이루어져 있는데, 중위뇌 성단수련에서는 기저핵을 제외하고 편도체, 해마, 간뇌(시상/시상하부)를 천지인오행단으로 채운다. **(〈그림 58〉 참조)**

〈그림 58〉 중위뇌의 구조

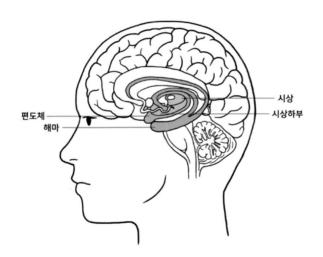

● 편도체는 공포, 분노, 기쁨, 슬픔, 놀라움, 애정, 증오 등 감정과 정서의 조절, 기억, 학습에 크게 관여한다. 특히 공포, 불안, 분노, 슬픔 등 부정적 감정에 민감하다. 편도체 성단수련을 진행하면 감정조절 기능이 활성화되어 공포, 불안, 분노, 슬픔 등의 감정을 다스릴 수

있어 공황장애, 분노조절 장애, 불안장애, 우울증 등 마음병의 치유에 효과적이다.

● 해마는 짧은 기억저장과 의식의 각성 및 주의집중에 관여한다. 해마 성단수련을 진행하면 기억력이 증가하고 집중력이 높아진다.

● 간뇌(시상/시상하부)는 뇌에서 아주 중요한 기능과 역할에 관여한다. 시상은 대뇌에 감각정보를 전달하고 신경 충격을 조절하는 기능을 한다. 한편 시상하부는 생체기능 조절(몸의 체온조절, 물과 음식물 섭취조절), 흥분과 이완을 통제하는 자율신경계 조절, 뇌하수체 호르몬 분비와 억제를 통한 내분비계 조절, 공포, 분노, 기쁨, 슬픔, 놀라움, 애정, 증오 등의 감정과 정서를 조절하는 기능을 한다.

성단 수행은 (1) 편도체 → (2) 해마 → (3) 간뇌(시상/시상하부) 순으로 진행하며, 3가지 중위뇌 부분에 천지인오행단을 채우면 중위뇌의 기능이 더욱 활성화되고 강해진다.

하위뇌는 중뇌(Midbrain), 교뇌(Pons), 숨뇌(연수, Medulla), 소뇌(Cerebellum)로 구성되어 있다. **〈그림 59〉** 참조)

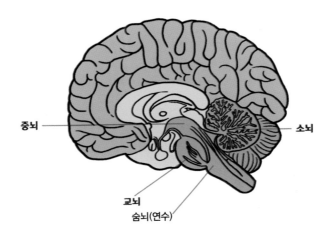

〈그림 59〉하위뇌의 구조

중뇌

소뇌

교뇌

숨뇌(연수)

- 중뇌는 눈의 움직임과 청각 기능에 관여하고, 평형을 유지한다.
- 교뇌는 중뇌와 숨뇌(연수)를 연결하고, 소뇌에서 대뇌로 정보를 전달하며, 호흡조절에 관여한다.
- 숨뇌(연수)는 호흡과 혈액순환조절에 관여한다.
- 소뇌는 몸의 평형 유지와 운동기능 조절에 관여한다.

성단 수행은 (1) 중뇌 → (2) 교뇌 → (3) 숨뇌(연수) → (4) 소뇌 순으로 진행하며, 4가지 하위뇌에 천지인오행단을 채우면 호흡, 혈액순환, 운동기능, 평형감각, 시력과 청력 같은 신체와 관련된 기능이 활성화되고 강해진다.

위에서 제시한 내용을 요약하자면 십일뇌는 상위뇌·중위뇌·하위뇌로 이루어져 있고, 상위뇌는 인간의 이성을 주로 담당하므로 이성의 뇌라고 하고, 중위뇌는 감정을 담당하므로 감정의 뇌라고 하며, 하위 뇌는 생존을 담당하므로 생존의 뇌라고 불린다.

3가지 뇌의 기능은 상단전·중단전·하단전의 삼단전과도 그 기능과 역할이 일치한다. 상단전은 이마 가운데 인당혈에 존재하며 이성적 작용과 판단, 깨달음을 주관하고, 중단전은 감정을 조절하며, 하단전은 몸의 생존을 유지한다. 이처럼 몸의 구조는 오묘하고 신비롭게 형성되어 있다. 몸의 메커니즘을 잘 알아야 마음의 메커니즘도 알게 되고, 정신적 깨달음의 구조도 알게 되어 쉽고 확실하게 완성에 이를 수 있다.

몸의 생존을 유지하기 위해 하단전에 정精을 모으는 호흡 수행은 운동과 호흡, 혈액순환을 관장하는 하위뇌를 더욱 활성화시키고, 감정 조절과 조화를 위해 중단전에 기氣를 모으는 호흡 수행은 불안, 공포, 분노, 슬픔, 즐거움, 기쁨을 조절하는 중위뇌를 더욱 활성화시킨다.

그리고 집중력과 판단력, 통찰력을 키우기 위해 상단전의 신神을 각성시키는 호흡 수행은 집중, 사고, 판단, 창의력에 관여하는 상위뇌의 기능을 더욱 활성화한다. 더 나아가 육장육부와 십일뇌를 고밀도의 기운인 천지인오행단으로 압축하여 강화하는 천지인오행단 성단수련은 심신건강과 깨달음을 위한 중요한 과정이라고 할 수 있다.

그런 다음 비경십일맥 경혈 성단과 주천 운기 과정으로 넘어간다.

(3) 비경십일맥 경혈 천지인오행단 성단과 주천 운기

비경십일맥 경혈 천지인오행단 성단과 주천 운기는 중주대맥의 옥당혈, 상주대맥의 인당혈, 골반맥의 회음혈, 슬맥의 위중혈, 족맥의 태계혈, 후맥의 천돌혈, 견맥의 극천혈, 주맥의 곡택혈, 수맥의 대릉혈, 이맥의 풍부혈, 두맥의 풍지혈까지 총 11개의 경혈을 천지인오행단으로 바꾸는 수련이다.

〈표 49〉 비경십일맥 경혈 천지인오행단 성단과 주천 운기 수련방법

순서	구분	비경십일맥 경혈 천지인오행단 성단과 주천 운기
1	몸 움직이기 (몸명상)	• 삼태극단공(인단공)을 하면서 몸 바라보기를 하며 긴장을 푼다. 그리고 호흡 바라보기를 하며 이완을 한다. • 체조, 기공, 삼태극무(태극무), 굴신단공은 기본 수련과 함께 실시한다.
2	마음 바라보기 (마음명상 :심법 걸기)	• 마음의 긴장을 풀고 편안하게 이완한다. • 좌식 자세를 취하고 양손은 펴서 손바닥이 하늘이나 바닥을 향하게 하여 무릎 위에 편안히 올려놓는다. • 눈을 감고 비경십일맥 각 경맥과 해당 시혈과 종혈을 마음으로 바라본다. • "우주에 가득찬 천지인 기운과 오행의 원기를 끌어서 ( )맥의 ( )혈을 천지인오행단으로 만든다."라고 심법을 걸고 마음으로 바라본다.
3	기운 모으고 돌리기 (기운명상)	• 비경십일맥의 각 경맥과 시혈에 이르기까지 모든 경혈에 천지인오행단이 형성되는 것을 기감으로 느끼며 호흡을 통해 강하게 천지인오행단을 만든다.

천지인오행단 성단과정이 끝난 후 비경십일맥 전체 운기를 하면 비경십일맥 통로는 더욱 강해지고 확장된다. 이 과정이 끝나면 십이정경 경혈 천지인오행단 성단 및 운기 과정으로 넘어간다.

(4) 십이정경 경혈 천지인오행단 성단과 주천 운기

십이정경 경혈 천지인오행단 성단과 주천 운기 과정은 십이경맥의 모든 경혈을 천지인오행단으로 바꾸는 것이다. 그 순서는 전신경맥주천과 같다. 단지 원기로 채우던 것이 천지인오행단으로 바뀌었다고 생각하면 된다. 자세히 설명하면 아래와 같다.

① 폐경맥은 왼쪽 11개, 오른쪽까지 합하면 모두 22개인 경혈을 천지인오행단으로 만드는 것이다.

② 대장경맥은 왼쪽 20개, 오른쪽까지 합하면 모두 40개인 경혈을 천지인오행단으로 만드는 것이다.

③ 위장경맥은 왼쪽 45개, 오른쪽까지 합하면 모두 90개인 경혈을 천지인오행단으로 만드는 것이다.

④ 비장경맥은 왼쪽 21개, 오른쪽까지 합하면 모두 42개인 경혈을 천지인오행단으로 만드는 것이다.

⑤ 심장경맥은 왼쪽 9개, 오른쪽까지 합하면 모두 18개인 경혈을 천지인오행단으로 만드는 것이다.

⑥ 소장경맥은 왼쪽 19개, 오른쪽까지 합하면 모두 38개인 경혈을 천지인오행단으로 만드는 것이다.

⑦ 방광경맥은 왼쪽 67개, 오른쪽까지 합하면 모두 134개인 경혈을 천지인오행단으로 만드는 것이다.

⑧ 신장경맥은 왼쪽 27개, 오른쪽까지 합하면 모두 54개인 경혈을 천지인오행단으로 만드는 것이다.

⑨ 심포경맥은 왼쪽 9개, 오른쪽까지 합하면 모두 18개인 경혈을 천지인오행단으로 만드는 것이다.

⑩ 삼초경맥은 왼쪽 23개, 오른쪽까지 합하면 모두 46개인 경혈을 천지인오행단으로 만드는 것이다.

⑪ 담경맥은 왼쪽 44개, 오른쪽까지 합하면 모두 88개인 경혈을 천지인오행단으로 만드는 것이다.

⑫ 간경맥은 왼쪽 14개, 오른쪽까지 합하면 모두 28개인 경혈을 천지인오행단으로 만드는 것이다.

이렇게 한쪽 경혈의 합은 309개, 좌우 경혈을 모두 합하면 718개가 된다. 이 모든 경혈을 천지인오행단으로 바꾸게 되면 우리 몸 전체가 강한 천지인오행단의 기운으로 가득 차게 된다. 700개가 넘는 경혈을 모두 성단하려면 엄두가 나지 않겠지만, 집중력이 강해지면 여러 경혈에 동시에 집중하여 천지인오행단을 만들 수 있으므로 그리 염려하지 않아도 된다.

〈표 50〉 십이정경 경혈 천지인오행단 성단과 주천 운기 수련방법

순서	구분	십이정경 경혈 천지인오행단 성단과 주천 운기
1	몸 움직이기 (몸명상)	• 삼태극단공(인단공)을 하면서 몸 바라보기를 하며 긴장을 푼다. 그리고 호흡 바라보기를 하며 이완을 한다. • 체조, 기공, 삼태극무(태극무), 굴신단공은 기본 수련과 함께 실시한다.
2	마음 바라보기 (마음명상 :심법 걸기)	• 마음의 긴장을 풀고 편안하게 이완한다. • 좌식 자세를 취하고 양손은 펴서 손바닥이 하늘이나 바닥을 향하게 하여 무릎 위에 편안히 올려놓는다. • 눈을 감고 해당 정경맥의 경혈을 시혈부터 종혈에 이르기까지 마음으로 차례차례 바라본다. • 좌측(우측) 정경맥 경혈 천지인오행단 성단 심법 걸기 "우주에 가득한 천지인 기운과 오행의 원기를 끌어서 좌측(우측) ( )경맥의 시혈부터 종혈에 이르기까지 모든 경혈을 천지인오행단으로 만든다."라고 심법을 걸고 마음으로 바라본다.
3	기운 모으고 돌리기 (기운명상)	• 십이정경 각 경맥의 시혈부터 종혈에 이르기까지 모든 경혈에 천지인오행단이 형성되는 것을 기감으로 느끼며 호흡을 통해 강하게 천지인오행단을 만든다.

성단과정이 끝난 후 십이경맥 전체 운기를 하게 되면 십이경맥 통로는 더욱 강해지고 확장된다. 이 과정이 끝나면 기경구맥 경혈 천지인오행 성단 과정으로 넘어간다.

(5) 기경구맥 경혈 천지인오행단 성단과 주천 운기

기경구맥 경혈 천지인오행단 성단과 주천 운기수련은 임맥 24개 경혈, 독맥 28개 경혈, 대맥 7개 경혈, 양교맥 12개 경혈, 음교맥 5개 경혈, 양유맥 14개 경혈, 음유맥 8개 경혈, 충맥 14개 경혈, 뇌맥 7개 경혈 등을 포함한 119개의 경혈에 천지인오행단을 만드는 것이다.

그 순서는 전신경맥주천과 같다. 단지 원기로 채우던 것이 천지인오행
단으로 바뀌었다고 생각하면 된다.

<표 51> 기경구맥 경혈 천지인오행단 성단·운기 수련방법

순서	구분	기경구맥 경혈 천지인오행단 성단과 주천 운기
1	몸 움직이기 (몸명상)	• 삼태극단공(인단공)을 하면서 몸 바라보기를 하며 긴장을 푼다. 그리고 호흡 바라보기를 하며 이완을 한다. • 체조, 기공, 삼태극무(천지인무), 굴신단공은 기본 수련과 함께 실시한다.
2	마음 바라보기 (마음명상 :심법 걸기)	• 마음의 긴장을 풀고 편안하게 이완한다. • 좌식 자세를 취하고 양손은 펴서 손바닥이 하늘이나 바닥을 향하게 하여 무릎 위에 편안히 올려놓는다. • 눈을 감고 해당 기경맥의 경혈을 시혈부터 종혈에 이르기까지 마음으로 차례차례 바라본다. • 좌측(우측) 기경맥 경혈 천지인오행단 성단 "우주에 가득 찬 천지인 기운과 오행의 원기를 끌어서 좌측(우측) (　　　)경맥의 시혈부터 종혈에 이르기까지 모든 경혈을 천지인오행단으로 채운다."라고 심법을 걸고 마음으로 바라본다.
3	기운 모으고 돌리기 (기운명상)	• 기경구맥 각 경맥의 시혈부터 종혈에 이르기까지 모든 경혈에 천지인오행단이 형성되는 것을 기감으로 느끼며 호흡을 통해 강하게 천지인오행단을 만든다.

성단과정이 끝난 후 기경구맥 전체 운기를 하면 기경구맥의 통로는
더욱 강해지고 확장된다. 이 과정이 끝나면 다음 단계인 전신세포 성
단과정으로 넘어간다.

(6) 전신세포 천지인오행단 성단

'전신세포 천지인오행단 성단'은 온몸의 세포 하나하나를 천지인오

행단으로 바꾸는 수련이다. 고도의 집중력을 유지하고 몸 전체의 세포를 마음으로 바라보면서 전신세포 하나하나에 천지인오행단을 채운다. 전신세포 성단 단계가 끝날 즈음 몸의 빛이 밝아지는 경험을 하게된다. 이후 몸이 가벼워지고, 열기와 청아함도 느끼게 된다.

〈표 52〉 전신세포 천지인오행단 성단 수련방법

순서	구분	전신세포 천지인오행단 성단
1	몸 움직이기 (몸명상)	• 삼태극단공(인단공)을 하면서 몸 바라보기를 하며 긴장을 푼다. 그리고 호흡 바라보기를 하며 이완을 한다. • 체조, 기공, 삼태극무(태극무), 굴신단공은 기본 수련과 함께 실시한다.
2	마음 바라보기 (마음명상 :심법 걸기)	• 마음의 긴장을 풀고 편안하게 이완한다. • 좌식 자세를 취하고 양손은 펴서 손바닥이 하늘이나 바닥을 향하게 하여 무릎 위에 편안히 올려놓는다. • 눈을 감고 온몸의 세포 하나하나를 마음으로 바라본다. • "우주에 가득 찬 천지인의 기운과 오행의 원기를 온몸의 세포로 받아들여 세포 하나하나를 모두 천지인오행단으로 바꾼다."라고 심법을 걸고 마음으로 바라본다.
3	기운 모으고 돌리기 (기운명상)	• 온몸의 세포 하나하나가 천지인오행단으로 바뀌는 것을 기감으로 느끼면서 호흡을 통해 강하게 전신세포 성단을 한다.

이 과정이 끝나면 천지인오행단을 만들어 몸 밖으로 보내거나 다른 사람 몸에 보내어 치료하는 천지인오행단 체외 운기 과정으로 넘어간다.

(7) 천지인오행단 체외 운기

'천지인오행단 체외 운기'는 손가락 끝에 천지인오행단을 만들어 몸 밖으로 운기하는 수련이다. 처음엔 왼쪽 손가락 끝에서 오른쪽 손가락 끝으로 포물선을 그리며 천지인오행단을 보내는 연습을 하다가 더 멀리 더 높이 보낸다. 이것이 숙달되면 집 밖으로 보내서 회수하기도 하고, 더 멀리 달이나 태양, 다른 별에 보냈다가 회수하는 연습을 한다.

이러한 과정이 충분히 이루어지면 가족이나 지인의 아픈 부위 경맥과 경혈에 천지인오행단을 보내어 치료하는 연습을 하여도 좋다. 숙달되면 열 손가락 전체에 천지인오행단을 만들어 연속하여 보내는 것도 가능하다.

천지인오행단 체외 운기 과정까지 마치면 기운으로 할 수 있는 과정은 모두 끝나고, 깊은 정신을 맑히고 밝히는 연기화신 단계로 나아간다.

Ⅲ. 바라보기 명상 단계

바라보기 명상 단계는 기氣를 연마하여 신神으로 바꾸는 과정이다. 이전까지의 수련이 몸의 에너지인 '정'을 호흡으로 연마하여 '기운'을 더욱더 강하고 조화롭게 하는 수련이었다면, 바라보기 명상 단계부터는 정신을 밝히는 빛 수련으로 한 단계 발전하는 것이다. 즉, 정에서 바뀐 기운을 더 깊이 연마하여 신이 밝아지게 하는 수련이다.

바라보기 명상 과정에는 원기화신 명상, 여의주 명상, 양신 명상이 있다. 바라보기 명상의 과정에 들어서게 되면 제3의 눈이라고 하는 영적인 눈인 '영안靈眼'과 도적인 눈인 '도안道眼'이 발달하면서, 여러 가지 영상과 화면이 보이기 시작한다. 그러므로 이때 수련자는 더욱더 마음을 비우고 비워서 맑고 밝은 영안과 도안으로 직관해야 한다.

만약 분별하는 마음과 욕심, 남아 있는 무의식의 '트라우마'로 영안이나 도안을 열게 되면 헛된 영상과 화면을 스스로 만들어 위험한 심마心魔나 마경魔境의 상태에 빠지게 된다. 그렇게 되면 자만과 교만에 사로잡혀 삿된 술수와 언변으로 진정한 깨달음과는 거리가 먼 기꾼(기 장사꾼)이나 도꾼(도 장사꾼)으로 전락할 수 있다. 심지어는 자신이 조물주, 하느님, 부처라는 환상과 착각에 빠져 스스로 사이비 교주가 되어 그를 따르는 수행자들의 앞날을 그르치게 될 수 있으니 삼가 조심하고 또 조심해야 한다.

다시 말해 바라보기 명상의 과정은 기운의 고차원적 상태인 빛의 단계로 나아가는 것이므로 몸을 정화하고 분별과 욕심을 비운 후 여여한 마음인 여의무심으로 가야 한다. 빠르게 공부를 이루고자 하는 욕속심欲速心, 자신을 과대평가하는 자만심, 스스로를 낮추는 열등감을 품으면 심마가 생겨 수련이 잘못된 방향으로 갈 수 있으니 초발심으로 돌아가 공부에 매진하여야 한다.

1. 원기화신 명상

1) 개요

원기화신 명상은 수련자의 몸이 기운의 차원을 벗어나 빛의 차원으로 변화하는 명상이다. 고요히 정좌하고 앉아서 양 손바닥과 양 발바닥을 각각 서로 합하여 모은 다음 심법을 걸고 집중한다. 원기화신 명상은 우주합일 명상과 마찬가지로 온몸의 피부 모공을 통해 우주에 가득 찬 빛을 몸의 전체 세포 하나하나에 받아들이고 흡수하여 몸의 원기

가 빛으로 바뀌게 한다. (**〈그림 60〉** 참조)

〈그림 60〉 원기화신 명상도

여의주

2) 수련방법

수련방법은 우주합일 명상과 비슷하나, 원기화신 명상 때는 온몸의 모공을 통해 미세하고 강한 고밀도 입자의 원기가 들어오게 된다.

〈표 53〉 원기화신 명상 수련방법

순서	구분	원기화신 명상
1	몸 움직이기 (몸명상)	• 삼태극단공(천단공)을 하면서 몸 바라보기를 하며 긴장을 푼다. 그리고 호흡 바라보기를 하며 이완을 한다. • 체조, 기공, 삼태극무(태극무), 굴신단공은 기본 수련과 함께 실시한다.
2	마음 바라보기 (마음명상 :심법 걸기)	• 마음의 긴장을 풀고 편안하게 이완한다. • 앉은 상태에서 허리를 곧게 펴고 양 손바닥의 노궁단전과 양 발바닥의 용천단전을 서로 합하여 마주 붙인다. • 눈을 감고 온몸 전체를 마음으로 바라본다. • "우주에 가득 찬 밝고 맑은 원기를 온몸으로 흡수하여 정·기·신이 하나 되어 빛으로 변화한다."라고 심법을 걸고 마음으로 바라본다.
3	기운 모으고 돌리기 (기운명상)	• 온몸으로 들어오는 원기의 감각을 느끼면서 빛을 보고 몸 전체를 하나의 원으로 만든다.

수련을 계속하다 보면 시간이 지남에 따라 몸속의 충만한 원기가 빛으로 바뀐다. 이때 수행자는 빛을 보게 된다. 동시에 몸의 하단전에 여의주의 빛을 찾아가는 문이 열리고 수행자는 그 공간에 진입하게 된다. 이는 마치 블랙홀을 통해 우주 공간으로 들어가는 것과 같다.

원기화신 명상을 완성하면 온몸이 단전이 된다. 따라서 원기화신 명상 이후에는 수련 시 깊이 몰입하여 기감도 벗어나서 몸과 우주가 하나된 상태, 즉 삼매에 들어야 한다.

원기화신 명상 단계부터는 깊은 무의식의 마음공부가 본격적으로 시작된다. 그런 이유로 기감만으로는 공부에 한계가 있다. 고정관념과 생각을 비우고 모든 것을 여의무심으로 바라보며 무한긍정의 마음을 품어야 한다. 이 단계부터는 빛이나 영상이 안 보여 불안하거나 보이더라도 마음이 들뜨기 쉬운데, 긍정적이고 편안한 마음 자세를 유지하는 것이 중요하다. 보이지 않으면 보이지 않는 대로, 보이면 보이는 대로 담담하게 수련에 임해야 한다. 이렇듯 자신을 비우고 무한긍정의 마음으로 수련과 삶이 항상 하나가 될 때 깨달음의 우주계 공부가 열리게 될 것이다.

원기화신 명상부터는 수련의 끝과 깊이를 알 수 없다. 따라서 고대부터 현재에 이르기까지 수많은 수행자가 시간과 인생을 낭비하며 헤매는 결과를 초래했다. 태극숨명상에서는 앞선 선배들의 경험과 지도를 통해 이를 최소화하고 도통으로 가는 빠른 수련법을 체계화하여 제시하였다. 그러니 인간적인 고정관념과 편견을 버리고 자신과 수련법을 믿고 여의무심으로 수행에 정진함이 필요하다.

2. 여의주 명상

1) 개요

여의주란 '모든 것을 창조하는 능력이 있는 구슬'을 상징한다. 일반적으로 여의주라고 하면 용이 입에 물거나 발가락으로 잡고 조화를 부리는 모습이 떠오른다. 하지만, 우리 인간은 용보다 많은 세 개의 여의주를 태어날 때부터 가지고 있다. 이 세 개의 여의주는 우리 몸의 하단전, 중단전, 상단전에 각각 존재하는데, 하단전에 있는 여의주를 하주

下珠라고 하고, 중단전에 있는 것을 중주中珠라고 하며, 상단전에 있는 여의주를 상주上珠라고 한다.

이전까지의 태극숨명상 수련, 즉 삼태극단전 와식 축기 과정부터 십삼단전 축기, 십삼주천, 비경십일맥주천, 목욕명상, 오중맥대주천, 해·달·별 명상, 우주합일 명상, 전신경맥주천, 원기화신 명상이 모두 상·중·하 여의주를 정화하고 밝히며 닦는 과정이었다.

수련을 통해 하단전 여의주를 닦고 밝히면 몸의 건강을 얻게 되고, 중단전 여의주를 닦고 밝히면 마음과 감정의 자유를 얻게 되며, 상단전 여의주를 닦고 밝히면 지혜와 직관력을 얻게 된다. 이러한 과정을 통해 3개의 여의주가 다 닦이고 밝아지면 비로소 여의무심을 이루어 하단전 여의주가 열리면서 순수한 결정체인 양신이 나타난다.

그렇다면 여의주는 왜 인간에게 3개씩이나 존재하는 것일까? 이것은 인간 내면에 우주의 본질적 요소가 존재함을 의미한다. 우주 만물의 근원인 9차원 본질삼광계는 영·기·질의 3요소로 이루어져 있다. '영'은 영혼의 속성이고 '기'는 기운의 속성이며 '질'은 물질의 속성이다. 이 우주의 본질 3요소는 인간의 몸속에 신주神珠·기주氣珠·정주精珠의 3가지 여의주로 존재하는데, 이는 우주의 본질삼광계와 서로 연결되어 있다.

그러므로 밸런스 명상 과정을 통해서 정주를 닦고, 열기 명상 과정을 통해 기주를 닦고, 바라보기 명상 과정을 통해서 신주를 닦는 것이다. 이 3가지 여의주가 다 닦이면 확장 명상 과정을 통하여 9차원의 우주계인 본질삼광계로 돌아가게 된다.

이 3가지 정·기·신 구슬이 다 닦여 하나가 되면 둥근 일원상이 나타나는데, 이것이 바로 10차원 완성원광계이다. 인간이 지구에 태어난 이유가 본래의 자신이 온 우주계로 돌아가기 위함이다. 이를 위해서 정 → 기 → 신의 수련과정을 밟는 것이 바로 '도道'라고 하는 것이다. 선도수련에서는 단전호흡을 통해 정, 기, 신을 하나로 조화롭게 합일하여 본래 빛에 이르는 것을 '도통道通'이라 한다. 도통한 자를 '신인神人'이라 이름한다. 즉, 수행을 통해 본래 빛의 자리에 이르는 모든 인간은 다 하느님이자 신인 것이다.

이렇듯 여의주 명상은 양신을 찾아 본래 빛으로 나아가는 중요한 관문이다. 여의주 명상에는 여의주관조如意珠觀照 명상과 여의주입주如意珠入珠 명상이 있다.

2) 수련방법

(1) 여의주관조 명상

'여의주관조 명상'은 하단전으로 진입하여 묵묵히 관조하면서 여의주를 찾아 나가는 수련이다. 여의주는 삼태극하단전 속에 존재하므로 여의주를 찾기 위해서는 삼태극하단전에 있는 우주공간을 찾아 들어가야 한다. 삼태극하단전 우주공간으로 진입하는 것도 쉬운 일은 아니다. 묵묵히 삼태극하단전을 관조해 나가면 여러 가지 구조가 나타나는데 가장 잘 나타나는 구조는 '꽃잎구조'이다. 꽃이 봉오리 상태인지 만개 상태인지에 따라 하단전 발달 정도를 알 수 있고 꽃의 수가 적고 많음에 따라 그 공력도 가늠할 수 있다. 꽃은 색깔로 나타나는데 하단전은 붉은 꽃, 중단전은 노란 꽃, 상단전은 하얀 꽃의 모습이다. 그래서 요가에서 단전인 차크라를 꽃과 색깔로 표현하는 것이다.

다음으로 단전의 구조를 표현하는 모양은 '도형'이다. 여러 가지 도형이 어우러져서 나타나는데 단전마다 다른 모양이다. 때론 탑의 모양을 하고 있기도 하고, 만다라와 같은 모양이기도 하다. 에너지와 빛을 그림으로 표현한 불교의 만다라와 같은 맥락이다.

> "수련이 시작되면서 눈앞에 흐릿하게 시커먼 화로의 모습이 보이더니 그 위로 숯이 놓이고 잠시 노란 불꽃이 숯 위로 춤을 추듯이 일어났다. 시커먼 숯과 숯 사이 아주 붉고 밝은 빛이 보였다. 잠시 후 그 모습은 사라지고 눈앞이 하얗게 밝아지더니 이번에는 언덕 같은 곳에 노란 불꽃이 일더니 다시 검은 숯 밑으로 붉고 밝은 빛이 보였다. 가끔 동그란 동전만 한 크기로 검은 점이 생기고 그 점이 밝아졌다 어두워지기를 반복하였다." —'수련 체험기' 중에서

☞ 밝은 노란 불꽃, 하얀 불꽃 : 하단전의 빛/ 시커먼 화로 : 하단전 공간/ 동전만한 크기의 검은 점 : 여의주

어느 정도 하단전 구조를 보고 더 깊이 들어가면 밤하늘처럼 수많은

별이 반짝이는 어두운 우주 공간 같은 곳으로 들어가게 된다. 이때부터 여의주의 빛을 찾아가는 '여의주관조' 수련이 본격적으로 시작된다. 어두운 우주공간 같은 곳이 나타나면 처음에는 다소 혼란스러운 마음이 들기도 한다. 마음을 가라앉히고 여의무심으로 정면을 응시하다 보면 유난히 반짝이는 조그마한 별빛 하나가 보인다. 그 별빛을 무심으로 관조하다 보면 점점 빛이 크게 다가온다. 이때 터널 같은 것이 나타난다. 그 터널을 통과하여 여의주 빛 가까운 곳으로 다가가는 것이다. 여의주 앞에 이르게 되면 밝은 빛만 보인다. 이 빛을 통과해야 여의주 안으로 들어갈 수 있다.

〈표 54〉 여의주관조 명상 수련방법

순서	구분	여의주관조 명상
1	몸 움직이기 (몸명상)	• 삼태극단공(천단공)을 하면서 몸 바라보기를 하며 긴장을 푼다. 그리고 호흡 바라보기를 하며 이완을 한다. • 체조, 기공, 삼태극무(태극무), 굴신단공은 기본 수련과 함께 실시한다.
2	마음 바라보기 (마음명상 :심법 걸기)	• 몸과 마음의 긴장을 풀고 편안하게 이완한다. • 좌식 자세를 취하고 양손은 손바닥이 하늘로 가게 하거나 아래로 향하도록 하여 무릎 위에 편안히 올려놓는다. • 눈을 감고 "우주에 가득한 밝은 빛을 받아 삼태극단전 속 우주 공간으로 들어가 여의주를 찾아간다."라고 심법을 걸로 마음으로 바라본다.
3	빛 모으고 밝히기 (빛명상)	• 백회단전을 통해 빛을 받아 하단전에 있는 우주 공간으로 들어가 여의주 빛을 보면서 여의무심으로 계속 앞으로 나아간다.

하단전 우주 공간에서 여의주로 가는 과정은 불교 유식학의 심리구조에서 제8식 아뢰야식에서 제9식 아마라식(청정식)으로 나아가는 과정이라고 볼 수 있다. 여의주를 통과해야만 청정식인 여래장, 즉 불성을 찾을 수 있기 때문이다.

여의주의 빛은 수련인의 영안이나 도안으로 볼 때 여러 가지 색으로 보이는데 검은빛, 흰빛, 푸른빛, 붉은빛, 황금빛 순이다. 수련이 깊이 진행될수록 황금빛만 보이게 된다. 여의주 앞에 가까이 갈수록 무서운 뱀의 형상이 보이기도 하고, 나신 형상을 한 여인들이 나타나 유혹을 하거나, 무섭고 두려움을 느끼는 장면들이 나타날 수 있다. 이러한 현상은 여의주에 진입하기 전 여의주를 감싸고 있는 노이즈, 즉 때나 먼지, 무의식에 존재하는 부정적 트라우마라고 생각하면 된다.

여의주에 가까이 다가갈수록 수련자의 무의식에 잠재된 욕심과 욕망, 부정적 정서와 감정 등이 정화되면서 나타나는 현상인 것이다. 불교 수행에서는 이러한 과정을 마군魔軍을 쳐부수고 항복받는 항마降魔의 수행과정으로 밝히기도 한다. 이러한 장면들이 나타나더라도 동요하지 말고 한결같이 여유로운 무심 상태로 계속 나아가면 여의주 안으로 들어가게 된다.

여의주 명상에 들어가면서 수행자는 꿈을 자주 꾸기도 한다. 정화되어야 할 심리적 트라우마가 꿈으로 나타나는 것이다. 꿈도 수련의 연장이니 여의무심으로 받아들이고 꿈의 내용을 메모해두고 그 의미를 명상하면 자신의 깊은 내면을 이해하는 데 도움이 된다.

여의주 명상 단계부터는 '일심一心'과 '무심無心'의 마음가짐으로 임해야 한다. 즉, 일심으로 들어가고 무심으로 나와야 한다. 일심은 심법, 열정, 의지를 말한다. 즉, 수련 시 의식적으로 집중해서 강하게 자기 최면을 거는 것이다. 무심은 일심의 상태에서 벗어나 그냥 깊이 무념무상의 무의식 상태로 들어간다는 의미이다. 삼태극단공이나 굴신단공, 삼태극무를 많이 하여 몸의 긴장이 풀리면 삼매무심의 경지에 들 수 있다.

(2) 여의주입주 명상

'여의주입주 명상'은 여의주의 막을 뚫고 여의주 안으로 진입하는 수련이다. 통과 시 끈끈한 젤리의 막을 뚫고 들어가는 느낌을 받기도 한다. 막상 여의주에 들어가게 되면 어머니의 자궁처럼 따뜻하고 편안한 느낌을 받는데, 하단전 우주 공간과는 달리 충만한 기분이 느껴진다. 여의주 공간에 진입한 이후부터는 양신을 찾아가는 새로운 공부가 시작된다. 처음에는 아무것도 보이지 않고 혼란스럽지만, 일단 여의주 공간에 적응하는 시간이 필요하다.

〈표 55〉 여의주입주 명상 수련방법

순서	구분	여의주입주 명상
1	몸 움직이기 (몸명상)	• 삼태극단공(천단공)을 하면서 몸 바라보기를 하며 긴장을 푼다. 그리고 호흡 바라보기를 하며 이완을 한다. • 체조, 기공, 삼태극무(태극무), 굴신단공은 기본 수련과 함께 실시한다.
2	마음 바라보기 (마음명상 :심법 걸기)	• 몸과 마음의 긴장을 풀고 편안하게 이완한다. • 좌식 자세를 취하고 양손은 손바닥이 하늘로 가게 하거나 아래로 향하도록 하여 무릎 위에 편안히 올려놓는다. • 눈을 감고 "우주에 가득한 밝은 빛을 받아 여의주와 합일한다."라고 심법을 걸고 마음으로 바라본다.
3	빛 모으고 밝히기 (빛명상)	• 백회단전을 통해 빛을 받아 우주 공간에서 터널을 통과하여 여의주 빛을 보면서 여의무심으로 여의주 앞으로 나아간다.

한참 동안 여의주 공간 안에서 수련을 통해 여의주와 하나가 되면 이제는 여의주 속에 있는 양신을 찾아가기 위하여 심법을 강하게 걸고 여의무심으로 나아가야 한다. 그러면 나의 양신을 찾아갈 수 있다.

"밤에 잠을 자려고 누워 눈을 감았는데 심법을 걸지 않았음에도 영상이 보이기 시작했다. 어떤 공간에 들어간 듯한데, 주변이 안개가 낀 듯하고 정면에 삼태극이 돌듯 오른쪽으로 회전하는 기운이 보였다. 잠시 후 빛으로 만들어진 육각형의 기하학적 도형이 서로 연결되어 벌집같이 보이기도 했다. 그렇게 5~10분 가량 영상을 보고 잠이 들었다." —'수련 체험기' 중에서

☞ 공간으로 들어간 곳 : 여의주 안/ 회전하는 6각형 벌집 : 여의주의 구조

3. 양신 명상

1) 개요

'양신'은 태극숨명상 수련의 마지막 과정을 통해 내 몸속에서 얻어지는 황금빛의 어린 아기(영아嬰兒)이다. 다른 말로는 금선·도태道胎·곡신불사谷神不死·현빈玄牝·본래자신本來自身·본성·혜명慧命·불자·불성·여래장·영성·성령·광명光明이라고도 한다. 양신은 모든 인간 내면에 감추어진 비밀스럽고 신령스러운 존재로 우주의 본래 빛에 의해 만들어진 밝은 빛의 도체이다. 이는 원신과 육신을 연결하는 기운의 최고 결정체이고 우리를 궁극의 깨달음으로 인도하는 중요한 매개체이다.

영혼은 밀도가 낮아 지구의 대기권계를 넘어 우주공간이나 고차원 우주계로 진입할 수 없다. 이는 살아서나 죽어서나 마찬가지이다. 인간이 영혼 상태로 태초의 근원우주계로 가기 위해서는 양신이라는 수단이 필요하다. 양신이라는 도적인 형태와 합일해야 한다. 만약 양신을 통하지 않고 유체이탈의 영혼 상태로 돌아다닌다면 중간에 목숨을 잃거나 귀신의 장난에 놀아나던지, 아니면 다시 몸으로 영혼이 들어올 때 접신이 되는 부작용이 생길 수 있다.

인간은 영혼과 육신으로 구성되어 있는데, 영혼과 육신을 잘 연결해서 활동적으로 움직이게 하는 것이 바로 기운이다. 기운이 빠지면 우리는 영혼과 육신으로 분리되고, 이것을 죽음이라고 한다. 하지만 기운은 앞서 설명한 대로 생명유지 차원의 생기, 더욱 높은 수련 차원의 진기, 그리고 우주의 근원적 차원인 원기로 나누어지고, 원기가 더욱 강하게 응집되면 천지인오행단이 된다. 그리고 천지인오행단의 차원을 넘어 양신을 이루어야 인간의 본래 근원인 우주로 돌아갈 수 있다.

양신을 이루는 것은 대단한 경지이다. 물을 담은 병처럼 마음을 담고 있는 그릇이 바로 양신이다, 이는 다이아몬드나 금과 같이 절대로 사라지지 않는 불사체이기에 금선이라고도 불렀다. 무협지에서 말하는 불사지체의 경지가 바로 양신합일의 경지이다.

양신의 능력은 무한하다. 양신 명상 단계에서는 양신을 활용하여 세계 각 지역도 돌아다니고 미래와 과거도 가고, 우주 행성과 우주계도 갈 수 있다. 그리고 우주계 입문부터는 양신보다 한 차원 높은 존재인 원신과 신명들을 활용하게 된다. 양신을 이루면 쉽게 마음을 내려놓고 비우고, 변화할 수 있기에 마음공부도 수월해진다. 십삼단전을 13기통의 파워 엔진에 비유한다면, 양신 엔진은 엄청난 힘을 가진 우주선 엔진에 비유할 만하다. 무엇이든 마음먹으면 다 할 수 있다.

양신은 기운이 최고로 극대화된 빛의 존재이다. 우리의 수련을 통해 생기, 진기, 원기를 몸에 다 담을 수 있다. 양신 수련을 통해 양신까지 담으면, 영혼과 몸을 양신이 이어주게 된다. 그래서 양신을 이룬 다음 죽으면 영혼이 양신을 타고 도계라고 할 수 있는 우주계로 가게 된다. 반면, 일반 사람들은 죽으면 자기 의지가 없이 꿈속에서 헤매는 것처럼 끌려다니게 된다.

이렇듯 양신을 얻게 되면, 생사를 해탈하고 우주로 나아가 여러 별을 여행할 수 있으며, 더 나아가 시간과 공간을 뛰어넘어 과거와 미래로도 갈 수 있다. 또한 시공간을 초월하여 본래 우리가 왔던 우주의 근원으로 돌아갈 수도 있다. 양신을 통해 우리는 스스로를 천도하고 우주 공간을 마음대로 여행하며, 영원한 삶을 누릴 수 있다. 죽음은 원래 존재하지 않는다. 단지 다른 차원의 시간과 공간으로 옮겨가는 것을 죽음이라 이름 붙였을 뿐이다.

1916년, 아인슈타인 박사는 시간과 공간을 뛰어넘는 에너지파인 중력파[27]가 존재한다고 주장했다. 하지만 그동안 물리학계와 과학계는 그 사실을 무시해오다가 2016년 미국 과학계가 아인슈타인 박사의 주장이 사실임을 밝혀내었다. 중력파가 존재한다는 것은 현실에서 과학적, 물리적으로 시공간 중력장의 곡률(뒤틀림)이 발생한다는 의미이다. 양신이 바로 중력파와 같은 시간과 공간을 뛰어넘는 에너지이다.

양신 명상은 태극숨명상 수련의 가장 중요한 관문이다. 양신을 찾기 위해서 그동안 어려운 십삼단전을 만들고 운기하며 비경십일맥을 열어 왔다. 또한 십삼주천 운기·목욕 명상·오중맥대주천 운기·해달별 명상·우주합일 명상·전신경맥주천 운기·천지인오행단 성단과 주천 운기·원기화신 명상·여의주 명상 등 어려운 과정을 거쳐 왔다. 그럼에도 양신을 찾아 합일하지 못하면 지금까지의 수련은 건강 차원에 머물고 말며, 진정한 깨달음과 도통과는 멀어지게 된다.

태극숨명상의 가장 중요한 수련은 바로 양신 명상에 있다. 양신 명

---

27) 중력파는 움직이는 물체(질량)에 의하여 시공간 중력장의 곡률(뒤틀림)에 발생한 요동이 광속으로 진행하는 파동을 말한다. 아인슈타인의 일반상대성이론에 의하면, 중력은 시공간의 곡률(뒤틀림)에 의하여 발생한다. 시공간의 곡률은 질량에 의해 발생하므로, 질량을 가지는 물체가 시공간에서 이동하면 시공간의 곡률도 변한다. 질량을 가지는 물체가 가속운동을 하면 시공간의 곡률 변동이 파동의 형태로 전파하는데 이를 중력파라고 한다. 중력파의 속도는 빛(전자기파)의 속도와 같다.

상이 얼마나 중요한 수련인지 선도의 내단 사상과 불교사상의 문헌을 중심으로 밝히고, 태극숨명상의 양신 명상과정을 밝히기로 하겠다.

(1) 선도 내단 사상에 나타난 양신 명상

선도 내단 수행에서 양신에 관해 처음 언급한 문헌은 4세기 초 중국 진晉나라 때 모산茅山을 본거지로 하여 성립된 상청파上淸派의 경전『대동진경大洞眞經』이다. 이 경전 속에서 양신, 즉 영아의 수행과정을 '존사도存思圖 1'과 '존사도 2'로 나타내고 있는데, 존사도 1은 수행자가 내면의 영아인 제일존군帝一尊君을 존사하여 머리 위로 출신시킨 그림이고, 존사도 2는 수행자가 제일존군과 합일된 모습을 보여주는 그림이다.

〈그림 61〉 존사도 1

 그후 당말 북송 초, 도사 여동빈의 저서 『태을금화종지太乙金華宗旨』에도 양신 수행법이 등장한다. 여동빈은 중국선도 8대 신선의 반열에 들 정도로 도력과 명망이 높은 인물이다.

 '태을'이란 더는 위가 없는 최상을 의미하며, 태일太一, 원신元神, 혹은 태초太初라는 말과 같은 뜻이다. '금화'란 황금 꽃이란 말인데, 황금빛으로 해석한다. 즉, '태을금화종지'란 태초의 황금빛을 찾아가는 가장 높은 가르침이란 뜻이다.

 여동빈은 빛을 돌려서 인간 내면에 집중하는 회광回光 수련을 강조하였는데, 특히 정精에 필요한 수기水氣와 신神에 필요한 화기火氣, 그리고 마음(의意)에 필요한 토기土氣의 3가지 기운이 중요하다고 강조하였다.

 순수한 하늘의 마음으로 중심을 잡고 정을 상징하는 신장의 물기운과 신을 상징하는 심장의 불기운이 서로 조화를 이루면 순수한 양의 상태가 되어 황금빛이 나타난다고 하였다. 이 황금빛의 공간 가운데 영원히 죽지 않는 다이아몬드 신체인 성태聖胎(성스러운 태아)가 맺힌다는 것이다. 황금 신선인 금선을 의미하는 성태는 양신, 진리의 아기인 영아 등 다른 이름으로 불리기도 한다.

성태를 만드는 회광반조 수련에는 여러 과정이 있으나, 위의 책은 후대에 발견되기까지 일부 소실되거나 내용상 바뀐 정황이 있는 것으로 추측된다. 따라서 저자의 견해를 바탕으로 간추려서 7가지 과정으로 재해석한 내용을 책의 제5장 참고 이론 Ⅰ. 양신 관련 이론 '1. 도교 여동빈 도사의 양신 수련법 해설'로 정리해두었으니 관심 있는 독자는 참고하기 바란다.

여동빈의 『태을금화종지』 외에도 여러 문헌에서 양신에 관해 언급하고 있는데, 살펴보면 당말 오대 내단파 도사 진박陣朴은 그의 저서 『구전내단九轉內丹』에서 수련이 깊이 진행되면 성스러운 태아가 형성되어 갓난아기의 모습인 영아가 나타난다고 하였으며, 송말 영보파靈寶派의 도사 소남少南은 그의 저서 『태극제련내법太極祭鍊內法』에서 수행을 통해 내 몸을 깊이 존상하여 오랜 시간이 지나면 수행의 결과가 어린아이인 영아의 상태로 단아하게 나타나고, 이 영아는 다시 수련을 통하여 거듭 성장하여 신선인 태일천존太一天尊이 되며, 이는 영적으로 완전히 성숙한 자신의 모습인 원신元神이라고 주장하였다.

그리고 명나라 때 도사 윤진인尹眞人의 제자가 쓴 선도 서적 『성명규지性命圭旨』에서는 영아를 단정한 어린아이라는 뜻의 단아端兒와 참다운 씨앗을 나타내는 진종자眞種子라고 표현하였다. 진종자는 불교에서 주장하는 부처의 성품인 불성과 같은 개념이다.

(2) 불교 사상에 나타난 양신 명상

불교 경전에 근거하여 양신의 존재를 밝힌 사람이 있으니, 바로 청나라 때의 유화양柳華陽 선사이다. 그는 불교 스님이자, 왕중양의 북종 내단파인 전진도의 진전을 이어받은 용문파의 8대 제자 도사 오수양伍守陽의 수제자로 선도 내단 사상에도 조예가 깊었다. 그는 오수양과 함께 오류파伍柳派라는 내단파를 창시하였으며 불교의 관점에서 내단 수련을 해석한 『혜명경慧命經』을 저술하였다. 이 책에서 밝힌 양신에 대한 불교 사상적 내용이 흥미롭다.

『혜명경』은 불가 및 선종의 대표적 경전인 『능엄경楞嚴經』과 『화엄경華嚴經』 및 『육조단경六祖壇經』 가운데서 절실한 구절들을 가려 뽑아 선도 내단 수련의 각 단계에 맞게 구성하여 해설을 붙인 책이다. 그 가운데 핵심 내용은 『능엄경』에 바탕을 두고 있는데, 『능엄경』은 밀교 사상과 선종의 사상을 설한 대승경전으로 다른 경전에 비해 늦게, 당나라 때 전해졌다고 한다. 그리고 밀교 사상에 바탕을 두긴 하였지만, 선정에 전념하여 여래의 진실한 경지를 얻어 생사의 고뇌에서 벗어나는 내용이 중심이므로 중국 불교 선종에서 환영받았다. 『능엄경』은 『원각경』, 『금강경』, 『기신론』과 함께 우리나라 불교 강원의 4대 교과서로 쓰이는 중요한 경전이다.

『능엄경』의 핵심은 여래장사상如來藏思想이다. '여래如來'란 부처의 다른 이름이고, '장藏'이란 태아를 말하므로 '여래장'이란 부처의 태아이자 본성인 불성을 의미하는 것이다. 따라서 모든 인간은 본래 여래가 될 요인인 불성, 여래장을 가지고 있다는 일체중생개유불성一切衆生皆有佛性, 혹은 일체중생개유여래장一切衆生皆有如來藏이란 용어가 중국 불교에서는 보편적으로 사용되었다.

유화양 선사는 『혜명경』에서 혜명이라는 불성, 즉 여래장을 찾는 공부를 통해 누진통漏盡通의 경지에 이르러야 함을 이야기했다. 누진통이란 부처를 이루면 생기는 6가지 신통력 중 하나[28]로 마음의 번뇌가 사라지고, 몸의 원기가 더는 새어나가지 않게 하는 경지를 말한다. 이는 단순히 번뇌를 없애는 것이 아니라, 여래장을 찾아 출신하여 업을 끊고 윤회의 사슬을 벗어나 다시는 미혹의 세계에 태어나지 않는 열반을 이룬 것을 말한다. 누진통은 신족통과 더불어 여래장인 양신을 이룬 경우에만 가능한 능력이다.

신라의 원효는 『대승기신론大乘起信論』에서 여래장을 일심一心이라고 밝히고 있다. 불교 유식학唯識學에서는 여래장을 제8식 아뢰야식阿賴耶識 혹은 제9식 아마라식阿摩羅識 혹은 백정식白淨識이라고 하였다. 불교 유식학은 유가학파 혹은 유가행 유식학파로도 불리며, 인도 무착無着과 세친世親에 의해 체계화된 사상으로, 세상이 단지 마음, 즉 의식의 구조적 표상에 의해서만 나타난다고 설명하기에 인간 의식

---

28) 나머지 신통 5가지는 세상의 모든 것을 멀고 가까움에 관계없이 모두 볼 수 있는 능력인 천안통天眼通, 일반 사람이 들을 수 없는 것을 듣는 능력인 천이통天耳通, 다른 사람의 마음속을 꿰뚫어 보는 능력인 타심통他心通, 자신과 다른 사람의 과거 전생의 일을 아는 능력인 숙명통宿命通, 생각하는 곳이면 어디로든지 날아서 갈 수 있는 신족통神足通이다.

의 심층구조를 다루는 불교 심리학의 토대가 되고 있다. 유가학파는 공사상空思想에 근거한 용수龍樹의 중관학파中觀學派와 더불어 대승불교의 양대 학파로 불린다.

이외에도 불교에서는 여래장을 진여眞如, 광명光明, 본성本性, 본각本覺, 법성法性 등으로 부르고, 선도 내단 수행에서는 영아嬰兒, 성태聖胎, 진리의 태아, 환동還童, 진종자眞種子, 양신陽神 등으로 부른다. 서양 심리학에서는 카를 구스타프 융이 말한 모든 인간에게 공통으로 내재한 '집단무의식'과도 연관된다.

그동안 부처를 이루는 성불 수행이 단순히 관념이나 머리로 이해되는 수준에 그쳤다면, 유화양 선사는『혜명경』에서 성불에 이르는 실제적인 방법을 자세하게 서술하고 있다. 저자는『혜명경』에 나타난 양신 수행법 내용을 알기 쉽게 정리 해설하여 10가지 방법으로 제시하고자 한다. 이는 제5장 참고 이론 Ⅰ. 양신 관련 이론 '1. 불교 유화양 선사의『혜명경』양신 수행법 해설'로 따로 정리해두었으니 관심 있는 독자는 참고하기 바란다.

(3) 한국 선도와 불교에서의 양신 명상

중국과는 달리 한국의 선도사와 불교사에서는 양신 수련에 관한 문헌적 근거는 찾아볼 수 없다. 하지만 현대에 이르러 저자의 스승인 한당 선생은 그의 저서『천서天書』에서 양신을 통해 완전한 깨달음의 세계에 이를 수 있다고 주장하면서 일반 수행인이 양신 수련까지 이르지 못하는 원인에 대해 2가지로 분석하였다.

첫째, 하단전의 위치가 잘못되었기 때문이라는 것이다. 기존의 하단전을 형성하는 단전혈은 기해혈이나 관원혈이다. 이를 중심으로 수련을 하였거나 막연히 배꼽 아래를 단전으로 생각하고 수련해왔기에 진전이 없었던 것이다.

둘째, 잘못된 하단전의 위치 때문에 단전에서 파생되는 기운이 불완전하거나 밀도가 낮은 생기 차원에 머물러 양신에 이르지 못했다는 것이다. 구체적으로 '기해 단전혈'에서는 정신적인 음기만 발생하고, '관원 단전혈'에서 육체적인 양기만 발생하기에 불완전할 수밖에 없다. 따라서 깊은 공부로 나아갈 수 없는 것이다.

그래서 한당 선생은 정신적 기운과 육체적 기운인 음기와 양기가 조화롭게 만나는 태극혈인 '석문혈'이 진정한 단전혈이며, 이를 중심으로 수련하면 생기보다 더 밀도가 강한 '진기'가 파생되어 양신 공부가 이루어진다고 주장하였다.

한당 선생은 『천서』에서 자신의 경험을 바탕으로 구체적인 양신 공부의 방향을 사실적으로 묘사함은 물론 양신출신 과정을 구체적인 그림을 통해 제시하며 진기수련을 통해 양신을 이룬 후 출신하여 도계에 입문하여야 함을 강조하였다.

저자 또한 한당 선생을 만나 양신 공부를 시작한 지 10년이 지난 어느 날 여의주 공간 안으로 들어가 양신을 관조하던 중 홀연히 나타난 양신을 보았다. 그 후로 양신합일, 양신출신, 양신 천지주유, 양신 분화, 양신 우주여행, 원신합일, 광명합일 등의 과정을 차례로 밟아 근원의 자리에 도달하였다.

　이러한 경험에 근거하여 저자는 기존 한당 선생의 양신 수련법을 더욱 보완하고 체계화하여 태극숨명상 양신 명상법을 새롭게 정립하였다. 이 수련법에는 양신 수련법의 중요성을 확신하는 저자의 신념이 담겨 있다.

2) 양신 명상 8단계

　양신 명상은 양신관조陽神觀照 명상, 양신합일陽神合一 명상, 양신출신陽神出身 명상, 양신천지주유陽神天地周遊 명상, 양신물일陽神物一 명상, 양신심일陽神心一 명상, 양신분화陽神分化 명상, 양신우주여행陽神宇宙旅行 명상 순서로 총 8단계로 진행한다.

(1) 양신관조 명상은 하단전 여의주 공간 속에 있는 양신을 여의무심으로 바라보는 명상이다.
(2) 양신합일 명상은 양신과 합일하는 명상이다.
(3) 양신출신 명상은 양신을 백회를 통해 몸 밖으로 출신하는 명상이다.
(4) 양신천지주유 명상은 양신을 타고 다른 도시나, 산, 강, 바다, 계곡 등 천지간을 돌아다니는 명상이다.
(5) 양신물일 명상은 양신을 통해 사물과 하나 되어 그 사물의 감정을 읽고 느끼는 명상이다.

(6) 양신심일 명상은 양신을 통해 사람과 하나 되어 그 사람의 감정을 읽고 느끼는 명상이다.

(7) 양신분화 명상은 양신을 여러 개로 나누어 분화하는 명상이다.

(8) 양신우주여행 명상은 양신을 통해 지구를 벗어나 우주를 여행하는 명상이다.

여의주 관조명상을 통해 여의주 속으로 들어간 여의주 입주명상 이후부터는 양신관조명상이 이루어지게 되고 이때 12차원의 근원무극계 우주에서 내려오는 공적영지空寂靈智의 광명光明을 받을 수 있다. 공적영지의 광명이란 텅 비고 적적한 가운데 영험한 지혜가 흘러나오는 빛이다. 본래의 빛이자 절대사랑의 빛이다. 그리고 양신을 찾아 합일한 양신합일명상 후에는 이 빛을 온몸으로 흡수하는 것이 중요하다.

양신을 이루기 위한 명상과정에는 밸런스명상, 열기명상, 바라보기 명상과정이 있다. 밸런스명상과 열기명상은 양신을 이루기 전 기초 단계로 육체적, 물질적 에너지인 정을 연마하고 정화하여 비물질적 에너지인 기운으로 바꾸는 과정이다. 다음으로 바라보기 명상은 비물질적인 기운을 연마하고 정화하여 정신적이고 초물질적인 에너지, 즉 빛으로 바꾸는 것이다. 빛이 밝아지면 비로소 양신이 나타난다.

이 양신과 합일한 후 하주·중주·상주를 지나 백회단전을 뚫고 두정(頭頂, 머리끝)을 열면 양신이 세상 밖으로 나오게 된다. 이때부터 궁극적 깨달음의 근원적 세계인 선계나 도계, 우주계를 가기 위한 준비가 시작된다.

이렇듯 여의주 명상과정에서 양신 명상과정에 이르는 바라보기 명상 단계의 높은 수련 경지를 『성명규지』에서는 "수행이 궁극에 이르게 되면 오기조원五氣朝元이 이루어진다."라고 묘사한다.

오기조원은 목, 화, 토, 금, 수 오행의 기운이 조화를 부려 근원의 빛을 비춘다는 뜻이다. 수련이 깊어져서 여의주 명상에 이르러 하단전의 우주 공간에서 여의주를 보게 되면 그 빛이 흑黑(검은빛)·백白(흰빛)·청靑(푸른빛)·적赤(붉은빛)·황黃(노란빛)의 순으로 5색이 되어 나타나는데, 이것이 바로 오행의 기운인 오기이다. 그리고 마지막 황금색의 노란 빛이 근원의 빛인 양신을 비추게 된다.

오기조원과 같은 경지를 선도 사상에서는 삼화취정三華聚頂이라고 부르기도 하나, 엄밀히 말하면 삼화취정은 오기조원의 다음 과정이다. 삼화취정은 수련자가 깊은 수련을 통하여 정·기·신을 완성하면 3가지 꽃이 핀다는 의미이다. 이는 정·기·신을 담는 하단전·중단전·상단전 속의 여의주인 하주·중주·상주가 완전히 무르익으면 피는 3가지 꽃을 의미한다.

첫 번째 꽃은 양신이 하단전 여의주 속에서 완성되면 하주에 피는 꽃이다(하주의 꽃). 주로 노란색 계열의 꽃인데 꽃잎이 많고 활짝 피어야 그 성취와 공력이 높은 것이다. 두 번째 꽃은 양신이 중단전 여의주 속에서 완성이 되면 중주에 피는 꽃이다(중주의 꽃). 이때 주로 붉은색 계통의 꽃이 핀다. 세 번째 꽃은 상단전 여의주 속에서 완성될 때 상주에 피는 꽃이다(상주의 꽃). 주로 흰색 계통의 꽃이 핀다. 간혹 색깔이 다르게 보이는 것은 수행자의 영안이나 도안이 아직 덜 발달하였기 때문이다.

'꽃이 핀다'는 말은 실제로 꽃이 핀다는 것이 아니라 양신 주위의 후광이 꽃처럼 보이는 것이다. 하단전 하주에서 양신을 찾아 도안으로 보면 양신 주변의 빛이 꽃잎처럼 보인다. 또한 중단전 중주로 양신이 올라갈 때 중주에 빛이 퍼지고 그 위에 양신이 앉아 있는데, 마치 꽃 위에 양신이 앉아 있는 것처럼 보인다. 이는 상단전 상주에 올라갈 때도 마찬가지이고 백회를 뚫고 나올 때도 그러하다.

그러므로 삼화취정은 양신이 하단전 하주에서 중단전 중주, 상단전 상주, 백회 정수리를 뚫고 나오는 '양신출신 명상'의 경지를 설명한 것이라고 보면 된다.

(1) 양신관조 명상

'양신관조 명상'은 여의주에 들어가 양신을 여의무심으로 바라보는 공부이다. 하단전 속에서 여의주의 빛을 찾아 여의주 속으로 들어가는 수련도 쉽지 않지만, 여의주에 들어가 양신을 찾기는 더욱 어렵다.

<표 56> 양신관조 명상 수련방법

순서	구분	양신관조 명상
1	몸 움직이기 (몸명상)	• 삼태극단공(천단공)을 하면서 몸 바라보기를 하며 긴장을 푼다. 그리고 호흡 바라보기를 하며 이완을 한다. • 체조, 기공, 삼태극무(천지인무), 굴신단공은 기본 수련과 함께 실시한다.
2	마음 바라보기 (마음명상 :심법 걸기)	• 마음의 긴장을 풀고 편안하게 이완한다. • 좌식 자세를 취하고 양손은 손바닥이 하늘로 가게 하거나 아래로 향하도록 하여 무릎 위에 편안히 올려놓는다. • 눈을 감고 여의주 공간 속의 양신을 마음으로 바라본다. • "공적영지 광명을 받아 여의무심으로 양신을 찾아간다."라고 심법을 걸고 마음으로 바라본다.
3	빛 모으고 밝히기 (빛명상)	• 여의주 공간 속에서 백회단전을 통해 빛을 받으면서 도안을 밝혀 양신을 여의무심으로 바라본다.

『천서』에서 한당 선생은 '양신관조 명상' 수련 시 나타나는 현상에 대하여 다음과 같이 밝히고 있다.

"여의주 속을 들여다본 이후로 한동안 수련을 계속해 나가다 보면, 어느 날 여의주 속에서 순간적으로 희뿌연 사람의 형태를 발견하게 되는데, 이 희뿌연 형태는 갈수록 뚜렷해져서 종국에는 그 형태가 바로 수련자 자신의 모습이 되어 있음을 보게 된다. 즉, 수련자 자신이 여의주 속에서 가부좌를 틀고 앉아 있는 모습을 보게 되는 것이다. 이 여의주 속에 있는 자신의 모습이 바로 양신이요, 빛으로 만들어진 도체道體이다"

한당 선생이 묘사한 양신은 희뿌연 사람의 형태, 혹은 가부좌를 틀고 앉아 있는 자신의 어린아이 모습인데, 구체적으로는 옷을 입지 않은 알몸의 갓난아기, 혹은 어린 소년이나 소녀의 모습을 하고 있다. 그리고 처음에는 돌로 깎은 석상처럼 보이기도 하고 코, 귀, 다리, 손, 팔, 무릎, 발, 뒷모습 등 부분적으로만 보이기도 한다. 보통 이런 경우 수련자들은 당황하면서 관조하는 마음이 흔들리기도 한다.

<그림 63> 양신도태도

하지만 이럴 때일수록 더욱 평온한 여의무심으로 관하다 보면 전체적인 양신의 모습이 밝게 나타난다. 양신을 보는 원리는 카메라의 원리와 같다. 처음 개발되는 우리의 영안과 도안은 거리조절이나 밝기조절이 잘 안 된다. 카메라를 사용할 때, 거리조절과 밝기조절을 마음대로 할 수 있게 되기까지는 시간과 노력이 필요하듯 양신을 보는 도안도 적응하고 조절하는 데 어느 정도 시간이 걸린다.

양신을 관조하는 마음가짐인 심법에 대하여 한당 선생은 "보려고 하면 보이지 않고, 보려고 하지 않으면 보인다."라는 말로 마음을 비워야 양신을 찾을 수 있음을 강조하였다. 이는 양신관조 명상 시 양신을 본다는 마음의 분별과 꼭 봐야 한다는 집착을 내려놓고 오롯하게 나를 바라보고 알아차리면 나의 영험한 눈인 혜안慧眼, 영안, 도안이 열려 양신을 선명하게 보게 된다는 말이다.

양신의 모습은 수련자에 따라 다르게 나타나니 고정된 관념과 생각을 버려야 한다. 만약에 고정된 관념과 생각에 따라 자신의 의지와 빛으로 만들어 보게 되면 모든 공부가 수포가 되고 심마와 마경에 빠져 진정한 깨달음은 멀어지게 된다.

양신관조 명상에 앞서 저자가 제시한 태극숨명상의 수련과정을 한 단계 한 단계 착실하게 밟아간다면 누구라도 반드시 양신을 찾아 '도통'의 길에 한 걸음 가까이 들어서게 될 것이다.

(2) 양신합일 명상

'양신합일 명상'은 여의주 속에서 본 양신과 하나 되는 합일의 공부이다. 처음 양신을 보면 어느 정도 거리감이 느껴진다. 하지만 여의무심으로 계속해 나가다 보면 양신 바로 앞에 도달하게 되어 바로 합일을 이루게 된다.

〈표 57〉 양신합일 명상 수련방법

순서	구분	양신합일 명상
1	몸 움직이기 (몸명상)	• 삼태극단공(천단공)을 하면서 몸 바라보기를 하며 긴장을 푼다. 그리고 호흡 바라보기를 하며 이완을 한다. • 체조, 기공, 삼태극무(천지인무), 굴신단공은 기본 수련과 함께 실시한다.
2	마음 바라보기 (마음명상 :심법 걸기)	• 마음의 긴장을 풀고 편안하게 이완한다. • 좌식 자세를 취하고 양손은 손바닥이 하늘로 가게 하거나 아래로 향하도록 하여 무릎 위에 편안히 올려놓는다. • 눈을 감고 여의주 공간 속의 양신을 마음으로 바라본다. • "공적영지 광명을 받아 양신과 합일한다."라고 심법을 걸고 마음으로 바라본다.
3	빛 모으고 밝히기 (빛명상)	• 양신의 윤곽이 보이거나 부분적으로 보이면 여의무심으로 온몸에 빛을 받아 양신과 합일해 나간다.

참고로 양신 이후의 기감과 운기에 관해서 이야기하자면, 기감은 기운을 느끼는 것이다. 감정도 기운이다. 그래서 몸의 기감은 촉감이고 마음의 기감은 감정이다. 수련이나 생활하면서 느껴지는 감정의 변화가 마음의 기감이자 양신으로부터의 기감이다.

다시 말해, 양신 명상에서 기감은 더는 의미가 없다. 감정을 그냥 바라보고 느끼고 조절하는 것이 핵심이다. 슬프거나 화가 나는 등 감정 변화가 느껴지면 있는 그대로 바라보면 된다. 어떤 감정인지, 어디서 온 것인지, 답답한지, 정화되는지, 편안해지고 담담해지는지, 그렇게 가만히 바라보며 차분히 생각하면 어떻게 처리해야 할지 알게 된다. 실체를 알면 두려움은 없어진다.

감정의 중심에는 여의무심이 있어야 한다. 여의무심은 여여한 마음이며 자유롭고 편안한 감정이다. 화가 날 때도 여의무심으로 바라보면 경계심이 사라지기에 절로 화도 사라지게 된다. 여의무심이 되어야만 기쁨과 슬픔, 화나고 즐거운 감정에도 흔들리지 않을 수 있다. 이것이 '양신 이후의 운기'이다. 그렇기에 궁극적으로 양신부터는 기감이 없어져야 한다.

기운에는 좋은 기운, 나쁜 기운이 있듯이, 감정에도 좋은 감정, 나쁜 감정이 있다. 부정적 감정을 좋은 감정으로 바꾸는 공부는 자주 해야 한다. 슬픈 감정을 있는 그대로 바라보지 않고 자기의 부정적 이미지를 담아 느끼고 표출한다면 그것이 바로 카르마Karma(업業)가 된다. 슬픈 감정이 느껴질 때는 그냥 있는 그대로의 감정만 느끼면 된다.

양신 단계부터는 삶 속에서 감정이 어떻게 변화하는지 바라보는 공부를 해야 한다. 내 몸의 기감을 느끼듯 내 감정을 바라보고, 타인의 기감을 느끼듯 타인의 감정을 바라보고 느끼는 것이다. 양신부터의 마음공부는 여의무심으로 감정을 조절하는 것이다.

<그림 64> 양신합일도

(3) 양신출신 명상

'양신출신 명상'은 양신과 합일된 상태에서 양신을 백회로 출신하는 공부이다. 먼저 하단전 여의주를 통해서 양신을 보고 양신합일을 이룬 후에는 중주, 상주를 거쳐 백회를 뚫고 나가 머리 위에 머물며 우주계에서 내려오는 공적영지의 광명을 계속 받아 자신의 육신 크기만큼 양신을 키워야 한다.

순서	구분	양신출신 명상
1	몸 움직이기 (몸명상)	• 삼태극단공(천단공)을 하면서 몸 바라보기를 하며 긴장을 푼다. 그리고 호흡 바라보기를 하며 이완을 한다. • 체조, 기공, 삼태극무(천지인무), 굴신단공은 기본 수련과 함께 실시한다.
2	마음 바라보기 (마음명상 :심법 걸기)	• 몸과 마음의 긴장을 풀고 편안하게 이완한다. • 좌식 자세를 취하고 양손은 손바닥이 하늘로 가게 하거나 아래로 향하도록 하여 무릎 위에 편안히 올려놓는다. • 눈을 감고 하단전 여의주 공간 속의 양신과 합일한 후 마음으로 바라본다. • "하단전 여의주 공간 속의 양신과 합일한 후 정중맥을 따라서 중단전 여의주(중주), 상단전 여의주(상주)를 거쳐 백회로 출신한다."라는 심법을 걸고 마음으로 바라본다.
3	빛 모으고 밝히기 (빛명상)	• 중단전 여의주인 중주로 출신 하단전 양신과 합일 후 공적영지의 광명을 받아 정중맥을 따라서 중단전 여의주인 중주로 출신한다. • 상단전 여의주인 상주로 출신 중단전 양신과 합일 후 공적영지의 광명을 받아 정중맥을 따라서 상단전 여의주인 상주로 출신한다. • 백회로 출신 상단전 양신과 합일 후 공적영지의 광명을 받아 정중맥을 따라서 백회를 뚫고 머리 위로 출신한다. • 양신 성장 양신합일 후 하·중·상단전을 거쳐 머리 백회 위로 출신하여 공적영지의 광명을 받아 양신을 육신의 크기만큼 키운다.

① 중단전 여의주(중주)로 출신

하단전 여의주 속에서 양신과 합일한 후, 양신에 공적영지의 광명을 가득 채운다. 양신에 어느 정도 빛이 차면 자연히 중단전 여의주인 중주로 올라가게 된다. (〈그림 65〉 참조)

② 상단전 여의주(상주)로 출신

중주에 이른 양신과 합일한 후 양신에 공적영지의 광명을 가득 채운다. 양신에 어느 정도 빛이 차면 자연히 상단전 여의주인 상주로 올라가게 된다. (〈그림 66〉 참조)

③ 백회로 출신

상주에 이른 양신과 합일한 후 양신에 공적영지의 광명을 가득 채운다. 상주에서 공적영지의 광명을 계속 받다 보면 양신이 충만해져서 백회단전을 열고 머리 위로 나가게 된다. 이때 백회에서 엄청난 빛이 밖으로 쏟아져 나가는데 이 빛이 양신의 빛이다. 이 장면을 보면 연꽃 위에 부처가 앉아 있는 모습처럼 너무나도 아름답다. 불가에서 연꽃 위에 부처가 앉아 있는 모습은 육신의 부처가 아닌 법신(양신)이 출신한 부처의 모습을 표현하는 것이다. (〈그림 67〉 참조)

④ 양신 성장

양신이 백회로 출신하면 머리 위 10㎝에서 30cm 사이에 떠 있게
된다. 이 떠 있는 양신은 아직 크기가 작아서 이동할 수 없다. 출신한

상태에서 양신에 공적영지의 광명을 가득 채워 양신을 성장을 시킨다. 어느 정도 시간이 흘러 양신이 육신의 크기로 성장하면 서서히 이동하게 된다. 육신의 크기로 성장한 양신의 움직임이 자유롭게 되면 양신출신 명상이 완성된 것이다. 이후 양신천지주유 명상 단계로 넘어간다. (**<그림 68>** 참조)

<그림 68> 양신성장도

(4) 양신천지주유 명상

'양신천지주유 명상'은 양신출신 후 양신을 마음으로 바라보며 양신을 통해 가까운 곳부터 시작하여 먼 곳까지 주유하는 명상 수련이다. 가까운 산이나 강을 주유하고, 그다음 먼 산과 강, 그리고 더 멀리 다른 도시나 산, 바다, 강, 계곡 등을 마음대로 주유하는 것이다. 보통 지리산, 한라산, 백두산 등을 주유하기도 하고, 태평양, 인도양, 대서양을 주유하기도 하며, 미국 뉴욕, 나이아가라 폭포, 남미 아르헨티나의 이구아수 폭포, 남아프리카의 빅토리아 폭포 등을 주유하기도 한다.

〈표 59〉 양신천지주유 명상 수련방법

순서	구분	양신천지주유 명상
1	몸 움직이기 (몸명상)	• 삼태극단공(천단공)을 하면서 몸 바라보기를 하며 긴장을 푼다. 그리고 호흡 바라보기를 하며 이완을 한다. • 체조, 기공, 삼태극무(천지인무), 굴신단공은 기본 수련과 함께 실시한다.
2	마음 바라보기 (마음명상 :심법 걸기)	• 마음의 긴장을 풀고 편안하게 이완한다. • 좌식 자세를 취하고 양손은 손바닥이 하늘로 가게 하거나 아래로 향하도록 하여 무릎 위에 편안히 올려놓는다. • 눈을 감고 양신을 출신하여 천지주유 할 대상(산, 강, 바다, 도시 등)을 먼저 마음으로 바라본다. • "양신을 출신하여 ( ) 장소를 찾아간다."라는 심법을 걸고 마음으로 바라본다.
3	빛 모으고 밝히기 (빛명상)	• 1단계 : 기본 축광 하단전에서 양신합일 후 '공적영지 광명'을 받아 충만해지면 중주, 상주, 백회단전을 통해 출신한다. • 2단계 : 천지주유 명상 백회단전 위로 출신한 양신이 빛을 받아 충만해지면 원하는 장소로 이동하여 여의무심으로 바라본다.

먼저 양신 출신 후 수련자가 가보고 싶은 곳을 정해 양신을 통해 그 곳에 찾아간다고 심법을 건다. 이후 양신을 통해 가고자 하는 곳으로 날아가게 되는데, 처음에는 속도나 거리조절이 잘 안 되고 뿌연 모습으로 잘 보이지 않기도 한다. 하지만 계속 양신주유를 연습하다 보면 숙달이 되어 양신으로 상대편의 몸에 들어가 아픈 부위를 치유할 수도 있다.

양신천지주유 명상 수련이 어느 정도 무르익으면 양신을 통해 사물과 하나 되어 감정을 읽는 단계로 넘어간다.

(5) 양신물일 명상

'양신물일 명상'은 양신을 출신하여 다른 사물과 하나 되어 감정을 읽고 느끼는 공부이다. 연필에서부터 큰 빌딩과 도시에 이르기까지 가능하다. 양신을 통해 아는 지인이 쓰는 연필과 합일하게 되면, 그 사용자의 감정과 마음을 알 수 있다. 또한, 큰 빌딩과 합일하면 빌딩 소유주나, 그 빌딩을 사용하는 사람의 마음도 읽을 수 있다. 터나 땅과 합일하면 그 터와 땅의 감정과 마음도 볼 수 있다.

단순히 사물의 감정만 읽는 것이 아니라, 그 사물의 감정을 바꿀 수도 있다. 예를 들어, 좋지 않은 터나 땅은 양신의 빛으로 좋게 바꿀 수도 있고, 집안의 기운이 안 좋으면 양신을 확장해서 합일한 다음 좋은 기운과 빛으로 바꿀 수 있다. 양신물일 명상이 잘 되면 진정한 땅과 산의 기운을 읽을 수 있는 풍수의 대가가 된다. 양신물일 명상이 깊어지면 양신을 통해 다른 사람의 마음과 감정을 읽는 단계로 넘어가게 된다.

(6) 양신심일 명상

'양신심일 명상'은 다른 사람이나 동물과 하나 되어 감정을 읽고 느끼는 공부이다. 살아 있는 어떤 존재와도 합일하여 교감하는 것이 가능하다. 죽은 사람은 물론이고, 심지어 몇 백 년 전 존재했던 인물과도 교감할 수 있다.

양신심일 명상은 양신물일 명상과 마찬가지로 안 좋은 기운과 감정을 가진 사람과 합일하여 좋은 기운과 감정으로 바꿀 수 있다. 이것이 양신의 능력이다. 때론 양신심일 명상을 통해서 지인이나 가족의 아픈 부위를 치료하거나 호전되게 할 수 있다.

감정에는 겉 감정과 속 깊은 감정이 있다. 양신심일 명상과 양신물일 명상 모두 더 깊이 들어갈수록 더 깊은 감정을 느낄 수 있다. 부단히 반복하면서 깊이 들어가면 시간이 단축되면서 더 깊이 느껴진다. 양신심일 명상이 어느 정도 무르익으면 양신을 나누는 단계로 넘어간다.

(7) 양신분화 명상

'양신분화 명상'은 양신을 나누어서 분화하는 수련이다. 하지만 양신분화는 고도의 집중력과 공력을 요구하므로 수련에 많은 시간을 투자

하여야 한다. 손오공이 머리털로 분신을 만들 듯이 양신도 분화할 수 있다. 단, 양신은 3, 5, 7, 9… 순으로 홀수로만 분화할 수 있다. 이렇게 분화하면 양신을 우주에 가득 차게 할 수도 있는데, 이를 보고 불교에서 '백천억 화신불百千億 化身佛'이라고 한다. (〈그림 69〉참조)

〈그림 69〉 양신분화도

양신합일 이후 육체 상태와 양신분화에 관해 설명하자면, 양신합일 이후 몸과 양신이 100% 합일되는 것이 아니다. 양신은 우리의 영혼, 즉 '의식과 몸을 연결'하는 역할을 한다. 우리의 '의식'이 여의주 속에 있는 양신을 찾아서 합일하는 것이다. 의식이 합일된 양신은 가장 최상의 기운, 즉 빛으로 바뀌게 된다. 이후 양신은 수련을 통해 점점 성장해서 출신하게 되고, 출신한 상태에서 몸 크기 정도로 성장한다.

성장한 양신은 천지주유를 하게 된다. 출신한 양신을 몸 크기로 성장시키는 과정에서 현재의 몸이 양신의 빛으로 화하게 되고, 그 상태에서 또 다른 양신에 마음을 실어 천지를 주유하는 것이다. 이때부터 양신 분화가 시작된다. 유체이탈은 영혼이 육체에서 이탈되면 그 육체를 누가 흔들어도 모르고, 심하게 흔들거나 훼손하면 죽게 된다.

하지만 양신은 분화되어 있기에 누가 오는 것도 느껴지고, 위기가 오면 의식을 현재 몸으로 가져와서 방어할 수 있다. 의식이 돌아오는 순간 분화되어 나갔던 양신은 다시 본체로 합일된다.

우주선 본체에서 작은 비행선이 나가듯이 양신 본체에서 분화된 양신들을 보낼 수 있다. 의식을 분화해서 양신분화를 시도할 수도 있다. 양신분화가 절대 경지에 이르면 백천억의 양신들이 우주에 펼쳐지게 된다. 즉, 모든 우주에 빛을 보낼 수 있다. 그 파동은 실로 엄청난 것이다. 양신분화가 잘 이루어지면 양신우주여행 명상 단계로 넘어가게 된다.

(8) 양신우주여행 명상

양신우주여행 명상은 양신출신 후 양신을 통해 우주여행을 하는 수련이다. 우주는 동광계東光界, 서광계西光界, 남광계南光界, 북광계北光界, 중앙계中央界의 오광계五光界로 나눌 수 있는데, 지구는 가장 동쪽에 있는 동광계에 속한다. 다른 행성과 별에 가면 색다른 경험이 기다리고 있다. 지구 외에도 지구 같은 행성이나 더 살기 좋은 행성도 찾을 수 있다. 때론 다른 행성에 있는 영적인 존재들과 대화도 가능하다.

양신우주여행 명상이 무르익으면 어느 날 2차원 전생신선계로 들어가게 된다.

Ⅳ. 확장 명상 단계

확장 명상 단계는 정신을 연마하여 근원적인 도의 세계인 우주계로 들어가는 단계이다. 양신 우주 주유를 통해 다차원 우주계에 진입하면 궁극에는 12차원 근원무극계에 이르게 된다. 다음에서는 1차원에서 12차원에 이르는 다차원 우주계의 탄생 과정과 그곳으로 돌아가기 위한 과정을 밝히도록 하겠다.

1. 다차원 우주계 탄생과 구조

우리가 가장 가깝게 접할 수 있는 우주는 밤하늘에서 보는 별들이다. 어린 시절부터 그 수많은 별을 보면서 우리는 '저 별에 누가 살까?', '나는 어느 별에서 왔을까?' 등등 수많은 의문을 품게 된다. 또한 밤하늘의 별을 바라보며 철학과 사색에 잠기기도 하고, 자기의 존재에 관해 명상하기도 한다. 그리고 최근에는 우주인과 UFO에 관한 관심도 늘고 있다.

예로부터 동양사상에서는 인간은 소우주이며 그 내면에 우주의 비밀이 담겨 있다고 하였다. 결국, 우주를 알고 싶으면 인간의 내면을 탐구하면 되고, 인간의 내면 탐구에 한계를 느끼면 우주를 탐구하면 된다. 지은이는 오랜 시간 수련과 명상을 통해 인간 내면의 신비를 밝혀 왔고, 깊은 무의식이 개인적 무의식에서 집단무의식으로 발전할 때 우주의 의식과 만나게 됨을 알게 되었다. 그리고 우주에 관한 탐구와 경험은 현대 물리학 법칙을 통해 검증할 수 있어야 한다고 확신하게 되었다. 그렇지 않으면 독단과 생각에 빠져 사이비로 전락할 수 있기 때문이다. 아인슈타인 박사가 "과학 없는 종교는 장님이요, 종교 없는 과학은 절름발이다."라고 했듯이 "물리학 없는 명상수행은 장님이요, 명상수행 없는 물리학은 절름발이다."라고 말하고 싶다.

따라서 저자는 독단적 오류를 벗어나고자 현대 물리학 정보를 탐독하였고, 그 지식에 명상수행 경험과 물리학적 정보를 통합하여 새로운 다차원의 우주 탄생과 그 구조를 밝히고자 한다. 더불어 이러한 이론이 물리학에서 증명되기를 바랄 뿐이다.

1) 팽창하는 우주

20세기에 들어 상대성이론, 양자역학 등 물리학 이론이 발달하여 우주에 관한 많은 비밀이 풀렸다. 1929년, 미국의 천문학자인 에드윈

허블Edwin Hubble은 지구에서 멀리 떨어진 은하일수록 지구에서 더욱 빠르게 멀어진다는 일명 허블의 법칙인 '우주팽창이론'을 내놓았다. 그는 오븐 속 빵이 부풀어 오르는 것처럼 우주도 팽창하고 있으며 시간을 거슬러 올라가면 우주의 크기가 점점 줄어들어 한 점에 모일 때가 있는데, 이때가 우주가 탄생한 시점이라고 주장했다.

또한 『시간의 역사』 저자로 유명한 스티븐 호킹은 1970년 이와 관련한 논문을 발표했다. 그는 우주팽창이론에 프리드먼 모델과 일반상대성이론을 적용해 태초의 우주는 에너지가 무한한 특이점에서 대폭발을 일으켜 현재 우주에 이르렀다는 빅뱅 이론을 수학적으로 증명했다. 빅뱅 이후 우주 나이는 약 138억 년이고 크기는 138억 광년을 넘지 않는다는 것이다.

태초 우주에 있었던 특이점은 현재 우주에도 존재하는데 그것이 바로 블랙홀이다. 블랙홀은 태양보다 3배 이상 무거운 별들이 일생을 마치면서 중력장에 의해 수축하여 발생한다. 강력한 중력장에 끌려 빛조차 탈출할 수 없어 관측할 수 없는 것으로 여겨졌다. 하지만 호킹은 블랙홀도 전하를 띠고 있고 회전운동도 해서 X선 같은 방사선이 방출될 수 있음을 증명했다. (**〈그림 70〉** 참조)

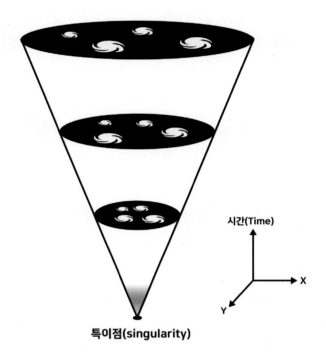

<그림 70> 허블이 생각한 팽창하는 우주 그림[29]

시간(Time)

X

Y

특이점(singularity)

2) 도의 관점에서 본 13차원 우주계의 탄생과 구조

(1) 12차원 근원무극계의 탄생

우주는 태초에 아무것도 존재하지 않는 암흑의 카오스 상태였다. 하지만 없다고도 할 수 없는 이 혼돈과 무극의 상태를 저자는 '12차원 근원무극계'라고 이름 붙였다. 이 근원무극계가 우주의 시작이기 때문이다.

---

29) 출처 : 위키백과, Wikimedia commons (https://commons.wikimedia.org/wiki/File:Universe_expansion.png)

(2) 11차원 창조태극계의 탄생

근원무극계는 오랜 시간을 흐르면서 자체적으로 에너지의 변화가 일어났다. 조그마한 한 줄기 빛의 파동이 점점 늘어나서 첫 번째 큰 팽창(물리학에선 '빅뱅'이라고 한다)이 일어났다. 이 일차적인 팽창으로 한 줄기 큰 빛이 탄생했고, 이 빛이 여러 줄기의 빛으로 나누어지며 영적 에너지를 가진 수많은 존재, 무수히 많은 신의 형상이 나타나기 시작하였다. 이것을 지구 언어로 신, 조물주, 창조주, 로고스, 법신, 광명불, 브라흐만이라고 하며, 이들이 우리 인간의 근원적인 영적 조상이다. 즉, 신은 하나가 아니라 셀 수 없이 많은 수가 존재한다.

이 탄생으로 만들어진 세계를 저자는 '11차원 창조태극계'라고 이름 붙였다. 양을 상징하는 남성적 신과 음을 상징하는 여성적 신이 존재하기 때문이다. 남성적 에너지를 칼 융은 아니무스animus라고 표현했고, 여성적 에너지를 아니마anima라고 하였다. 우리 인간은 이 2가지 에너지, 아니무스와 아니마를 다 가지고 태어났다.

이 음양의 에너지가 가장 조화롭게 어우러진 존재를 우리는 부처님, 성자, 예수님, 성현, 관세음보살, 성모마리아, 도통자, 깨달은 자라고 이야기한다. 그래서 음과 양의 기운을 조화하는 것이 수련의 기초이며 중요한 요소이다. 음양의 기운이 조화를 이루지 못하면 부작용이 나타나고 심마에 빠져 신성이 사라진다.

양적인 남성의 에너지는 용기, 정의, 인내, 포용, 의리, 성실, 논리, 분석, 체계를 상징하고, 음적인 여성 에너지는 지혜, 연민, 자비, 감성, 예술, 사랑, 융합, 조화, 나눔을 상징한다. 그래서 우리는 이 2

가지 신의 속성을 함께 길러야 한다.

남성성이 지나치게 강해지면 폭력, 권위, 다툼, 이성적, 지배의 성향이 나타나고, 여성성이 지나치게 강해지면 동정, 연민, 나약함, 교만, 감성적, 순종의 성향이 나타난다.

(3) 9차원 본질삼광계의 탄생

11차원 창조태극계의 빛이 확장되면서 두 번째 큰 팽창(빅뱅)이 일어났다. 그 빛과 파동에 의해 '9차원 본질삼광계'가 탄생하였다. 이것이 두 번째 우주의 탄생이다. 이 본질삼광계는 우주의 근원적 원소인 영靈(영혼, 영지)과 기氣(기운, 에너지)와 질質(질료, 물질)이라는 3가지 빛의 원소로 만들어졌는데, 이것이 인간과 우주 삼라만상이 물질화되어 만들어지는 본질적 요소가 되었다.

본질삼광계의 3가지 요소에 따라 인간과 만물이 창조되었는데, 인간과 동물은 영혼이 중심이 되어 기운과 물질을 흡수하여 탄생했고, 식물은 기운이 중심이 되어 영혼과 물질을 흡수하여 탄생했으며, 광물과 사물은 물질이 중심이 되어 기운과 영혼을 흡수하여 탄생했다. 그 가운데 인간은 11차원 창조태극계의 빛으로 영혼이 형성되어 그 안에 신의 속성인 신성神性이 자리잡게 되었다.

그러므로 인간은 스스로의 노력 여부에 따라 영적으로 진화하고 발전할 수 있으며, 궁극적으로 자신을 찾게 되면 운명을 바꾸고 삶을 창조할 수 있기에 만물의 영장이 되는 것이다. 하지만 동물은 낮은 차원의 빛인 감각과 감정으로 영혼이 형성되어 스스로 영적으로 진화하고 발전할 수는 없다. 이러한 원리에 의해 인간은 영혼이 중심이 되고, 식물은 기운이 중심이 되며 만물은 물질이 중심이 된다.

인간이 영적인 성장과 진화를 하여 자신의 본래 자리인 본질계 이상의 차원으로 돌아가는 과정을 저자는 '영혼들의 회귀' 혹은 '신들의 귀향'이라고 이름 붙이고 싶다. 다른 말로는 마음공부, 신성 회복, 수련, 수행, 도, 자아 성찰, 명상, 참나 찾기라고도 한다.

9차원 본질삼광계의 3가지 원소는 모든 철학과 종교사상의 기본원리인 3수의 이치로 자리잡고 있다. 이 3수의 이치는 천·지·인 3재 사상, 공간·시간·인간의 3간 이론. 정·기·신 3보 사상, 법신불·보신불·화신불의 3불 사상, 성부·성자·성신의 3위 사상, 브라흐만·쉬바·비슈누의 힌두교 3신 사상, 상초·중초·하초의 3초 사상 등이다. 즉, 이는 모두 9차원 본질삼광계에서 비롯된 것이다.

(4) 10차원 완성원광계의 탄생

9차원 본질삼광계의 3가지 빛이 하나의 빛으로 모여드는 동안, 이들을 보호하는 큰 원인 일원상이 나타났는데 이를 저자는 '10차원 완성원광계'라고 이름 붙였다. 인간은 영·기·질의 3가지 요소인 신神·기氣·정精이 전부 조화를 이루게 되면 누구나 9차원 본질삼광계에 들 수가 있고, 이어서 10차원 완성원광계에 이르러 큰 깨달음인 대각을 이룰 수 있다.

(5) 7차원 다중우주계의 탄생

10차원의 완성원광계의 빛이 확장되어 세 번째 큰 팽창(빅뱅)이 일어나면서 수많은 우주계가 만들어지게 되었다. 이 우주계는 너무나도 많아서 셀 수 없을 정도이다. 저자는 이 우주계를 '7차원 다중우주계'라고 표현하였다. 수없이 많은 행성우주계가 공존하는 우주가 만들어진 것이다. 이것이 우주의 세 번째 탄생이다.

(6) 8차원 흑백신명계의 탄생

그리고 9차원 본질삼광계와 7차원 다중우주계 사이에 새로운 터널 같은 공간이 만들어졌는데 이를 저자는 '8차원 흑백신명계'라고 이름 붙였다. 흑백이라고 한 것은 블랙홀Black Hole과 화이트홀White Hole을 말하는 것이다. 8차원 흑백신명계는 비물질계인 9차원 본질삼광계와 물질계인 7차원 다중우주계 사이를 연결하는 큰 터널계로 물리학자들은 이를 큰 블랙홀이라고 말한다. 하지만 블랙홀은 모든 물질을 빨아들이는 곳이 아니라 우주와 우주를 연결하는 통로이다. 그러므로 블랙홀을 타고 가면 마지막에 화이트홀이 나오는 것이다.

저자는 양신을 타고 7차원 다중우주계를 여행할 때 우주계와 우주계 사이에 존재하는 작은 블랙홀을 통과하여 화이트홀로 나가서 우주계를 돌아다니다가 그 우주계에서 다시 블랙홀을 찾아서 또 다른 우주계로 여행한 적이 있다. 이처럼 블랙홀도 8차원 흑백신명계처럼 큰 블랙홀도 있지만 작은 우주계와 우주계 사이를 연결하는 작은 블랙홀도 존재한다.

8차원 흑백신명계에는 영적으로 높은 에너지를 가진 그랜드마스터들이 영혼의 상태로 많이 존재한다. 그래서 신명계라는 이름을 붙인 것이다.

(7) 5차원 행성우주계의 탄생

시간이 흘러 7차원 다중우주계가 확장되어 네 번째 큰 팽창(빅뱅)이 일어났다. 이때 다시 한 번 큰 빛이 탄생하였는데, 그것이 바로 우리가 사는 지구권 우주인 '5차원 행성우주계'이다. 이것이 우주의 네 번째 탄생이다.

이 행성우주계가 오랜 세월 축적된 밀도와 파동에 의해 확장되면서 다시 큰 팽창(빅뱅)이 일어났다. 이때 동광계·서광계·남광계·북광계·중앙광계라는 5가지 별들의 세계가 만들어졌는데, 오광계라 이름 붙인 이것이 우주의 다섯 번째 탄생이다.

지구는 오광계 가운데 동광계에 속한다. 동광계 속에 은하계가 존재하고, 그 은하계 속에 태양계가 존재한다. 그러니 우주가 얼마나 넓은지 감히 짐작도 할 수 없다. 이런 광대한 우주를 여행하다 보면 우주심이 생겨난다. 한낱 우주의 티끌보다 작은 지구에서 아옹다옹 살아가며 느끼는 번뇌의 감정이 사라지는 것이다.

이러한 우주의 다섯 차례 큰 팽창(빅뱅) 과정은 오행, 즉 토생금土生金, 금생수金生水, 수생목水生木, 목생화木生火, 화생토火生土의 원리로 설명할 수 있다. 황금빛의 '근원무극의 빛'(12차원 우주계)에서 희고 밝은 '창조태극의 빛'이 먼저 나타났다(11차원 우주계, 토생금). 이후 이 빛에서 검고 현묘한 '삼광의 빛'이 나타났다(9차원 우주계, 금생수). 검고 현묘한 삼광의 빛이 하나로 합쳐진 '완성원광의 빛'(10차원 우주계)에서 다중우주를 이루는 '푸른빛'이 탄생하였다(7차원 우주계, 수생목). 이후 이 빛은 행성우주를 이루는 '붉은빛'을 탄생시켰다(5차원 우주계, 목생화). 행성우주의 붉은빛은 다시 지구가 존재하는 은하계의 '밝고 노란빛'을 탄생시켜(1차원 우주계, 화생토) 현재의 우주를 형성하였다. 물리학적으로 말한다면 대폭발인 빅뱅을 5번 겪은 셈이 되는 것이다.

(8) 6차원 흑백광령계의 탄생

그리고 7차원 다중우주계와 5차원 행성우주계 사이에 '6차원 흑백광령계'가 만들어졌다. 이곳은 고차원의 영적 존재인 '영혼의 마스터'가 존재하는 곳이자 7차원 다중우주계와 5차원 행성우주계를 연결하는 다리이자 통로이다. 이 6차원 우주계는 들어갈 때는 어두운 블랙홀로 보이고 나올 때는 밝은 화이트홀로 보이므로 8차원 우주계처럼 흑백계가 되었다.

흑백광령계에 있는 영혼의 마스터들이 간혹 인간에게 영감을 주기 위해 언론인, 정치인, 작가, 영화감독, 환경운동가, 의사, 종교인, 물리학자, 발명가 등으로 환생하여 활동하기도 한다.

(9) 4차원 대기권계의 탄생

'4차원 대기권계'는 지구를 싸고 있는 공간으로 '우주만물계'라고도 한다. 여기에 이르면 지구를 벗어나서 공처럼 보이는 지구의 모습을 볼 수 있는데, 이때부터 인간적인 마음이 사라지고 우주심이 생기기 시작한다. 어쩌면 지구권과 행성계의 중간이라고 볼 수 있다. 아래로 보면 지구가 보이고, 위로 보면 별들이 반짝이는 광활하고 신비한 우주가 보이니 마음이 넓어지고 지구 만물과 하나가 되는 것이다.

(10) 3차원 수도도인계의 탄생

4차원 대기권계와 1차원 지구영혼계地球靈魂界 사이에는 몸을 받지 않고 비물질 영혼의 상태로 기거할 수 있는 '3차원 수도도인계'와 '2차원 전생신선계'가 있다. 3차원 수도도인계는 높은 산의 정상 부근에 위치하며, 도력이 높은 도인들이 기거하는 곳이다. 지상에서 오랜 시간 도를 닦고 명상을 하면 3차원 수도도인계에 이르게 된다. 이곳에서는 생사윤회를 벗어나 편안하게 수도하며 살 수 있다.

높은 산의 산신령과 낮은 봉우리의 신령들이 바로 3차원 수도도인계의 신명들이다. 수도도인계의 신명들도 더 높은 우주계로 나아가려면 다시 인간으로 환생하여 큰 도법과 스승을 만나 수련을 하여야 한다.

(11) 2차원 전생신선계의 탄생

'2차원 전생신선계'는 인간의 차원을 넘어 영적으로 성숙한 신선들이 거주하는 곳이다. 이곳에 도달하면 자신의 본래 빛인 원신과 자기 전생의 영혼들이 보좌 신명으로 존재하며 끊임없이 영감과 도움을 준다. '수호천사'라고 불리기도 하는 이들이 바로 우리의 기도에 응하고 이적을 행하게 도움을 주며 힘들고 위험할 때 손을 내미는 존재들이다.

이들은 다른 우주 차원에 존재하지만, 끊임없이 빛을 보내어 우리가 용기를 가지고 살도록 도와주며 영혼을 맑게 하고 밝게 하여 자신을 찾아오기를 기대한다. 2차원 전생신선계에 입문하면 생사해탈이 되어서 윤회를 하지 않아도 된다. 일반적으로 1차원 지구영혼계에 떠도는 영가들이나 귀신들을 천도할 때 2차원에 소속된 '환생계還生界'인 선계에 보내게 된다.

(12) 1차원 지구영혼계의 탄생

지구별은 탄생 후 수많은 기후 변화를 거치는 동안 바다가 만들어지고 해조류에 의해 산소가 발생하게 되었으며, 아울러 수많은 생명을 잉태하게 되었다. 그 가운데 최초 인간은 바이칼호 주변 곤륜산에서 탄생하였고 그와 함께 '1차원 지구영혼계(조상영계)'가 형성되었다. 인간은 뛰어난 진화 능력과 빠른 인지능력으로 수많은 문명을 탄생시켰다.

그리하여 청인종, 적인종, 황인종, 백인종, 흑인종이 생겨났으나 청인종과 적인종은 문명의 몰락과 함께 도태되고, 현재는 아시아계 황인종, 유럽과 미국계 백인종, 아프리카계 흑인종만 생존하여 문명을 이어 내려오고 있다.

지구별을 지구영혼계라고 하는 이유는 죽어서 떠도는 영혼과 인간이 공존하기 때문이다. 떠도는 영혼들은 정화되지 않은 감정과 집착 때문에 저승인 환생계로 가지 못하고 지구에 머물면서 영적인 빙의 현상을 통해 많은 문제를 발생시킨다. 저자는 우울증, 공황장애, 자살, 성격장애 같은 여러 정신적 문제 중에는 간혹 영혼들의 영향에서 비롯되는 것들이 있다는 사실을 경험으로 알게 되었다. 이는 올바른 수련과 명상을 통해 자신의 힘을 키워 스스로 극복해야 한다.

이제 새천년 물병자리의 시대에 이르러 영혼의 각성과 영성의 발달로 본래 태어난 고향인 근원무극계로 돌아가기 위한 영적 성숙의 토대가 마련되기 시작하였다. 우리는 모두 오랜 시간의 우주여행을 끝내고 탄생의 역순으로 다시 12차원의 근원무극계로 돌아가야 한다.

이후 우리는 깨달은 진리와 빛을 가지고 다시 13차원 우주계인 '조화현실계'로 돌아와 가족과 사람들을 위해 빛을 나누며, 사랑과 은혜를 베풀어야 한다. 이것이 태극숨명상이 추구하는 수련의 목적이다.

〈표 60〉 13차원 우주계 구분과 내용

순서	구분	내용
1	12차원 우주계	▶근원무극계 : 우주의 가장 근원의 세계
2	11차원 우주계	▶창조태극계 : 근원에서 빛이 파생된 세계
3	10차원 우주계	▶완성원광계 : 완성의 세계
4	9차원 우주계	▶본질삼광계 : 근원의 빛이 영·기·질 3가지 빛으로 나누어 짐
5	8차원 우주계	▶흑백신명계 : 블랙 & 화이트홀의 우주 터널이 있는 영혼의 그랜드마스터의 세계
6	7차원 우주계	▶다중우주계 : 수없이 많은 행성계가 공존하는 우주
7	6차원 우주계	▶흑백광령계 : 블랙 & 화이트홀의 우주 터널이 있는 영혼의 마스터 세계
8	5차원 우주계	▶행성우주계 : 지구권 우주로 동계·서계·북계·남계·중앙계의 5광계로 구성되어 있음
9	4차원 우주계	▶대기권계 : 지구권을 벗어나는 공간
10	3차원 지구계	▶수도도인계 : 도를 닦은 도인들이 가는 세계
11	2차원 지구계	▶전생신선계 : 도를 닦은 신선들이 가는 세계
12	1차원 지구계	▶조상영계(지구영혼계) : 인간과 죽은 영혼이 공존하는 세계
13	13차원 우주계	▶조화현실계 : 1차원에서 12차원까지의 우주가 하나로 통합되어 현실에서 그 빛이 나타나는 세계

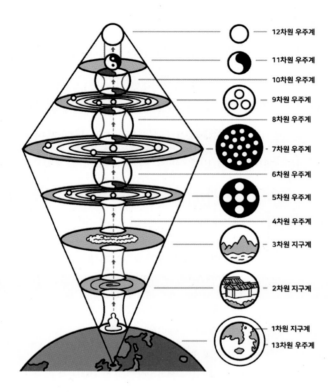

<그림 71> 13차원 우주계 형성도

- ○ — 12차원 우주계
- ☯ — 11차원 우주계
- — 10차원 우주계
- ◎ — 9차원 우주계
- — 8차원 우주계
- ● — 7차원 우주계
- — 6차원 우주계
- ● — 5차원 우주계
- — 4차원 우주계
- 🏔 — 3차원 지구계
- 🏠 — 2차원 지구계
- 🌏 — 1차원 지구계
- 13차원 우주계

2. 우주계 다차원(2차원~12차원) 입문과 명상

1) 우주계 입문 확장 명상 수련

우주계 입문은 양신을 통해 1차원 지구영혼계에서 12차원의 근원우주계로 나아가서 도를 통하고 자아실현을 이루는 것이다. 각 단계마다 얼마나 마음을 비우고 수련에 매진하는가에 따라 우주계 입문 과정이 단축될 수도 있고, 길어질 수도 있다. 우주심과 여의무심으로 부단히 깨어 작은 나를 버리고 큰 나로 확장하여 가는 확장 명상을 통하여 자신을 알아차리고 바라보아야 한다.

2) 2차원 전생신선계 입문과 명상

양신을 통해 천지주유명상과 우주주유명상을 하다 보면 어느 순간 회오리치는 터널이 나타난다. 그 터널을 지나면 구름 위에 성이 보이는 풍광이 나타난다. 양신을 타고 이 성으로 다가가 성안에 있는 자신의 원신을 만나서 합일하고 원신의 빛을 다 흡수하면 2차원 전생신선계의 명상이 끝난다.

이처럼 2차원 전생신선계부터는 새로운 능력들이 생기는데, 중요한 것은 항상 마음을 여의무심으로 비워야 한다는 것이다. 자세한 것은 스스로 2차원 전생신선계에 입문하여 찾아서 창의적으로 연구하고 명상해야 한다.

3) 3차원 수도도인계 입문과 명상

2차원 전생신선계의 공부가 다 끝날 즈음 터널이 보이고 그 회오리치는 터널을 따라 올라가면 새로운 풍광이 나타난다. 수많은 산이 펼쳐져 있는 웅장하고 아름다운 모습이다. 그 많은 산을 양신으로 돌아다니다 보면 여러 신기한 경험을 하게 된다. 그러다가 산 정상 부분에서 도인의 풍모를 한 자신의 원신과 만나서 합일하여 그 빛을 다 흡수하면 3차원 수도도인계의 명상이 끝난다.

3차원 수도도인계는 그야말로 인간적 욕심과 분별이 완전히 끊어진 경지로, 오로지 도를 깨닫기 위해 수행에 매진하는 도인들이 사는 곳이다. 수많은 생을 통하여 우주의 근원으로 돌아가고자 수련해온 도인들이 죽어서 오는 곳이다. 이곳은 높은 '신선계'이므로 도달하기가 쉽지 않다. 수십, 수백 번 환생을 거듭하면서 수행을 통해 영단과 공력을 쌓아야 이를 수 있다.

하지만 3차원 수도도인계의 도인 신명들이 더 높은 차원으로 입문하기 위해서는 다시 인간으로 환생하여 수도하여야 한다. 그래서 인간의 삶이 중요하다. 인간 세상에서 욕심에 물들지 않고 수도를 하여 영적 진화를 이루어 더 높은 차원의 우주계로 가기가 참으로 어렵다. 좋은 스승과 참다운 수행법을 만나야 하기 때문이다.

우주계 공부를 자세히 설명하지 않는 이유는 설명한 내용이 오히려 여의무심을 흐리게 하여 스스로 만들어 낼 수 있기 때문이다. 수행자에 따라 그 경험과 체득이 다 다르므로 스스로 찾아서 명상해야 한다.

4) 4차원 대기권계 입문과 명상

3차원 수도도인계의 공부가 끝나면, 다시 터널 같은 공간이 나타나고 4차원 대기권계에 이르게 된다. 이곳에는 아무것도 보이지도 않고 오로지 진공상태 같은 느낌과 빛의 입자만 보이는데, 이 빛이 지구를 감싸고 있는 본질의 빛이다. 이 4차원 대기권계를 나의 스승인 한당 선생님은 '만물일여계'라고 불렀다.

2차원 전생신선계와 3차원 수도도인계의 공부가 인간을 공부하는 것이라고 한다면, 4차원 대기권계는 만물 근원의 빛을 찾아 합일하여 느끼는 공부이다. 이 만물 가운데 가장 중요한 것이 지구이다. 대기권계에서 지구와 합일하면 지구 전체의 감정을 느끼게 되는데 지구의 상태에 따라서 그 느낌이 다르게 다가온다.

그러므로 모든 사람이 4차원 대기권계에 입문하여 현재 지구의 감정을 느낀다면 함부로 지구환경을 훼손하고 파괴하지는 않을 것이다. 사물과 나무 속에도 영혼과 기운이 존재하기에 감정이 있다. 그러므로 인간이 사물과 나무, 그리고 식물과 함께 공생하려면 지구환경을 가꾸고 살려야 할 것이다.

5) 5차원 행성우주계 입문과 명상

4차원 대기권계는 수행자에 따라서 간혹 짧게 지나가기도 하므로 감지를 잘못하기도 한다. 하지만 회오리치는 터널 공간을 통과하여 5차원 행성우주계에 이르게 되면 2차원 전생신선계와는 차원이 다른 아주 웅장하고 아름다우며 신비스러운 성의 모습과 풍광이 나타난다.

그리고 5차원 행성우주계에서 자신의 빛인 원신을 만나면 지극히 아름답고 근사하며 신비로운 모습에 경외심이 느껴진다. 이 5차원 행성우주계에서의 공부는 자신의 원신과 합일하여 빛을 흡수하는 것뿐만 아니라, 우주의 이치를 깨닫고 인간이 거듭해서 지구로 환생하는 이유는 무엇이며 자신의 사명과 소명은 무엇인지 배우는 것이다.

5차원 행성우주계에서는 자신의 빛인 원신과의 대화를 통해 우주의 이치를 깨닫고 자신의 사명이 무엇인지 알 수 있으며, 지구처럼 다른 생명체들이 사는 별과 행성에도 가볼 수 있고, 심지어 다른 우주에 있는 우주인과도 텔레파시를 통해 소통할 수 있다. 그리고 영적으로 진화하고 발전한 영혼의 마스터들과 대화할 수도 있다. 영혼의 마스터들은 지구별에 자주 환생하여 영적인 가르침을 설파하거나 채널링을 통해 인간에게 영감과 깨달음을 주기도 한다.

5차원 행성우주계의 별들 가운데, 인간 영혼의 환생을 담당하는 환생계와 인간 영혼의 교정을 담당하는 교정계矯正界가 존재한다. 우리가 말하는 극락과 천당은 환생계에 해당한다. 이곳에서는 자유롭게 자기가 좋아하는 취미와 여가 등을 즐기며 때가 되면 환생을 준비한다. 이때 환생을 담당하는 신명이 삼신할매라고 불리는 삼신신명이다.

교정계는 우리가 말하는 지옥과 연옥이고, 여기를 관장하는 곳이 염라국이다. 염라국의 염라대왕은 자신들의 원신이 담당한다. 즉, 자신이 자신을 심판하는 셈이다. 결국, 교정은 벌을 주는 것이 아니라 지구의 삶 속에서 탁해지고 오염된 인간의 영을 교정을 통해서 본래의 순수하고 맑은 빛으로 돌려놓는 정화 작업이다. 교정교육을 통해 정화되고 참회를 한 영혼은 다시 환생계로 보내져서 환생을 준비하게 된다.

우리는 지구에서 수많은 환생을 통하여 영적인 진화와 발전을 이루어야 하고, 결국 지구에서 윤회의 고리를 끊고 우리가 온 고향인 9차원 본질삼광계, 10차원 완성원광계, 11차원 창조태극계, 12차원 근원무극계로 돌아가서 본래 자신의 빛과 만나야 한다. 이것이 자아 완성의 길이다. 우리가 살면서 많은 것을 이루었다 할지라도 가슴 한곳에 허무함과 공허함이 생기는 것은 본래 자신의 영혼이 탄생한 고향 우주계인 12차원 근원무극계에 이르지 못하였기 때문이다.

6) 6차원 흑백광령계 입문과 명상

5차원 행성우주계 공부가 끝나면 블랙홀과 화이트홀이 함께 존재하는 큰 터널 같은 공간에 이르게 되는데, 이곳이 바로 수많은 별빛을 통과하여 7차원 다중우주계로 나아가는 6차원 흑백광령계이다. 6차원 흑백광령계는 8차원 흑백신명계와 같이 낮은 단계의 우주계에서 위 단계의 우주계로 이동하는 우주 통로이다. 여기는 텅 빈 진공의 상태로 오로지 밝은 빛만 존재한다. 이곳에는 큰 깨달음과 영적인 능력을 지닌 영혼의 마스터들이 비물질 상태인 영적 존재로 있다.

블랙홀은 한 우주에서 다른 우주로 가는 입구이며, 그 반대편에 다른 우주로 나가는 출구인 화이트홀이 존재한다. 6차원 흑백광령계와 8차원 흑백신명계는 위 차원으로 가는 통로인 반면, 5차원 행성우주계와 7차원 다중우주계의 블랙홀과 화이트홀은 수평적 우주이동을 위한 통로이다. 즉, 크기와 목적에서 차이가 난다.

6차원 흑백광령계에서 영적인 깨달음을 얻으면 7차원 다중우주계로 이동하게 된다.

7) 7차원 다중우주계 입문과 명상

6차원 흑백광령계에서 블랙홀을 통과해 나가면 수많은 별과 행성이 아름답게 빛나며 황홀한 장관을 이루고 있는 7차원 다중우주계에 도착한다. 이곳에는 5차원 행성우주계가 수없이 존재하므로 무한대의 우주를 여행 다닐 수 있다. 사실 양신을 통해서 우주를 여행하는 경우 시공간의 제약을 뛰어넘어 빛보다 빠르게 움직이므로 마음먹은 대로 미지의 우주를 탐험할 수 있다.

〈스타워즈〉 같은 영화를 통해 간접 경험했던 가상현실이 실제로 눈앞에 펼쳐지는 것이다. 인간이 시간과 공간의 제약을 넘어서서 우주를 탐험하고 여행할 방법은 빛보다 빠른 양신을 찾아 타고 다니는 것뿐이다. 우리가 간혹 경험하는 UFO 비행체도 빛보다 빠른 비물질로 이루어졌다고 생각하면 된다. 앞으로 과학 문명이 발달하면 빛보다 빠르고 높은 압력을 견딜 수 있는 첨단의 물질이 개발될 수 있을 것이다.

이렇게 명상을 통해 7차원 다중우주계를 양신을 타고 여행해 다니다 보면 수많은 우주가 나와 하나라는 큰 깨달음이 온다. 내 속에 수많은 우주가 존재하고, 내 마음의 분별만큼 수많은 우주가 창조되었음을 깨닫는 순간, 다중우주가 나와 하나됨을 느끼게 되는데, 그때 8차원 우주계인 흑백신명계로 가는 통로가 열린다.

8) 8차원 흑백신명계 입문과 명상

양신을 타고 7차원 다중우주계에서 통로를 따라 8차원 흑백신명계에 이르면 수많은 빛을 보게 된다. 이곳은 7차원 다중우주계보다 높은 오로지 수많은 빛의 입자로 이루어진 우주이다. 이 8차원 흑백신명계에 이르면 주체할 수 없는 황홀감과 가슴 벅찬 감동이 밀려온다. 그리고 이곳에는 영적으로 완성의 경지에 오른 영혼의 그랜드마스터들이 존재한다.

양신을 통해 이곳에 이르면 그랜드마스터들의 안내로 9차원 우주계인 본질삼광계로 가게 된다.

9) 9차원 본질삼광계 입문과 명상

8차원 흑백신명계에서 9차원 본질삼광계로 넘어가면 우주 만물의 본질인 거대한 세 개의 빛이 존재하는 데 이를 '삼광三光'이라고 한다. 이 삼광을 흡수하면 우주 모든 만물의 이치와 근원을 깨닫게 된다. 이 삼광은 영·기·질, 즉 영혼·기운·물질을 말한다. 하늘·땅·인간의 삼재 사상, 법신·보신·화신의 삼불 사상, 성부·성자·성령의 삼위일체 사상, 상초·중초·하초의 삼초 사상, 정·기·신의 선도 사상 등 3수의 이치는 모두 삼광에서 나온 것이다.

특히 선도 사상의 정·기·신은 인간을 구분한 것인데, 앞서 설명한 대로 우주의 근원인 영·기·질에서 나왔기에 '정'인 육체를 잘 단련하고, '기'인 기운을 잘 조화하며, '신'인 영혼을 잘 각성하면 9차원 우주계인 본질삼광계에 이를 수 있다. 본질삼광계에 도달하여 3가지 빛을 흡수하면 뚜렷한 둥근 원상 하나가 나타나는데, 이것이 바로 10차원 우주계인 완성원광계이다.

10) 10차원 완성원광계 입문과 명상

10차원 완성원광계는 삼광의 빛이 하나로 뭉쳐 큰 원상을 이루는데, 이것이 바로 진정한 삼위일체이다. 이 3가지 빛이 하나로 이루어짐을 완성, 혹은 '대원경지大圓鏡智'라고 한다. 이 빛의 속성은 따뜻한 밝음, 무한사랑, 무한긍정이다. 인간 각자가 하늘 위, 하늘 아래 오로지 홀로 빛나는 존재가 되는 경지이다.

크게 깨달아 완성원광계에 오른 성인과 도인들이 수많은 책과 말씀을 통하여 '인간이 서로를 존중하고 사랑하며 베풀라'는 완성원광계의 진리를 설파하였다. "오른손이 하는 일을 왼손이 모르게 하라", "집착하지 말고 생색내지 않는 마음으로 베풀라"라는 말씀이 다 완성원광계의 이치를 설명한 것이다.

완성원광계의 빛을 다 흡수하면 태초의 빛이 존재하는 11차원 우주계인 창조태극계에 이르게 된다.

11) 11차원 창조태극계 입문과 명상

11차원 창조태극계는 태초의 빛과 함께 수많은 신들이 탄생한 곳이다. 여기에 우리의 근원의 빛이고 '큰나'이며 원신들인 창조의 신들이 존재하고 있다.

11차원 창조태극계는 조물주의 세계, 혹은 창조주의 세계이다. 조물주와 창조주는 유일하게 한 분만 존재하는 것이 아니라 인간의 수많은 존재가 있다. 이 창조의 신들이 큰 우주의 팽창과 함께 9차원 본질삼광계, 7차원 다중우주계, 5차원 행성우주계, 1차원 지구영혼계로 이동하여 빛에서 물질화되어 존재하게 된 것이다. 한편 다른 관점으로는 혼돈의 어둠의 우주에서 한 줄기 빛의 파동으로 인해 큰 팽창이 다섯 번 일어나는 동안 자동적으로 에너지가 변화하고 확장하여 의도하지 않았음에도 절로 생겨났다고 볼 수 있다.

11차원 우주계인 창조태극계의 빛을 흡수하면 자신의 원신뿐 아니라, 또 하나의 원신이 나타난다. 남자의 경우에는 남자의 형상을 한 자신의 원신과 여신의 형상을 하고 있으나 또 다른 자신인 분명한 두 존재가 나타나서 회오리치며 위로 솟구쳐 올라가 빛의 근원인 12차원 근원무극계에 이르게 된다.

자신의 원신과 또 다른 원신의 개념은 심리학자 칼 융이 말한 아니마, 아니무스로 자신 속에 있는 여성성, 혹은 남성성을 말한다. 즉, 남자 수도자는 이 11차원 창조태극계에서 비로소 자신의 여성성인 여신(아니마, 음신)을 찾아서 조화를 이루어 근원무극계로 돌아가고, 여성 수도자는 여기에서 자신의 남성성인 남신(아니무스, 양신)을 찾아 조화를 이루어 근원무극계에 이르게 되는 것이다.

12) 12차원 근원무극계 입문과 명상

11차원 우주계인 창조태극계에서 빛을 흡수하여 자신의 다른 존재인 남신 혹은 여신과 함께 조화를 이루면, 시작도 없고 끝도 없는, 시공을 초월한 진공의 세계인 12차원 근원무극계에 이르게 된다. 근원무극계를 다르게 표현하면 빛마저도 없는 혼돈의 세계, 즉 '카오스'라고 할 수 있다. 하지만 이 텅 빈 진공의 세계는 아무것도 없는 것이 아니라 그 속에 영령한 빛의 파동이 존재하니 이를 '공적영지의 광명'이라고 부른다.

공적영지의 광명에서 한줄기 파동이 자연적으로 생겨나 빛이 나타나니 이로써 11차원의 창조태극계가 만들어지고 연이어 수많은 신과 우주가 창조된 것이다. 그리고 수많은 인간이 탄생한 것이다. 이 12차원 근원무극계는 우리가 수행으로 도달하는 마지막 우주이다. 여기에 도달하면 우리의 본래 사명은 끝나게 된다.

하지만 여기서 끝은 아니다. 다시 1차원 지구영혼계로 내려가 깨달은 진리와 무한한 사랑과 무한긍정의 에너지를 주변의 사람들에게 베풀고 실천해야 한다. 이것이 바로 13차원 우주계인 조화현실계이다. 이제는 현실을 새롭게 창조해 나가는 것으로 내가 이 현실의 주인공이 되고 창조주, 조물주가 되는 것이다.

3. 큰나 합일과 우주계 명상

2차원 우주계부터 12차원 우주계의 빛을 흡수하는 과정에서 수도인은 양신을 타고 2차원 우주계부터 자신의 원신인 큰나와 합일하는 공부를 하게 된다. 이때부터 삼명명상三明瞑想과 육통명상六通瞑想 공부가 열리기 시작한다.

1) 삼명명상

삼명명상은 (1) 영명靈明명상, (2) 도명道明명상, (3) 법명法明명상 3가지로 이루어져 있는데 그 내용은 아래와 같다.

(1) **영명명상** : 제3의 눈인 영안이 열려서 영혼과 신명의 존재를 보고 느낄 수 있게 되는 공부이다. 영감까지 열리면 앞날에 일어날 일을 보거나 느끼는 예지력과 직관이 생겨난다.

(2) **도명명상** : 우주와 사물의 근본 이치를 깨닫는 지혜가 생겨서 우주의 탄생과 근원을 알게 되는 공부이다. 인간 마음의 근원과 모든 사물의 근원을 알아 모든 이치를 통달하게 된다.

(3) **법명명상** : 영명명상과 도명명상이 바탕이 되어, 인간이 자신의 본래 빛이자 근원의 자리로 돌아가는 수행방법을 창조해내는 공부이다. 12차원의 우주계까지 도달하여야 가능하다.

2) 육통명상

육통명상은 (1) 천안통天眼通 명상, (2) 천이통天耳通 명상, (3) 신족통神足通 명상, (4) 숙명통宿命通 명상, (5) 누진통漏盡通 명상, (6) 타심통他心通 명상의 6가지 공부로 이루어져 있으며 그 내용은 아래와 같다.

(1) **천안통명상** : 천안통은 영안과 도안이 열려서 영혼과 신명의 세계, 우주인의 세계를 볼 수 있는 능력이다. 더 발달하면 우주의 창조와 근원의 흐름을 볼 수 있는 능력이 생긴다.

(2) **천이통명상** : 천이통은 영혼과 신명과 소통하고 대화할 수 있는 능력이다. 우주인이나 높은 영적 마스터들과 소통하고 대화하기도 한다.

(3) 신족통명상 : 신족통은 영계, 신계, 우주계, 혹은 전생이나 미래 어디든지 마음대로 갈 수 있는 능력이다. 천안통과 천이통, 타심통은 양신 전 수련단계에서도 가능하지만 신족통, 숙명통, 누진통은 반드시 양신을 이루어 출신을 하여야 가능하다. 특히 2차원 우주계인 전생신선계에서 12차원 우주계인 근원무극계까지 가려면 반드시 양신을 찾아서 합일하고 출신하여야 한다.

(4) 숙명통명상 : 숙명통은 전생과 현생, 미래의 생까지 3생을 꿰뚫어 보는 능력이다. 이를 위해서는 5차원 행성우주계 이상 입문해야 한다.

(5) 누진통명상 : 누진통은 마음속의 번뇌를 끊고 자신의 모든 업장을 녹이며, 모든 것으로부터 해탈과 자유를 얻는 경지이다. 이를 위해서는 9차원 우주계인 본질삼광계 이상 입문해야 한다.

(6) 타심통명상 : 타심통은 다른 사람과 사물의 감정을 읽는 경지이다. 기수련의 낮은 단계에서도 가능하나, 양신심일 명상 단계부터는 사물과 사람의 깊은 속 감정까지 읽어 낼 수 있으며, 심지어 부정적인 마음을 어느 정도 변화시킬 수도 있다.

V. 조화 명상 단계

1. 13차원 조화현실계 입문과 명상

13차원 우주계인 조화현실계는 새로운 개벽의 세상이다. 과거의 지구 시대가 선천의 시대, 하늘과 신 중심의 시대, 과학 문명과 영토를 지배하는 땅의 시대라고 한다면, 13차원 우주계인 조화현실계는 사람 중심의 시대이다.

선천의 시대는 종교를 숭배하고 받드는 시대이며 한 사람의 군주인 왕에 의해 통치되던 하늘 중심의 시대였다. 그리고 산업혁명 이후는 물질이 개발되고 문명이 발전되어 오로지 영토를 확장하던 물질과 과학 중심의 시대였다.

하지만 이후 인간존재 본연의 가치를 찾고 사람이 중심이 되는 영성운동이 나타나기 시작하였으니 이것이 사람 중심 시대이다. 이러한 움직임은 인간존재의 마음에 관한 연구로 이어져서 동서양을 막론하고 여러 학문과 종교의 영역에서 해당 연구가 시행되어왔다.

서양에서는 철학과 정신분석학, 심리학 등은 물론이고 물리학의 분야에서까지 마음에 관한 연구가 진행되고 있으며, 동양에서는 불교와 선도 사상, 또는 한국 신종교 등에서도 다양한 연구를 통하여 마음공부의 원리를 밝히고 있다.

인간 본연의 마음공부를 통하여 삶의 질을 향상하고자 미국 사회는 인도의 요가뿐 아니라, 한국 불교의 선禪, 일본 불교의 젠Zen, 동남아 불교의 위파사나Vipasana 수행 같은 불교의 여러 종파를 받아들여 널리 확산하고 있다. 최근 미국 내에서 자생적으로 발전한 불교 명상수행인 통찰 명상이나 마음챙김에 기반을 둔 스트레스 감소 프로그램인 MBSR 등도 그 한 예이다.

이제 인터넷 문명과 스마트폰의 시대로 접어들면서 물질과 인간이 서로 연결되고 소통되는 사물인터넷 시대와 빅데이터 시대로 넘어가고 있다. 이제는 인간이 중심이 되어 사물과 데이터, 인공지능을 활용하여야 한다.

하지만 인간이 중심이 되려면 인간 스스로 마음을 잘 다스려야 한다. 마음을 함부로 쓰게 되면, 고도로 발달한 물질문명과 과학 문명이 인류를 멸망으로 몰아가고 말 것이다.

이제 인간은 내면의 빛과 신의 속성을 개발하여 만물의 중심이 됨으로써 모든 물질문명과 과학문명을 잘 활용해 나가야 한다. 물질적 하위욕구의 시대가 아니라 정신적 가치를 추구하는 사람 중심의 상위욕구 시대로 나아가야 한다. 자아실현을 통한 나눔과 헌신, 봉사를 실천하며 절대가치를 추구하는 높은 영적인 시대로 가는 것이다. 아울러 서로 마음을 소통하고 자유로워지는 인간 중심의 참다운 세상을 밝혀야 한다.

2. 조화 명상

13차원 우주계인 조화현실계는 태극숨명상의 밸런스 명상, 열기 명상, 바라보기 명상, 확장 명상의 과정을 통해 마지막 12차원 근원무극계의 빛을 찾아서 현실에서 조화를 이루는 조화 명상을 통하여 주변 사람과 이웃에게 사랑과 은혜를 실천하는 것이 그 사명이다. 조화 명상은 여의무심 명상, 자비보은 명상의 2가지가 있다.

1) 여의무심 명상

13차원 조화현실계에서 공부가 무르익으면, 텅 빈 마음으로 자유롭게 삶을 살아갈 수 있다. 이것을 여의무심 명상이라고 한다. 태극숨명상 과정을 통해 무의식의 트라우마와 부정적 정서를 해결하고 나면 한 번도 상처받지 않은 영혼으로 사람들과 만나 이야기하고 살아갈 수 있다. 진실만 보고 진실로 살아간다면 더는 힘겨움과 고통은 없다.

불교 화엄 사상에서는 이러한 여의무심 명상의 경지를 (1) 이무애理無碍, (2) 사무애事無碍, (3) 이사무애理事無碍, (4) 사사무애事事無碍의 4가지 수행과정으로 말하고 있다. 이무애는 정신적 세계에 몰입하여 이치에 걸림이 없는 경지를 말하고, 사무애는 현실 세계에 몰입하여 일에 있어서 걸림이 없는 경지를 말하며, 이사무애는 정신적 세계와 현실적 세계에서 두루두루 막힘이 없는 경지를 말한다. 마지막으로 사사무애는 일과 일 사이에서 두루두루 막힘이 없이 일 속에서 이치를 찾아 일과 이치가 하나된 경지를 말한다.

원불교에서는 여의무심 명상의 경지를 '무시선 무처선無時禪 無處禪'으로 표현한다. 무시선이란 시간이 없이 선을 하는 경지이고, 무처선이란 장소가 없이 선을 행하는 경지이다. 그러므로 무시선 무처선이란 시간과 장소 구분 없이 늘 모든 행동이 선과 같다는 최상의 경지이다.

명상가들은 여의무심행의 경지를 여기 지금에 살기, 혹은 순간을 영원처럼 살기로 표현한다. 우리가 사는 현재 여기가 가장 중요하며, 현재 여기 머물면 행복하다는 것이다. 과거에 살면 우울하고, 미래에 살면 불안하다. 항상 현재 여기에 머물면서 순간순간 살아 있음에 감사하고 나를 사랑하고 믿고, 나 자신이 되어야 한다. 그러면 자연히 남을 사랑하고 믿게 되며, 남과 존재와 존재로 만나게 된다. 남에게 의지하지 않고 존재와 존재로 만날 때 우리는 자유로워진다. 이것이 여의무심 명상이다.

그리고 중요한 부분은 여의무심 명상이 되었다 하더라도 현실에서 단계적인 변화가 있지 않고서는 새로운 삶이 이루어질 수 없다. 이러한 삶의 변화를 위해서는 6가지 실천강령인 (1) 환경의 변화, (2) 행동의 변화, (3) 능력의 변화, (4) 신념과 가치관의 변화, (5) 정체성의 변화, (6) 인간 영성의 회복 등을 단계적으로 실천하는 것이 필요하다.

(1) 환경의 변화 : 이는 현재 자신이 할 수 있는 한도 내에서 자신이 있는 주변 환경을 변화시키는 것이다. 자신의 방과 집을 먼저 청소하고 정리하며 변화를 시작하자. 그리고 자신의 외모를 깨끗하고 아름답게 가꾸고 직장 혹은 단체의 주변 환경을 깨끗하고 아름답게 바꾸는 것이 중

요한 시작이다. 그런 다음 자신에게 유익하고 도움이 되는 좋은 친구와 멘토를 만나는 것이다. 이 좋은 인연의 환경은 자신에게 가장 필요한 것이다.

(2) **행동의 변화** : 환경을 바꾼 다음 자신의 행동을 더 나은 방향으로 바꾸어 삶을 변화시켜 나가는 것이다. 이는 좀 더 계획적이고 합리적인 행동계획을 세워 실천함으로써 무분별하고 무질서한 삶에서 벗어나야 한다는 것이다. 행동이 바뀌면 습관이 바뀌고, 습관이 바뀌면 삶이 바뀐다. 삶이 바뀌면 운명이 바뀌는 것이다.

(3) **능력의 변화** : 환경과 행동이 변화되었으면 이제는 나에게 필요한 지식과 정보의 능력을 가져야 한다. 목표를 세워서 학교, 인터넷, 책, 학원, 커뮤니티 활동 등을 통해 부족한 지식과 필요한 정보를 갖추어 자신의 지적정보 능력을 최대한 계발해야 한다. 이러한 지식과 정보를 통한 능력의 향상은 자신의 가치를 상승시켜 주는 것이다.

(4) **신념과 가치관의 변화** : 이전까지 가지고 있던 잘못된 신념이나 편견, 세상에 대한 잘못된 가치관을 버리고 새로운 시대에 맞는 신념과 가치관으로 변화해야 한다. 먼저 사람에 대한 사랑과 존중이 있어야 한다. 혈연, 지연, 학연, 종교연, 인종, 국가에서 벗어나 조건없이 비교하지 말고 인간을 존재 그 자체로 존중하고 사랑해야 한다. 특히 가까운 가족부터 존중하고 사랑하며 타인을 배려하는 이타적인 사람으로

거듭나야 한다.

　이를 위해서는 끊임없는 마음공부와 명상수행을 통해 먼저 자신을 있는 그대로 인정하고 사랑하며 믿는 과정이 필요하다. 우리는 이 세상에 태어나고 존재하는 것만으로 서로 존중받고 사랑받아야 한다.

(5) 정체성의 변화 : 명상, 수행, 마음공부를 통하여 자신이 본래 위대한 존재요, 우주의 근본 빛임을 깨달아야 한다. 우리 모두는 본래 부처이고 신이었다. 나에 대한 부정적이고 나약한 생각과 관념이 나를 나약하고 두려운 존재로 만들어왔다. 이제부터 본래의 나를 깨닫는 순간, 나는 비로소 나 자신이 되고, 세상에서 하나뿐인 유일한 존재로 우뚝 서게 되는 것이다.

　상처는 남이 주는 것이 아니라 내가 나에게 주는 것이다. 나 스스로 나를 업신여기고 열등하게 생각하면 남의 말과 행동을 빌미로 내가 나에게 상처를 주게 된다. 우리는 모두 신으로 창조되었고 지구별에 인간으로 태어나 다시 원래의 고향인 12차원의 근원무극계로 돌아가는 회귀의 과정에 있다.

(6) 인간 영성의 회복 : 자신의 정체성을 깨닫는 순간 우리는 영적인 힘은 회복되고 그 밝은 영혼의 빛과 힘으로 행복하고 사랑이 충만한 영성의 진화된 삶을 살게 되는 것이다. 이 영성의 삶은 널리 모든 사람이 편안하고 행복할 수 있도록 밝은 빛의 법과 공부를 세상에 전하고 가까운 가족, 이웃에게 사랑과 봉사를 실천하는 것이다.

2) 자비보은 명상

자비보은 명상은 사랑과 감사의 마음으로 작은 것부터, 가까운 곳으로부터 실천하는 것이다. 내가 좋아하는 것부터 나에게 주고, 내가 하고 싶은 것을 하며, 점점 가족과 친구, 주변 사람들에게 베풀고 봉사하는 것이다. 슬픔은 나누면 반이 되고, 사랑과 봉사는 나눌수록 두 배 이상이 되는 것이다. 우리가 도를 닦고 깨닫고자 하는 것은 현재 이 순간 여기에 머물면서 살면 사랑하며 나누는 것이다. 이것이 도를 닦는 목적이요 목표인 것이다. "상처 준 사람들을 용서하고 그들을 위해 사랑과 은혜를 나누고 베풀자." 이것이 자비보은 명상인 것이다.

불교 사상에서는 최고의 깨달음의 경지를 부처를 이루는 성불이라고 하고, 그 다음 경지를 많은 사람들을 도와주고 이끄는 제중濟衆(현실에서 고통 받는 사람들을 이끄는 일)이라고 한다. 이 제중의 경지가 바로 자비보은 명상과 같은 의미이다. 원불교에서는 모든 곳곳에 부처님이 존재하고 있으니 일을 하든지 사람을 만나든지 부처님 대하듯 공경하게 하라고 한다.(처처불상處處佛像 사사불공事事佛供)

우리가 어린이를 만나든지, 나이든 어르신을 만나든지, 여성분을 만나든지, 경제적으로 어려운 분을 만나든지, 말과 행동이 불편한 장애우를 만나든지, 권력과 명예가 높은 분을 만나든지 한결같이 부처님 대하듯이 존중하고 경외심을 가지고 대한다면 은혜롭고 행복한 만남이 될 것이다. 이렇게 자비보은 명상을 널리 펼치게 되면 온 세상이 아름답고 행복한 세상으로 될 것이다. 〈2권에 계속〉

표 차례

〈표 1〉 동신촌법 측정기준 및 하단전 경혈 위치 39
〈표 2〉 호흡의 종류와 뇌파 그리고 자율신경 60
〈표 3〉 좌선, 명상, 단전호흡 부작용의 종류와 치유법 101
〈표 4〉 구한말·현대 선도, 내단 수행의 흐름 112
〈표 5〉 삼태극하단전 형성 수련방법 122
〈표 6〉 삼단전 축기 수련방법 124
〈표 7〉 하주대맥주천 운기 수련방법 126
〈표 8〉 원소주천(삼주천) 운기 수련방법 131
〈표 9〉 오단전 축기수련방법 133
〈표 10〉 오주천 운기 수련방법 134
〈표 11〉 비경십일맥의 종류와 연관경락 136
〈표 12〉 비경십이맥(하주대맥 포함)과 두개천골요법의 상이점과 효능 138
〈표 13〉 비경십일맥주천 운기 수련방법 142
〈표 14〉 칠단전 축기 수련방법 156
〈표 15〉 칠주천 운기 수련방법 158
〈표 16〉 원액축기 수련방법 165
〈표 17〉 원액점류 수련방법 167
〈표 18〉 원액환주 수련방법 168
〈표 19〉 구단전 축기 수련방법 174
〈표 20〉 구주천 운기 수련방법 175
〈표 21〉 좌각중맥주천 운기와 좌 용천외단전 형성 수련방법 182
〈표 22〉 우각중맥주천 운기와 우 용외천단전 형성 수련방법 183
〈표 23〉 좌비중맥주천 운기와 좌 노궁외단전 형성 수련방법 185
〈표 24〉 우비중맥주천 운기와 우 노궁외단전 형성 수련방법 186
〈표 25〉 정중맥주천 운기와 백회외단전 형성 수련방법 188
〈표 26〉 외오단전과 천지인 오행의 기운 그리고 인체 내 활성화 부분 190
〈표 27〉 양손을 이용한 치유법 192
〈표 28〉 양 손가락을 이용한 기치유 방법 194

〈표 29〉 십일단전 축기 수련방법 196
〈표 30〉 십일주천 운기 수련방법 198
〈표 31〉 해 명상 수련방법 200
〈표 32〉 달 명상 수련방법 202
〈표 33〉 별 명상 수련방법 203
〈표 34〉 십삼단전 축기 수련방법 205
〈표 35〉 십삼주천 운기 수련방법 208
〈표 36〉 우주합일 명상 수련방법 210
〈표 37〉 태국 전통의학 센 라인의 종류와 내용 219
〈표 38〉 단전호흡·요가 수행·밀교 수행 비교표 222
〈표 39〉 십이경맥의 성격과 감정 그리고 중요혈 226
〈표 40〉 십이정경맥주천 운기 수련방법 227
〈표 41〉 십이정경맥 중 음경맥의 오행혈 228
〈표 42〉 십이정경맥 중 양경맥의 오행혈 228
〈표 43〉 기경구맥의 성격과 혈자리 258
〈표 44〉 기경육맥주천 수련방법 259
〈표 45〉 천지인오행단 성단 273
〈표 46〉 십삼단전 천지인오행단 성단 수련방법 274
〈표 47〉 천지인오행단 십삼주천 운기 수련방법 275
〈표 48〉 육장육부와 십일뇌 천지인오행단 성단 수련방법 276
〈표 49〉 비경십일맥 경혈 천지인오행단 성단과 주천 운기 수련방법 283
〈표 50〉 십이정경 경혈 천지인오행단 성단과 주천 운기 수련방법 286
〈표 51〉 기경구맥 경혈 천지인오행단 성단·운기 수련방법 287
〈표 52〉 전신세포 천지인오행단 성단 수련방법 288
〈표 53〉 원기화신 명상 수련방법 293
〈표 54〉 여의주관조 명상 수련방법 298
〈표 55〉 여의주입주 명상 수련방법 301
〈표 56〉 양신관조 명상 수련방법 316
〈표 57〉 양신합일 명상 수련방법 319
〈표 58〉 양신출신 명상 수련방법 322
〈표 59〉 양신천지주유 명상 수련방법 327
〈표 60〉 13차원 우주계 구분과 내용 345

〈그림 1〉 삼태극하단전도　35
〈그림 2〉 손가락 동신촌법同身寸法　40
〈그림 3〉 삼태극하단전 작도법　41
〈그림 4〉 우주 3수 원리와 삼단전도　43
〈그림 5〉 십삼단전도와 십삼성과의 연관성　46
〈그림 6〉 미토콘드리아계와 해당계　67
〈그림 7〉 와식 삼태극하단전 형성도　122
〈그림 8〉 삼단전 축기도　123
〈그림 9〉 하주대맥(운기 : 석문 → 석문)　127
〈그림 10〉 임맥도　129
〈그림 11〉 독맥도　130
〈그림 12〉 오단전 축기도　132
〈그림 13〉 몸통 띠　139
〈그림 14〉 중주대맥(운기 : 옥당 → 옥당)　144
〈그림 15〉 상주대맥(운기 : 인당 → 인당)　145
〈그림 16〉 골반맥(운기 : 회음 → 회음)　146
〈그림 17〉 슬맥(운기: 위중 → 위중)　147
〈그림 18〉 족맥(운기: 태계 → 태계)　148
〈그림 19〉 후맥(운기: 천돌 → 천돌)　149
〈그림 20〉 견맥(운기: 극천 → 극천)　150
〈그림 21〉 주맥(운기: 곡택 → 곡택)　151
〈그림 22〉 수맥(운기: 대릉 → 대릉)　152
〈그림 23〉 이맥(운기 : 풍부 → 풍부)　153
〈그림 24〉 두맥(운기 : 풍지 → 풍지)　155
〈그림 25〉 칠단전 축기도　156
〈그림 26〉 목욕명상도　170
〈그림 27〉 구단전 축기도　173
〈그림 28〉 오중맥대주천 운기도　177
〈그림 29〉 태극 방콕의 와포 사원Wat Pho Temple에
　　　　　 그려진 센 라인 벽화　178
〈그림 30〉 센십도(센 라인도)　180
〈그림 31〉 양 손가락과 기치유　195
〈그림 32〉 십일단전 축기도　196
〈그림 33〉 해·달·별 명상도　199
〈그림 34〉 십삼단전 축기도　205
〈그림 35〉 십삼주천 운기도　207

〈그림 36〉 우주합일 명상도　209
〈그림 37〉 근막 해부도　216
〈그림 38〉 수태음폐경　233
〈그림 39〉 수양명대장경　235
〈그림 40〉 족양명위경　238
〈그림 41〉 족태음비경　240
〈그림 42〉 수소음심경　242
〈그림 43〉 수태양소장경　244
〈그림 44〉 족태양방광경　246
〈그림 45〉 족소음신경　248
〈그림 46〉 수궐음심포경　250
〈그림 47〉 수소양삼초경　252
〈그림 48〉 족소양담경　254
〈그림 49〉 족궐음간경　256
〈그림 50〉 음교맥　261
〈그림 51〉 양교맥　263
〈그림 52〉 음유맥　265
〈그림 53〉 양유맥　267
〈그림 54〉 충맥　269
〈그림 55〉 뇌맥　271
〈그림 56〉 11뇌의 구조　277
〈그림 57〉 상위뇌의 구조　278
〈그림 58〉 중위뇌의 구조　279
〈그림 59〉 하위뇌의 구조　281
〈그림 60〉 원기화신 명상도　292
〈그림 61〉 존사도 1　305
〈그림 62〉 존사도 2　306
〈그림 63〉 양신도태도　317
〈그림 64〉 양신합일도　321
〈그림 65〉 양신출신도(중주)　323
〈그림 66〉 양신출신도(상주)　324
〈그림 67〉 양신출신도(백회)　325
〈그림 68〉 양신성장도　326
〈그림 69〉 양신분화도　330
〈그림 70〉 허블이 생각한 팽창하는 우주 그림　336
〈그림 71〉 13차원 우주계 형성도　346